未来可期

插上理想翅膀的教育

张鹏霄 著

中国文史出版社
CHINA CULTURAL AND HISTORICAL PRESS

图书在版编目（CIP）数据

未来可期：插上理想翅膀的教育／张鹏霄著．--

北京：中国文史出版社，2023.9

ISBN 978-7-5205-4265-4

I.①未．..II.①张．..III.①教育工作 - 文集 IV .①G4-53

中国国家版本馆 CIP 数据核字（2023）第166040号

责任编辑：卜伟欣

出版发行：中国文史出版社

社　　址：北京市海淀区西八里庄路69号院　　邮编：100142

电　　话：010—81136606　81136602　81136603（发行部）

传　　真：010—81136655

印　　装：北京新华印刷有限公司

经　　销：全国新华书店

开　　本：16开

印　　张：17.5

字　　数：267千

版　　次：2024年3月北京第1版

印　　次：2024年3月第1次印刷

定　　价：56.00元

自序

苔

清·袁枚

白日不到处，青春恰自来。
苔花如米小，也学牡丹开。

我一直很喜欢这首小诗，因为苔虽然在阳光不能照到的地方，又那么渺小，到了春天，它一样拥有绿色，拥有生命，花开微小似米，但却一定要像牡丹一样尽情绽开；还因为这首小诗让我联想到诸如像我一样最基层的教育工作者，远离大都市，散布于广袤的农村，即使或偏居于一隅，或置身于边疆，不抱怨，不放弃，虽才疏学浅，亦不妄自菲薄、自怨自艾，默默躬耕于教育的原野，做麦田的守望者；坚守着教育的初心——"捧着一颗心来，不带半根草去"，践行着党和国家赋予我们的使命——"为党育人，为国育才"。

我所在的学校深处泰山北麓的群山腹地，曾经地理环境的闭塞导致这里社会、经济、文化等各方面相对落后，环境的闭塞也曾闭塞了人的眼界，闭塞了人的思维。但泰山是中国的国山，"泰山安则天下安"；泰山又是国际化、开放的泰山，"海天之怀，华夏之魂"，迎八方来客；"高而可登，雄而可亲，呼吸宇宙，吐纳风云"，泰山以雄浑厚重、开放包容的姿态屹立于世界的东方。作为泰山山脚下的人民，作为生活在泰山后面的我们，便时常仰望泰山，因为仰望泰山，会激发我们登高望远；因为仰望泰山，会激励我们奋力登攀。我们学校所在的大津口乡是泰山挑山工的发源地和故乡，"埋头苦干、勇挑重担、永不懈怠、一往无前"为核心宗旨的泰山"挑山工"精神，得到习近平总书记充分肯定和高度赞扬，要求广大党员干部以永不懈怠的精神状态和一往无前的奋斗姿态，真抓实干，埋头苦干，破解现实中的难题，做新时代泰山"挑山工"。

作为一名教育工作者，作为一名党员干部，我带领学校全体教职员工，立足于泰山山脚下，立足于山区实际，深入剖析，认真研究，勇于探索，突破闭塞，"会当凌绝顶，一览众山小"，以站在泰山顶峰的开放视野审视我们的山乡教育，以"在闭塞的山区做不闭塞的教育"为切入口，在学习、借鉴、模仿、思考、创新的基础上，坚持 "一切为了学生终身发展"的教育理念，确立了以培养具有"现代素养的农村中学生"为育人目标，探索出了具有大津口特色的"一二三四五六"学校管理运行模式，具体是指"一个育人目标"、"两个驱动力"（教师专业化成长、家校共建）、"三大工程"（书香校园、课程选修、星卡激励）、"四大教育"（文明、感恩、励志、开放教育）、"五育并举"（德智体美劳）、"六步教学法"，也因此提高了办学质量，赢得了家长、社会的赞誉，让我们这所小小的、偏远的山区中学，化蛹成蝶、发生了颠覆性的变化。

我个人对教育的点滴思考，以及在学校尝试探索的这些做法，在教育大家和教育同人看来也许会显得稚嫩、颇为浅显、还不够成熟，还有许多不合理、不完善的地方，但"探索无止境"，人不能因为害怕失败而不敢迈出前进的脚步。贾平凹说过：蛇在蜕皮中长大，金在沙砾中淘出，按摩是疼痛后的舒服，春天是走过冬天的繁荣。自2013年至今10余年，我带领全体教师按照党的教育方针办学，"向阳而生，逐光而行"，一路走来，边走边改，始终行走在光明的正道上，道路越走越宽广，步伐越走越坚定。

我喜欢《苔》这首小诗，还因为在苔的心中，它和牡丹拥有同样的大地，也同样头顶广阔的天空，无名的花，悄然地开着，不引人注目，更无人喝彩。就算这样，它仍然那么执着地开放，认真地把自己最美的瞬间，毫无保留地绽放给了这个世界。

面对教育事业，我心亦然。

目录

第一章　教育目标

第一节　学校教育探索的缘起

大津口乡的自然经济状况

大津口中学位于泰山区大津口乡，是所在乡镇唯一的一所初中学校，大津口乡在山东省泰安市境内，位于泰山的东北麓，这里四面环山，苍松翠柏围绕，往西看与泰山极顶遥相对应，清晰可见。因为泰山的主景区进山主线路主要在南线和西线，所以大津口乡还未得到充分的发展，是泰山山脚下东北方向相对偏僻的纯山区，总面积62.37平方千米，9个行政村，居住相对分散，全乡人口共计1.2万余人，是泰安市很小的一个乡镇。这里地形地貌均属山地浅丘地貌，山岭连绵起伏，又位于泰安城市饮用水源地黄前水库的上游，禁止发展污染水源的任何产业，因此这里除了传统的核桃、板栗等山林干果种植业，至今无其他支柱产业，都是典型的传统农业村。这里也有一些零星的景点，如佛爷寺等，但尚未得到全面开发，都还未形成辐射带动效应，广大群众除了微薄的干果收入外，主要靠外出务工增加收入，全乡经济状况处于

泰安市乡镇的下游水平。

学生家长的整体情况

大津口乡山区的地理特点为山岭较多，两道山岭（关西岭、大津口岭）曾经堵塞大津口乡的出行，百姓肩挑手提、推车步行翻山越岭，道路交通不便，曾经让它相对闭塞。近十几年来逐渐发展，开山修路，才让道路交通相对通畅，对外交流增多。"仁者乐山，智者乐水"，久居大山里，让这里的群众普遍具有淳朴、憨厚、勤劳、善良、单纯等特点。我们学校作为大津口乡唯一的一所初中，历届从我们学校考上高中而后又升入大学的学生，近99%的大学毕业生选择在山外的各个城市工作、成家、定居。近十几年来有70%—80%的初中毕业生未考入高中，初中毕业后走向社会，他们逐渐成为我们学校一届届的学生家长，绝大多数外出务工或经营各种小商业、苗木业、传统林果业等，经济收入处于泰安市乡镇的下游水平。时至今天，据我们统计，我校初中学生家长的学历水平是这种状况：95%的是初中，3%的是小学，1.8%的是高中，0.2%的是大专。虽然一届届家长的综合素质也在逐渐提升，生活水平也在不断改善、提升，但跟城区和城郊的学生家长的眼界、视野、能力、素质还是有着很大差距。近几年来，我校的学生家长也意识到教育的重要性，逐渐重视对学生的教育，但绝大多数不会教育学生、不懂得如何教育学生，更多家长仅仅是满足学生基本的物质需要，教育孩子的任务主要是交给学校、依靠学校。

学生的整体情况

在这样的相对闭塞的山区环境下，在这样整体素质偏低的家长培养下，我校刚入初中的学生整体表现的优点：单纯、善良、能够听从教师的正确教诲；普遍的不足方面有：视野面狭窄、阅读量少得可怜、文化积淀少、生活体验少、文明习惯差、不自信、不敢大方地跟陌生人交流、人生无方向、学习动力不足等。而山外的世界已是高速发展的信息时代，信息爆炸的时代，科学创新、经济日新月异的时代，人的观念、理念、价值观、人生观、世界观等是开放的、发展的、紧跟时代潮流的。

学校在实施教育改革探索前，每一年毕业班的毕业生中18%考入高中，20%考入各类职业院校，超过60%直接进入社会。

我们学校对口报考的普通高中都位于泰安城区，那些由我校考入泰安城区高中的学生，由于山区的成长环境与经历，导致他们跟城区的其他学生在成长经历上缺少共鸣、无法进行很融洽的沟通交流、思想上缺少更多的碰撞提升；因为人生体验、阅读等积累不足，导致眼界较窄，综合素养不高。我们学校升入普通高中的学生们在三年的高中学习上越来越没有后劲，三年后能考入大学的学生仅占我校考入高中学生人数的30%—40%。

在学校教育改革探索前，我校60%多初中毕业后直接进入社会的学生，他们接受的就是传统的应试教育，学校没有围绕着如何把他们作为一个值得尊重的"人"来培养，这些学生很多都成了学校应试教育中优等生的陪衬，大多数学生都带着应试失败者的阴影和不自信走向社会，部分毕业生可能凭着勤劳、灵活、幸运的机遇取得成功而自信地成长起来，还有许多学生可能平平淡淡地带着些许失败的自卑心理生活下去，成家生子后，这些情绪又将影响到他们的孩子——我们学校未来的生源，一批批普通素质的学生。

教师的整体情况

2013年我任大津口中学校长时，学校教师情况是这样的：全校在职教师42人。

年龄结构：30岁以下9人，占比21%；30—40岁有22人，占比52%；40—50岁有8人，占比19%；50岁以上3人，占比8%。总体年龄偏年轻化，应当是年富力强的优势年龄结构。

性别结构：男性教师25人，占比60%；女性教师17人，占比40%。男性教师优势明显，便于号召，战斗力较强。

学历结构：以入职时原始学历作为统计依据，中专或高中起点的教师6人，占比14%；大学专科学历31人，占比74%；大学本科学历3人，占比7%。后期教师经过学历进修，本科学历以上全校占比达到95%以上。作为一所农村初级中学，学历水平处于农村学校上游水平。

学科结构：语数外专业教师5—6人，基本够用；史地生政物专业教师分别为1—2人；全校音乐教师1人，美术教师1人，体育教师2人，信息技术教师1人。除了语数外三科可以组成专业教研组具有一定的研究能力，其他学科更多是单兵作战，学科研究力量薄弱。

教研及教学水平：2013年时，全校承担市级课题1项，区级课题2项；全校教师荣获区级教学能手4人，市级优质课获得者3人，市级名师1人，总体教研能力偏弱。教学水平处于泰山区乡处（非城区）下游较低水平。原因有三个，其一是我们乡自 2005 年区划调整为泰山景区管委会管理后，景区没有专门的教学研究室，对教师培训、教学指导不够；其二是景区起初只有我们一所乡镇中学，教师流动性封闭后，教师正常调入调出停止，教师对外交流、信息更新、外出学习等活动锐减；其三是学校教师专业化建设推进不足，教师自我发展、教学研究能力、研究氛围严重缺乏。

2013 年，学校在推进教育改革探索前，教师的总体情况如下：教师偏年轻化，具有工作热情，学历水平偏高，但专业能力和教学水平总体偏低，科研意识不足，课改意识淡薄，传统式教学，很早就进入职业倦怠期，得过且过，随波逐流。

学校的整体情况

学校在推进教育改革探索前，即 2013 年前学校办学水平、教学质量都处于泰山区的下游，是典型的农村薄弱学校，生源流失严重，社会满意度低。全校所获得集体荣誉如下：市级荣誉仅有市级文明单位 1 项，区级非重要荣誉 7 项，更多的是乡级荣誉。

面对大津口乡的教育现状和困境，作为党和国家领导下的最基层的教育工作者，我们要建设一所怎样的学校呢？我们要培养怎样的农村毕业生呢？我们将如何办学才能破茧重生、实现突破呢？

路漫漫其修远兮，吾将上下而求索！

第二节　办一所什么样的学校

"人"字的一撇一捺支撑起一个人字，这一撇一捺我理解为分别象征着人的"德"（德行）和"才"（智性），这两者方能构成一个"人"，因为两者同样重要，也因此构成了过去学校教育的完美整体，我们可以称之为"全人"教育。随着社会的发展和时代的进步，教育需求也在发生着变化。未来社会需要更加全面发展的人才，这对学校提出了新的要求和挑战。而实现让学生"成人"教育即成为"全人"，学校则需要推进德、智、体、美、劳"五育并举"，培养全面发展的人才。

党的十八大以来，在习近平新时代中国特色社会主义思想指引下，围绕培养什么人、怎样培养人、为谁培养人这一系列根本问题，我们党在实践中不断深化对教育事业规律性的认识，提出一系列新理念、新思想、新观点，主要体现为：坚持党对教育事业的全面领导，坚持把立德树人作为根本任务，培养德智体美劳全面发展的社会主义建设者和接班人，加快推进教育现代化、建设教育强国、办好人民满意的教育等主要思想建设。

因此，我要办一所好学校，一所人民满意的现代化学校。

无论何时何地，一所好学校首先要做到的就是让人民满意。

这样的学校应当是这样的：

在这样学校里，教师可以幸福发展，学生可以快乐学习，教师和学生可以在平等中建立爱和理解；要让我们的学校成为教师专业发展和体现价值的温馨家园，成为学生生命成长和自主求知的快乐天地，他们的心里写满了"好"字，学校才是真的好。

在这样的学校里，我们关注目标由"成绩"转向"成长"。学生需要的不再只是课本中的知识，德育、美育、体育、劳动教育等都是学校需要重视的方面。我们应该更多去关注学生的生命、生活、生长，力争在学校课程构建中积极融入"4个H"，即"要关注学生的头脑（Head），培养他的思考能力、批判思维、学习能力、分析解决问题的能力；关注学生的心灵（Heart），让他学会关爱别人、懂得合作包容、学会处理冲突；关注学生的双手（Hands），给他实践探究、劳动给予的能力；最后还要关注学生的健康（Health），提高他生存和做人的能力"。同时，因为每个学生都是独立的个体，我们应尊重、接纳、因材施教，把学校打造成一个"百花齐放的花园"，让教育良性、可持续地发展下去。

在这样的学校里，还必须有学生喜欢的课堂。现代化的教育需要的课堂不仅仅是知识的课堂，更应该是素质的课堂，是生命成长的课堂。学生们应该在课堂中树立自己的理想与抱负，收获阳光与自信，学会如何做人做事……这些核心素养才是他们的宝贵财富。

在这样的学校里，还应该建立一个开放的组织系统，利用现代化的信息、科技、智能等手段，可以建立与真实世界的联系，可以充分利用外部社会资源开展教育。未来的发展，需要学校重新构建开放的学习路径，让学习从书本走向世界，把整个社会变成学生成长的大课堂，培养学生终生学习的习惯。

第三节　培养什么样的学生

打造一所人民满意的现代化学校，目的是培养未来社会主义事业的合格建设者，践行"为党育人，为国育才"的使命。我们学校立足于山区实际，立足大津口乡的自然经济状况，立足于大津口中学学生、家长、教师等具体情况，在充分调查、分析、研究的基础上，从"为学生一生幸福奠基"的理念出发，试图通过探索现代化的育人理念，为山区学生的生命中补充更多民主、法治、文明、理想、自信、开放、合作等现代元素，经过几年的实践，于是我们确立了大津口中学的育人目标：培养具有现代素养的农村中学生。我们称之为"一个核心"，即学校各项工作的出发点和方向：培养我校学生具有现代素养，紧跟现代化的新时代。

这一核心的确立，是从党和国家对教育的要求中来，从现代化发展的需求中来，从大津口教育的现状及实践反思中来。

"培养具有现代素养的农村中学生"，其中对"现代"的理解：要求具备适应现代社会发展的意识与能力，包括开放意识、民主和法治意识、环境意识、创新意识与能力、交流合作意识与能力、终身学习的意识与能力、规划人生的意识与能力。对"素养"的理解：指一个人的修养，与素质同义，从广义上讲，包括道德品质、形象举止、知识水平与能力等各个方面。对"现代素养"的理解：融合了现代和素养的综合要求，在知识经济的今天，现代素养主要包括科学素养和人文素养。科学素养以求真、创新为核心；人文素养以尚本、发展为核心。对"农村中学生"的理解：出生于农村，而不囿于农村，能自觉维护国家的尊严和利益；能积极主动地继承中华民族的传统美德和优秀的传统文化；能自觉、自愿地报效家乡和祖国。

为了实现这一核心目标即"培养具有现代素养农村中学生"，学校推进了一系列的教育实践与探索，简称为："两个驱动力""三大工程""四大教育""五育并举""六步教学法"。围绕着"一个核心"，推行"二三四五六"教育举措，也就形成了我校"一二三四五六"新的育人模式。

这些举措和探索主要得益于以下教育专家和理论的影响及启发。

关于教育，苏霍姆林斯基曾从多角度论述了教育目的，提出了"培养共产主义建设者""培养全面发展的人""聪明的人""幸福的人""合格的公民"等。其中最集中也最深刻的一个观点是要把青少年培养成为"全面和谐发展的人，社会进步的积极参与者"。而培养这种人需要实现全面发展的教育任务，即应使"智育、体育、德育、劳动教育和审美教育深入地相互渗透和相互交织在一起，使这几个方面的教育呈现一个统一的完整的过程"。

苏霍姆林斯基担任帕夫雷什学校校长时积累了丰富的学校管理工作经验，他的管理经验和智慧，其中针对校长、针对学生、针对教师等方面，不乏真知灼见，时至今日仍具有借鉴和指导意义。

"伟大的人民教育家"陶行知针对传统教育形式在《创造的儿童教育》一文中提出了"六大解放"的教育思想，旨在培养儿童的创造力。其"六大解放"思想，即"一、解放学生的头脑，使他们能想；二、解放学生的双手，使他们能干；三、解放学生的眼睛，使他们能看；四、解放学生的嘴巴，使他们能问；五、解放学生的空间，使他们能够到大自然、大社会里取得更丰富的学问；六、解放学生的时间，不把他们的功课表填满，不逼迫他们赶考，不和家长联合起来在功课上夹攻，要让他们有些空闲的时间消化所学，并且学一点填满自己渴望要学的学问，干一点他们自己高兴干的事情"。

我们学校推行的"一二三四五六"育人举措中正践行和体现着这些思想。

美国教育学家和心理学家加德纳（H.Gardner）博士提出一种全新的人类智能结构理论——多元智能理论，定义智能是人在特定情景中解决问题并有所创造的能力。他认为我们每个人都拥有八种主要智能：言语——语言智能，逻辑——数理智能，视觉——空间智能，身体——动觉智能，节奏——音乐智能，交流——人际交往智能，自知——自省智能，求知——自然智能。他提出了"智能本位评价"的理念，扩展了学生学习评估的基础；他主张"情景化"评估，改正了以前教育评估的功能和方法。加德纳的多元智能理论是对传统的"一元智能"观的强有力的挑战，给人以耳目一新之感，尤其是在当前新课程改革中，大部分教师对学生评价颇感困惑之时，他的理论无疑会给我们诸多启示。

　　上海师范大学的燕国材教授在《应重视非智力因素的培养》中阐述：在教育过程中，非智力因素的培养和智力因素的培养同等重要，教育既要"解惑"，更要"授道"，应注重学生综合素质的培养，而不仅仅是智力水平。同时，在未来社会中，有创造力的人往往并不单纯表现在会考高分上，培养创造力比培养学生考高分要重要得多。充分发掘学生的非智力因素，学会期待，学会欣赏他们潜在的价值。

　　这些主要的教育大家和教育理论成为我们学校教育探索的依据和支撑，让我们学校在推进"一二三四五六"育人模式中，走得稳健而坚定，虽不尽完善和完美，但我们学校的管理水平以及对教育理论的理解与实践在我们的教育探索行进中得到不断的提升与丰盈。

第二章　两个驱动力

第一节　教师专业化发展

学校要发展，教师队伍建设是关键。没有教师的发展，学校的发展就成了无源之水，失去了有形的支撑。因此，优秀的教师队伍是学校可持续发展的根本所在，也是我们学校推进各项教育探索和改革的重要驱动力。

习近平总书记指出："教师是立教之本，兴教之源，承担着让每个孩子健康成长，办好人民满意教育的重任。"一个人遇到好老师是人生的幸运，一个学校拥有好老师是学校的光荣，一个民族源源不断涌现出一批又一批好老师则是民族的希望。

无论是现在还是未来，教师队伍始终都是教育中的重要一环。为了迎接未来教育的变革，教师队伍必须完善和丰富自身素养，不断提升自己的专业化水平。当学习发生了变化，学生发生了变化，老师还不变，还自以为是知识的分发者的话，我们真的会被淘汰。

北京特级教师陆云泉曾说过：新时代的教师需要具备"四有教师、四个引路人、四个相统一"的基本素质。其中，"四有"是指：有理想信念，有道德情操，有扎实学识，有仁爱之心；"四个引路人"是指：做学生锤炼品格的引路人，做学生学习知识的引路人，做学生创新思维的引路人，做学生奉献祖国的引路人；"四个相统一"是指：坚持教书和育人相统一，坚持言传和身教相统一，坚持潜心问道和关注社会相统一，坚持学术自由和学术规范相统一。这些都是教师专业化发展中需要不断丰富和提升的重要内容。

学校管理者应以成就好老师为己任，助推教师队伍专业化发展，做教师专业成长的引路人。是否能通过促进教师专业成长，尽快打造出一支团结协作、业务精湛的教师队伍，对于我们学校能否在当下教育困境中直面挑战，能否得以长远健康发展，具有至关重要的现实意义。只有将教师的成长与学校的发展进行有机统一，建立起"共同体意识"，相互支撑，相互促进，相互成就，才能取得双赢，实现教师与学校的共同发展。

一、用师德打好教师专业发展的底色

高尚的德行是教师为人师之核心。我国教师职业自古以来对教师的职业道德有很高的要求，强调为人师表、以身立教，以及对学生的人格感化。赫尔巴特指出："教学如果没有进行道德教育，只是一种没有目的的手段"，这要求教师的日常教育教学行为要具有"教育性"。因此，对教师专业素质的要求不只是知识与技能的发展，还要提高教师内在的专业品质，即实现教师个体专业知识与专业精神在知行范畴和道德范畴的高度统一，并做到教师发展，师德为要。

党的十九大报告就"新时代如何优先发展教育事业、加快教育现代化、办好人民满意的教育、建设教育强国"提出了明确要求，也为新时代师德师风建设指明了方向。《关于全面深化新时代教师队伍建设改革的意见》对师德师风建设作出了总体部署，要求"着力提升思想政治素质，全面加强师德师风建设"，这体现了深入贯彻落实党的十九大精神，立足于立德树人根本任务的必然要求。师德师风是教师队伍建设的灵魂，师德师风的好坏，直接关系到素质教育的实施，直接关系到青少年的健康成长，关系到国家民族的未来。学校是耕耘希望的园地，是孕育明天的摇篮，学校德育工作的好坏关系到科教兴国战略的实施，关系到社会主义精神文明建设和物质文明建设。为此，我们学校始终将师德师风建设放在教师队伍建设的突出地位，注重塑

造教师健康的人格和完美的师表形象，引导教师树立正确的价值观，大力倡导敬业、奉献精神。具体举措如下：

1. 坚持学习，与时俱进

学校为做到师德教育经常化、制度化，为每位教师配备专用的"师德学习笔记本"，以供学习之用。

坚持周五例会这个固定的时间，集中进行学习。主要形式是观看师德培训视频资料，内容是全国系列"师德培训讲座"等，集中学习几乎是每周一次，从不间断。

坚持形式灵活的个人自学。材料统一印发，学习分散进行。主要是学习与师德相关方面的材料，内容主要有：《中小学教师职业道德规范》《教育法》《教师法》《义务教育法》《未成年人保护法》《预防未成年人犯罪法》，教育名人和教育家关于教师职业道德的论述，模范教师的先进事迹等。

坚持互相学习，共同提高。学校借此机会倡导并要求全体教师写作至少一篇"师德体会"或"师德论文"，学校装订成册，以便相互学习之用。这样既有促进的意义，又有学习的效果。

2. 创设载体，活动丰富

开展树立"为人师表形象"活动。学校开展了"正师风、树师魂、正行风、树形象"等师德系列教育活动，具体做了以下四个方面：一是热爱学生，建立平等、民主、和谐的新型师生关系；二是以身作则，要"衣着定位"，让学生无时无刻都受到审美教育；三是自觉修身养性，淡泊名利，以德服人，以德立教，要不断塑造鲜活、生动的人格魅力；四是要面向全体学生，切实贯彻"因材施教"的原则，让每一名学生都得到充分的发展。

结对帮扶助学一批"弱势"学生。对于学校中的"弱势"学生，我们始终把他们列为需要关心和帮助的对象，开展了"帮困扶贫，送温暖"活动，发扬社会主义道德风尚。学校还开展了教师与特困学生结对子，与后进生"手拉手"活动，师生帮困，生生帮困。为了有效提高帮助后进生的工作效率，学校中层以上领导以身作则，每学期结对一名后进生，并要求做好帮困情况记录。班主任、党团员都积极投入到这项工作，使每个后进生的帮困工作落实到专人。践行了党的"精准扶贫"，弘扬了爱的教育。

开展教师"师德"演讲比赛。每年在全体教师中举行师德师风演讲比赛。

教师们以"我自豪，我是一名教师""让爱绽放""耕耘"等为题，作了生动而又精彩的演讲。在演讲中，各位教师都饱含深情，倾诉了对教育事业的热爱，对学生的爱，表达了自己作为一名光荣的人民教师的自豪感和责任感。教师们纷纷表示，要以自己的实际行动，在校园里掀起"铸师魂、树师德"之风。

发挥优秀教师引领作用。学校现有"省最美教师"提名获得者、"市师德标兵"、"乡村特级老师"、"市三八红旗手"、"市优秀教师"等先模人物，学校充分发挥他们的带头作用，让他们师德的馨香在全校散播，引领更多的教师向先模对标看齐。

3. 制度约束，严格自律

建立"师德承诺"制度。组织教师向社会公开作出"师德承诺"，签订师德师风责任状，并将承诺内容以告家长书的形式下发，将承诺内容公布在学校网页、宣传橱窗的醒目位置，学校设立师德师风监督举报电话和校长信箱，接受全社会的监督。

建立师德师风考评制度。建立社会、家长、学生民主评议师德师风的制度，每学期组织一次民主评议活动，通报评议结果，接受社会监督。评价方式有五种：一是自评，达到自我认识、自我鞭策的目的；二是互评，互相取长补短，共同进步，形成合力；三是学生评，召开学生座谈会；四是社会各界及家长评；五是学校评。最后做出"满意""基本满意""不满意"三个等级。奖优罚劣，弘扬正气，在操作中重奖励，轻惩罚，增强工作透明度，充分调动教师工作进取精神。

建立"师德问题一票否决"制度。对违反师德行为规范的教师，当年不得评先、评优，不得晋升职称、职务，三年内不得参加优秀教师评选，已取得称号的，要取消其称号。对情节严重、触犯刑律的，要依法取消其教师资格，移送司法机关处理。

建立师德责任追究制度。实行师德责任追究和"师德一票否决制"，对于严重违反师德的行为，如体罚、侮辱学生、乱订课辅、乱收费、违法乱纪等问题，要立即进行查处，并视其情节轻重，根据有关规定分别给予处分、处理。

"魂"，是精神和思想，教师成长的"魂"在师德，教师的成长没有了"魂"，学校便失去了发展的根基。教育要以德为先，教师的成长同样首先在德。教师专业化发展抓住了师德就抓住了根本，厚重的师德"底色"会为教师正确的发展把好方向！

二、营造教师专业化发展的人文环境

由于大环境的发展和影响，让更多的人将关注的目光投向了学生。即凡是关系到教育的，就要为学生开绿灯；凡是有助于学生发展的，就会竭尽全力去实现。也正因为此，很多学校忽视了对教师的人文化关怀，导致很多教师总是带着情绪工作。这对教育，尤其是对学生的发展提高是百害而无一益的。所以，我们除了要给教师创造发展的条件外，更需给他们创设具有浓郁人文关怀的、能实现教师个人人生价值的创业环境。

1. 健全学校民主制度

建立了定期召开教代会制度，让老师们有发表个人意见和见解的平台，保证老师们的言论能畅通无阻地传达到领导层，特别是校长一级领导的耳朵里；形成监督机制，让老师们发表了个人意见后没有后顾之忧，不会担心领导的打击报复。要使老师们进来后就不想走，让他们觉得在大津口中学工作有成就感和归属感。我作为校长要努力为教师们创造事业成功的条件，要给老师们乐业的空间、发展的空间、创新的空间，让掌握了一身本领的教师们在大津口中学有用武之地。

2. 营造成长环境

以各种活动为载体营造成长环境，鼓励教师加强与家长的沟通和互动，邀请家长参与学校的活动。比如：每学期开展学校开放日活动、家长讲座以及配合一些节日开展的主题活动，促进家长与学校沟通，彼此了解的同时也彰显了教师的工作成果，展示作为教师专业的一面。让教师们在家长的尊重、感谢的目光中感受自身专业被肯定的自豪感。

学校工会定期组织以生日会、踏青等为主题的家庭系列活动，让教师与家人相处，增进教师与家庭间的了解，同时也借机展示教师个人魅力、促进教师、家庭的凝聚力；同时，学校工会力所能及地帮助教师解决家庭中的后顾之忧、燃眉之急，让教师们尽可能地从繁重的家庭琐事中解放出来，感受因职业带来的幸福感。

3.改善教师观

改善教师观，兼容并包。我们学校领导层始终坚持全面、发展、辩证地看待教师，承认教师客观的差异，工作中不允许对每一位教师求全责备，而是以尊重人、激励人、关爱人、发展人为前提，为每个教师智慧和才能的发挥创造机会和条件，营造平等友爱、融洽和谐的人际环境，创设民主、积极向上的学术气氛，形成"留人—育人—立人"一体化的人才培养模式：用事业留人，用情感留人，以留人促育人。

当然，除了要做好这些工作外，我们在政治业务学习中帮助教师确立科学的现代化的教育观、价值观，要让教师们在走专业化发展的同时享受到教师职业的幸福人生，还必须要有现代正确的财富观，即现代的价值观。同时，我们还要让教师明白，人活着并不仅仅是为了生存，在基本生存解决之后，我们对生活的感受，更多是来自于精神体验，它的平衡与否，正是决定人生幸福的关键所在。

4.团队协助，共同发展

团队协助，共同发展。当教师一踏入大津口中学，我们学校名师团队与教师一起，诊断自身特点，针对不同的个体确立了不同的发展标杆，制订了可行的专业发展规划，建立"师徒结对""老带新"等教师成长体系，让教师在成长过程中少走弯路，为全校教师卓越前行奠定了坚实的根基。学校帮

助教师研究课堂、研究管理，通过各种途径掌握家长培训、家校沟通的方法，掌握理解、支持、善待同事的方法，成为一个有方法的教师。我们也力求让教师体验教学中每一个细小的成功的喜悦，成为走进学生心灵、追求课堂诗意、享受教育、实现自我价值的教师，成为有幸福感的教师。因为一群具有幸福感的教师携手同行，我们的教师才不会掉队，才能共同成长，才能共同前进。正如一句非洲谚语说得挺好，"一个人可以走很快，一群人可以走很远"。

三、靠机制激励教师专业化发展

"无规矩不成方圆。"教师的成长过程，其实是一个实践与学习相结合、感悟与研修相结合、个体潜能开发与群体智慧共享相结合的发展过程。促进教师专业能力的生成和综合素质的提高，需要符合成长规律的专业指导，更需要用制度去护航，用职责去驱动。

我们学校教师队伍建设的目标是打造"人格善良、学识渊博、技能精湛"的教师队伍，大津口中学结合学校实际，着力于机制的重建和完善，修订完善了《教师终身学习考核办法》《校本教研管理办法》《教育科研管理与奖励办法》《教师职称聘任办法》等制度，构建起学校内部的治理体制，提升治理活力，以制度的形式来引领帮助教师获得成长。让教师在和谐与合作的状态下感受工作、获得自信、积淀智慧。

1. 创建"学习型教师队伍"

帮助每位教师制订五年成长规划、教师自主研修计划，引导教师参与学历进修、校本培训和各级培训，落实多元培训工作；深入开展岗位大练兵活动，强化教师新五项教学技能培训（人际活动技能、学习指导技能、课堂组织管理技能、教学设计技能、教学评价技能），并积极参与技能比武；扎实落实青年教师培养制、师徒带教制，形成老教师和骨干教师带动、帮扶新教师，通过互相听课、评课，让青年教师尽快地成长起来，同时也促进了老教师教学水平精益求精，达到共同提高、共同成长的目的。青年教师是学校的未来，是学校可持续发展的保障，我校要求各类"名师"与青年教师开展进行一对一"结对子"活动，学校建立了《师徒结对工作评价制度》，确保工作运行和师徒同频共振、共生共长。从计划到师徒合作备课、师父示范课、徒弟汇报课、师徒平行课等活动，通过同课异构、互相促进、共同提高，促进了青年教师的专业成长，同时要求师父带领徒弟每年参加一次区级以上教学比赛。现在，一大批青年教师获得优异成绩，并快速成长为我们学校教育教学骨干。

2. 创建"研究型教师队伍"

实施教研规范管理，落实教研组月研讨、备课组周集体备课制度；加强教研活动管理，真正落实教研活动的"四定"（定时间、定地点、定内容、定主讲人）；鼓励教师开达标课、平行课、优质课、示范课、创新课，精心组织评课议课，使授课者和听课者在活动过程中都有收获，在教研中学习，在学习中成长。鼓励教师参与教育、教学课题的研究，给予一定研究经费，倡导课题研究立足于教学实际问题、立足于学校教育难题作为课题的切入点，坚持"问题即课题"的研究理念，真正让课题研究服务于教育教学，让研究不再神秘，让研究落地生花，让教师在研究中成长为研究型的教师。

3. 推进"名师工程"

以推进"名师工程"带动青年教师专业成长。学校发挥专家指导组、教研室、学科骨干教师的作用，组织培训、指导，提供机会，搭建平台，促进教师队伍的整体发展，让优秀教师脱颖而出，打造"名师"队伍。名校之名在于名师，名师是名校的基础，每年教师节前夕，我们都组织评选学校"学

科带头人""十佳教师""优秀教师"。在学校师生大会、学校宣传栏、校园网、家长微信群等大张旗鼓地宣传名师事迹，形成了"学名师、做名师"的氛围。同时，我们还强化了名师的过程管理，实行名师"任期制"，对名师在师德师风、教育教学、校本研究等方面提出了很具体的要求，奖励名师并给予名师外出考察、研究经费等机会和待遇。通过名师的带动辐射作用，实现群体效应。大多数教师看到成长的好处和途径，促使自己自觉成长、主动成长。

4. 落实多元评价机制

教师年龄不同，专业水平不同，成长需求不同，因此评价的目标与方式也应不同。所以，我们制定了适合不同层面教师的评价细则和标准。我校制定的评价制度有《校级名师评价方案》、《校级骨干教师评价方案》以及《校级新秀成长评价方案》。三个评价方案针对不同的群体，注重推动不同层次教师专业发展为目的，实施伙伴评价、年级组评价以及学校评价相结合，发挥全体教师的积极主动性，注重长期的目标，注重教师的未来发展。

四、立足教学常规促教师专业化发展

1. 以备课改革为契机，督促教师成长

备课是上好课的前提，是教师专业成长的重要因素。为适应新课程发展的需要，在学校课改部的统一组织下，大胆进行了备课改革。主要做法如下：其一，变个体备课为学科组集体研究式备课，改原来的只注重教学设计为研读教材，关注学生，注重实效；其二，采用"导学案＋教材批注"的模式，改单一教学设计为多方向、多环节备课；其三，重视课堂教学、单元教学的反思或教育故事的叙写。通过备课改革，强化了教师钻研教材、关注学生的意识，强化了教师对重难点上的学法指导的深入思考，强化了学科组集体智慧，强化了教师对教学的反思等要素，从而督促教师从不自觉到自觉提高自身教学素质的华丽转身。

2. 以课堂为平台，锻炼教师成长

课堂是教师教学实践的基地，教师成长的主阵地。围绕新课程改革的理念，学校改变以往以传统满堂灌式课堂，开展小组合作式的高效课堂"六步教学法"探究改革，在一定程度上也倒逼着老师的成长。我们强调课堂的"教"与"学"

的活动要"精"，强调"教""学"过程中关注教法和学法的改革，鼓励教师大胆创新。多年来，学校从管理上"聚集课堂"，以校长、书记、教学副校长、教导主任、教研组组长组成的听课小组，采用约课、走进课堂等方式，与教师零距离接触，与教师教学面对面，直接指导教师课堂教学。定期举行展示课活动，教师通过精心设计，课堂实战，互相观摩，引燃反思的欲望；开展评课活动，教师围绕课堂，唇枪舌剑，针锋相对，激起耀眼的火花；开展说课活动，教师引经论理，透析教材，提升理论的素养。这些活动的开展达到了以课堂为中心，以活动为催长剂，扎实训练教师学科基本功的目的。

3. 以检查为导向，监督教师成长

通过狠抓教师的备课、上课、作业布置、辅导、课后反思等环节，引导教师打造高效课堂。教导处对教学常规及落实情况进行检查，定期反馈情况。组成"校务组—教务处—教研组"三级结合的考核评价小组，每周一组织各年级主任检查上周的纸质备课、学生星级评价及本周的电子导学案，形成《高效课堂检查成果简报》，检查评价结果纳入教师业务考核。每月下发一份高效课堂建设的综合性简报，每周通过年级例会、全校师生会推广。每周每位领导需要完成一份周教学工作总结和下周计划，并附有听评课记录表，内容涵盖教学常规检查的方方面面。通过及时发现、总结教师常规工作中存在的问题与不足，悉心与教师面谈，引导反思，促使教师查漏补缺，及时整改，完善自我。

4. 以教科研为手段，促教师专业发展

教育科研是促进教师专业成长的有效手段，是促进教师专业成长的最佳策略和必由途径。要实现教师的专业成长，教育科研势在必行。我们学校是这样做的。

（1）确定科研方向。教研管理中，首先根据教师个体差异，提出不同科研目标：老年教师——发挥传统优势，着重经验总结，力求稳中求变；中青年教师——着重组织其学习现代教育理论，围绕学科，开展研究，不断提高教学和科研水平；骨干教师——着重以现代教育理论为指导，反思、总结其教育教学经验，形成特色，发挥示范作用。其次，以问题研究为抓手，提高教师科研的有效性。教师在教研组中，提出教学中的疑难点，把不能解决的问题作为"研究主题"进行问题研究。如我校数学组，针对新课改下的解决

问题能力这一难点，确立了以"如何指导学生解决问题"专题研究；语文组确立了"语文课堂教学评价"的问题研究等。最后，以课堂案例为导向，促进教师反思成长。我们主要采取了本校教师提供的研究课，引进优秀教师录像课进行品评，在分享别人成功的经验的同时，教师对照别人的经验和问题，剖析和反思自己的教学，在实践中不断调整教学行为。如此反复，教师积累了反思素材，从量的收集到质的分析，来提高教学效率和教学水平，从而促进了教师的专业成长。

（2）推进课题研究。我们以教研组为单位，以"研究性小专题"为切入点，围绕主题，开展了多层次的教研活动：通过开展组内教研、组间交流、组内互助活动，促进研学一体化，将理解透彻的理论与优秀的实践成果运用于教师自己的教育教学之中。

目前全校校本小课题10个，区级课题5个，市级课题2个，省级课题1个。教师在进行一个课题研究时，会广泛涉及大量的知识。要使研究不断深入，教师自己就必须掌握大量的相关知识和相关技能。通过不断地经历观察、思考、审视、反省、判断、分析、概括、总结的过程，促进了教师专业化成长。另外教师们通过上网查阅资料、询问等形式，掌握更多的专业知识以更好地开展研究。因此，课题研究的过程就是提升自我教育技能、丰富自身知识的过程，是教师专业成长的必要途径。

（3）强化教科研反思。当然，再好的经验都是别人的，要想成就自己，教师成长就必须通过研究，让知识与经验内化于心、外化于行。我们鼓励教师结合自己的教学实践认真梳理、筛选个人在教育教学实践中遇到的问题，并将问题转化成课题，以研究者的眼光审视和分析各种教育现象，以科学的方法探究教育教学问题，总结教育教学经验，进而提升自己的专业水平。

五、构建教师专业化发展学习平台

鱼离开了水就无法生存，演员没有舞台就无法再现艺术魅力，而教师的成长也需要学校搭建舞台、创建平台，让教师在历练中感悟，快速成长。本着"教师优先发展"的原则，大津口中学构建起了涵盖不同层次教师专业发展需求的培训项目，采取了多样化的培训方式，助推教师专业化发展。

1. 读书反思

专业阅读需要显性的专业引领，它是我们教师专业成长的强力引擎。我坚信阅读能使教师视野开阔、面容有光、行动有力。通过主推两大带动模式，引领着大家阅读的方向。一是"好文推荐"的线上分享。打造网络平台，建立微信群、钉钉群展开，根据老师近阶段阅读的书，开展"好文推荐"线上分享阅读，通过群推送给老师，大家围绕推荐书目或片段，理论联系实践或结合实际案例陈述观点，以留言交流学习心得和实践体会等，如语文组的"共享阅读"、数学组的"携手前行""思辨数学"等；二是"读后感悟"的线下交流。学校组织读书沙龙、读书分享会，分享交流碰撞着对阅读的思考，对教育的理解，从而把书中一些理论点和具体案例分析透彻，让大家明白如何去践行真正的好教育。

个人反思与集备反思。波斯纳曾提炼出一名教师迅速成长的简要公式：经验＋反思＝成长。只有在教学中多反思，我们的专业技能才能得到更大的发展。个人反思，我们引导教师学会从教育教学方方面面对自己的行为进行反思，回看亮点和败笔，找到有效的改进措施；对于学科教学反思，学校要求一课一记；教学反思内容除涉及学科教学外，还可以涉及教育教学工作其他的方方面面。集备反思，每次大型活动和每次新授课后，我们都有"二次集备"时间，引导大家集体反思。

2. 观课议课摩课

一是全员献课活动，每学期开展一届；二是青年教师赛课、专家评课活动；三是名优教师示范课，原则上隔周 1 次；四是各教研组利用集体教研活动时间，开展研究课活动。现在，我们经常接到任务参加各级各类的公开课、观摩课或优质课的评选，学校充分重视这些展示教师与学校的机会，精心选拔出授课教师，组建研课团队，一般都要经历同课多轮的打磨，这个过程是教师们潜心研究、反复推敲、相互请教、集思广益、不断改进的过程。同时，也是出课教师以及整个研课团队快速成长的过程。每次比赛，我校代表景区到市区参赛教师能占到全景区学校参赛人数的一半多。

3. 专家指导

学校定期邀请了省市语文教研员、数学教研员、齐鲁名师等各位专家为老师们做系列专题培训。专家讲座的内容满足教师渴求，专家讲座的主题来自教师问题。其操作流程为：提出问题—专家准备—专家报告—双向互动—引领提升。

同时学校聘请专家和校内名师一起组建课堂督导组，按照"查看课前准备—观察课堂教学—剖析教学情况—研究改进对策"这一程序对教师的教学过程进行观察与诊断，对症下"药"，帮助教师优化教学过程，促进教师教学业务水平的提升。

4. 专业测评

我们力求让每个教师树立大教育理念，强化问题意识，做一个有思想的教师，致力于让学生赢在未来。我们力求促进教师掌握课堂教学与管理的方法、新的教学理论，为促进教师研究考试、研究教法、研究课改，学校每学期对全体任课教师进行专业测试，测试内容包括所教学科知识内容、课程标准、课改理论等，测试成绩计入教师业务考核，引领教师在平常的教育教学中始终在加强学习、注重研究；做到不断更新教育教学知识，与时俱进，始终保持"源头活水"的常清常新。

5. 引进"导师"，争当兼职教研员

我们学校加强与泰安市城区学校如学院附中、泰安六中等名校的业务合作，这些友好学校为我校语文、数学、英语、生物、化学等学科推荐了至少1名市级以上学科带头人、泰山名师作为我校的引领导师，辅导我校教师成长。

学校支持并帮助我校骨干教师争当泰山景区兼职教研员和片区教研负责人，目前我校有5位教师被聘为兼职教研员，这些教师通过承担全区或片区的许多业务检查、业务评比等活动，使自己的专业水平快速成长，又带动了学校学科组的快速发展。

未来学校的发展关键并不是仅仅定位于建大楼和添置信息技术装备，也不是人工智能为教师职业带来的挑战，而是教师本身的发展。叶澜教授指出："没有教师生命质量的提升，就很难有高的教育质量；没有教师的主动发展，就很难有学生的主动发展。"我理解这句话的意思是教师的发展是学校发展的核心动力，教师专业化水平决定着学校的教育质量，决定着学生的发展水平。我们学校任何一项教育改革与教育探索都依靠教师们共同推进，教师的专业水平的高低直接影响到教育效果的好与差。因此，我们学校始终将教师的专业发展作为推动学校各项教育探索的重要驱动力，尝试了各种有效的举措促进全体教师专业水平的不断提升，努力打造一支师德高尚、业务精湛、敢于创新的教师队伍，为实现我们学校的育人目标、办学方向奠定了强有力的人才基础。

无论是现在还是将来，教师专业化发展仍然是不可松懈的重中之重。

（教师发表文章的部分刊物及参编著作）

第二节　家校共建

学生的成长不仅需要学校精心培育，还需要家庭用心关爱呵护。苏联伟大的教育家苏霍姆林斯基曾强调说："最完备的教育模式是'学校—家庭'教育，学校和家庭是一对教育者。"家庭教育是学校教育的基础，是与学校教育互为补充的重要途径，而不是学校教育的简单重复，更不是学校教育的简单延续。只有加强与家长的联系，做好家长工作，使家校形成合力，才能建立起一个优良的学习教育环境，才能促进学校各项教育探索的推进，才能最终促进孩子的健康发展。通过家校共建形成强有力的教育合力。家校共建是我校推进"一个育人目标"以及"三大工程""四大教育""五育并举""六步教学法"的另一重要驱动力。

我们是一所农村山区学校，位于大山深处，虽然国家城镇化建设的步伐不断加快，山区农村艰苦的自然环境、落后的经济依然制约了当地全方位的发展。许多不甘落后、不甘忍受闭塞的山村生活的劳动者大规模地涌向城市，山村里剩下的绝大多数就是妇女、老人与小孩。根据我校对学生家长文化水平的调查，父母双方或一方文化水平在初中文化以下的占到98%，而平常陪伴学生的更多是学生的爷爷奶奶们，他们的文化水平更多是小学水平。我们的很多家长不会教育学生，很多家长错误地认为教育孩子是学校和教师的事，认为家长只要满足孩子经济和物质方面的需求即可，所以很多父母只顾拼命外出挣钱，结果是挣下了"银子"，耽误了孩子。

推动家校共建，提升我们家长的育人水平，形成良好的家庭教育氛围，达到家校共育效果，对于我们山区学校尤为重要。

通过对家校共建的探讨和研究，我进一步认识到脱离家庭教育的学校教育是不完整的，学校教育需要家庭教育的支持。家长一定要配合好老师，协助学校共同教育好自己的孩子。只有家长、老师平等地交流沟通、携手共育，形成教育合力，才能产生事半功倍的教育效果，才能够共同促进孩子健康成长，才能够让更多的家庭培养出优秀的孩子。

家校共建的作用具体体现为：

对学生而言，家校共建能够让学生倾听家长的心声，理解和孝敬父母，懂得感恩。让学生能够正确认识老师的重要地位和作用，正确地理解和对待老师的批评与指导，从内心真正地信任、尊重老师。能够让学生在家庭和睦、校园和谐的环境下学习和成长，成为一个具有良好道德品质的人，成为一个具有创新能力、富有创新精神的人。

对家长而言，家校共建能够让家长提高认识，成就孩子，家长好好学习，孩子就会天天向上；让家长认识到培养优秀的孩子，不仅是学校的事情，更是家长的事情；父母不仅要当好一个好家长，还要支持学校、老师的工作，配合学校、老师做好孩子的教育工作。让家长、老师、学生友好相处，使家庭和睦，让校园和谐。

对老师而言，家校共建一方面让老师知道先有父母心，再做教书人，用双重身份做好立体化课堂教学，从而提高课堂效率。另一方面，家校共建能够维护教师的社会尊严，保障教师的正当权益，维护学校和教育系统的声誉。

对学校而言，家校共建是提升教育教学质量的重要环节，是学校教育开拓新资源、获取新力量、巧挖教育潜力的新途径，是一股推动教育事业发展的新动力，也是学校教育为了适合当今教育的发展的一个新举措。

对社会而言，家校共建可以让教育理念社会化，教育环境和谐化，教育质量优质化。教育由封闭走向开放，由守旧走向进步，由学校孤军奋战走向家校携手并进，由互不理解走向互相支持。家校共建不仅解放了学校，解放了老师，还可以给家长一个机会，还社会一个明白；它能够减少因教育问题而产生的社会基层矛盾，达到营造平安校园、和谐社会的目的。

对国家而言，家校共建能够提高家长、老师和学生的综合素质。相信在不久的将来，国民的综合素质一定会有很大的提高。这样，学校既完成了教育教学的目标，又对国家的和谐发展做出了巨大贡献。

我们在家校共建方面做了下面一些有益的尝试。

一、组建家委会，树"家"规

1. 建立家委会组织机构

班级、年级、学校三级家委会工作机构是"家校共担"的前提。在此框架下，学校内设组织培训、活动策划、宣传推广、膳食监管、安全保卫、财务监督六大部门，家长分工明确、责任落实到个人，统一安排、协同工作，成立"家长教育督导团"，设立安全督察组、师德督察组和教学督察组。各督察组家长代表直接与学校部门处室联系，发现问题，及时反映，及时解决。

2. 制订家委会管理制度

拟定家委会章程，明确家委会的工作职责和内容，规定家委会机构工作运作的流程，逐步形成家长民主参与学校育人管理的文本制度。学校及时梳理总结家委会工作的经验和特色，形成具有本校特色的家校共建系列方案，涵盖家委会工作的方方面面，让家委会工作达到"思想统一、认识统一、行动统一、目标统一"的效果。同时制订家长学校管理制度，做到有章可循、规范有序。

3. 设立家委会驻校办公场所

学校开辟家委会办公场所，方便家长定时定点驻校办公。学校为家长提供电脑、打印机和电话等办公设备，使家委会办公室成为家长参与学校管理的驻点。同时，定时召开家委会例会、家长座谈会、专项督导调研会等，从课堂到食堂、从大课间到住宿生的晚自习，学校里的育人全过程向家长开放。家长还可以在办公室和学校领导商讨学校的管理，也可以走进课堂了解学生的学习过程。学校邀请家长代表到学校开展主题讨论，让家长实实在在参与、督促学校的规范办学。

二、成立家长学校，提升家长的文化教育素养

我们山区家庭的学生父母，作为监护人，正如前面所分析的，很多家长文化程度低，大多是初中或小学水平，没有什么远见，思想较城区家长还是落后的；有的监护人是隔代的祖父母，有的是外祖父母，有的是叔伯婶娘，有些甚至是没有监护人的；这些监护人对学生有些是过度的溺爱；有些是年纪大了精力有限，对于后辈教育是心有余而力不足；有些是放任自由，让他

们自然地成长；更多的监护人是没有学会正确的教育方法，对于管教采取的是简单粗暴的教育方式。正所谓，家长是孩子的第一任老师，父母教育的缺失，学校无可替代，那么作为监护人理应担当起第一任老师的角色。为了让监护人能够做好这一点，学校为监护人提供这样的平台——家长学校，通过参加家长学校听课学习，监护人掌握一定的教育理论、学会一定的教育方法，从思想上有所认识，改变陈旧的、错误的家庭教育观。

1. 定期开展家长学校课程

学校有针对性地开展家长学校系列课程，每个学期至少要定期开办 2—3 个系列主题家长学校课程。

开展家庭教育观念课程。改善以及完善家长的家庭教育理念，需要家长尽可能地改善自身的教育观点，继而能够实现教育模式的时代性发展。在我们家长中有相当多的监护人家庭教育观念陈旧，奉行的是"棍棒底下出孝子""我怎么说你就怎么做""我叫你做什么你就得做什么"等，这样家庭教育下的孩子没有自己的思想，没有自己的见解，很难成长为有用之才。在这种模式下，学生就会由于自身情绪的不良处理效果以及家庭氛围的不良创设而产生一定的自卑、敏感以及抵触情绪。在逐渐发展的过程中，此类学生

甚至会逐渐走向极端。为此，通过课程学习，我们家长懂得了放下自身身份以及角色的束缚，并与学生一同建立起良好的亲子关系，加强了对教育意义的认知和理解，以此来为学生起到一定的榜样性作用。

开展心理健康课程。学校根据学生的心理发展特点，定期邀请专家或教师给家长上课，对不同年龄阶段学生的家长，有针对性地开展与学生心理健康辅导相关的讲座。围绕山区学生不同年龄段的心理特征和身体发育特征来开展，让监护人了解孩子的不同阶段的心理特征、身体发育特征；根据年龄段的不同开展不同的心理健康案例分析、处理措施等专家指导，针对如何树立孩子的自信心、如何挖掘学生的潜能、如何培养学生良好的思想道德品质等问题展开多种形式的培训。

开展教育理论课程。只有让家长拥有良好的教育理论知识，才能更好地教育学生、协助学校开展工作。我校以定期召开班级家长会、校级家长会的方式，邀请教育专家到校为家长作教育讲座，组织广大家长学习教育理论，提高家长参与学校管理工作的能力。同时，我校不定期组织家委会成员到泰安市城区名校学习，实地了解这些学校的家校共育工作；回校后，家委会再组织家长会进行交流学习，不断拓展广大家长的眼界和知识面。家长开放日活动，也是我校组织家长学习的一种有效方式，让家长在听课中了解我们的"高效课堂六步教学法"，在其他教育活动中了解学校推进各项改革的意义，让家长在活动中全面了解学生，让家长在活动中观察、总结，从而提出更多符合学生实际的建议和意见。

2. 开通家长网络学习平台

家长学校开通网络平台，让没有亲临家长学校进行听课学习的监护人通过学校录制的视频、音频等形式来学习。

现代化的通信工具使得我们的教学渠道更加便利化和多样化。但是真正能够自觉地搜看教育类知识视频的家长是比较少的。智能化的手机在手，获得知识的途径就变得很容易，同样也有一定的弊端，比如现在微信的使用，更多的人都是对朋友圈刷屏，要花很多的时间在这上面，再没有心思去看乏味的教育知识理论。特别是生活在最底层的人们，手机是联系外面的沟通工具和消遣解乏的工具，对于他们的孩子，他们只尽到了"养"的责任，"育"谈不上。教育就落到了学校身上。即使开设了家长学校，有些家长也总有这样或那样的原因没能来到学校听课，学校可以在进行教学的同时把授课过程录制成视频、音频，再把视频、音频发送给监护人，或者通过建立钉钉群直播等方式，以便监护人能够在百忙之中抽出时间来学习，提高家庭教育知识水平，改变家庭教育观念，不再认为教育孩子是学校的责任，而是家校的共同合力才能教育好我们的孩子。

通过家长学校，将学生家长组织起来，使家长来有所学、学有所得，学习掌握一些家庭教育的知识和技能，提高家庭教育质量，推动家庭教育与学校教育的有效结合，进而形成教育合力。可以说没有监护人的成长，就没有学生的成长。一个被家长学校改变的家长就是一棵树，树多了就成了森林，有了森林就能改变我们学校教育的气候。

三、创建平台，邀请家长参与学校教育活动

1. 建立家长"开放日"及家长"观摩"制度

学校设立家长"开放日"，坚持"重大节日、重要活动邀请家长观摩"制度。

为了让家长更加深入地了解学校老师教学以及孩子在学校的学习情况，让家长零距离地接触到孩子在学校的点点滴滴，学校设立了家长开放日。可以让家长亲自参与到学生的在校学习生活中来，亲身体验学生一天的学习生活。通过家长开放日这样的活动，使家长同老师有了面对面交流的机会，使

家长能够直接了解自己的孩子在学校的真实表现。这不仅是同孩子们一起上了几堂课，重要的是全程参与了孩子的在校学习过程，加深了对学校教育方法的感性认识。我校将"开放日"持续延长，就演变成了"开放周""开放月"，通过这种沟通和交流，家长与老师、学校之间达成了共识，产生了互动，加强了联系。

学校有大型的全校性活动，如迎新汇演、社团汇报、校园艺术节、体育节、劳动节等以及年级活动和班级活动，学校邀请全体家长积极参与学校的活动，活动展示了学生风采和学校形象。通过活动可以激发学生对家长、对学校、对老师的感恩之情，也促进了学校和家庭的有效沟通，拉近了师生距离。

每年，结合"书香校园工程"，学校都要举行一次"校园读书节"暨"小跳蚤书市"活动。每一届"校园读书节"，学校都会邀请学生家长一起参加。在家长的支持下，学生将自己看过的书带到"小跳蚤书市"出售，再从书市上淘到自己喜欢的书。他们以班级为单位精心布置卖场，精心设计广告语，每班还会推选出几位责任心强的服务员、记录员。"小跳蚤书市"的旧书交易活动，既体现了环保、节约的生活理念，又能激发学生的阅读兴趣，受到了广大师生和家长的普遍欢迎。

学校定期组织的开放、观摩活动，也是令家长最为开心、最为自豪的日子。有的家长看到孩子的优秀作业、优秀作品，有的家长看到孩子登上"星级学生"光荣榜，有的家长看到孩子演示科技获奖作品，有的家长聆听孩子朗诵经典……没有什么比孩子的成长、成功更令家长们愉悦，所以这样的观摩活动最受家长欢迎，最容易建立家校之间互信的关系。

2. 丰富家长参与学校教育的途径与内容

一是家长参与学校管理。家长参与学校管理的主要途径包括：学校定期举行家长委员会座谈会，征求并听取家长委员会对学校和教师工作的意见和建议。每遇重大事项，要充分听取家长委员会的意见和建议，家长委员会要参与学校重大问题的决策。

二是家长参与学校义工活动。为了激发家长参与学校活动的热情，建立家长义工团，创造大量机会让家长参与到活动中来。如我校校级家委会成立后，考虑到校门口的马路无红绿灯、无斑马线的问题，给学生上下学带来了很大的安全隐患，校级家委会便发出倡议，让接送学生上下学的家长成立了"交

通安全志愿者"团队，负责在学生上下学时引导学生过马路。再比如在学校"励志教育"活动之一的"25 千米远足"活动中，有的家长出救援车，有的家长陪伴学生走完全程，争做学生坚持不懈好榜样；家校运动会时，家长充当裁判，和孩子在赛场上一起拼搏、欢笑；周末和节假日陪同孩子一起到大津口乡敬老院慰问老人，做爱护泰山、保护水源地环保宣传等公益性活动。丰富的活动为孩子的素质教育提供了平台，因为家长的充分参与，也让家长家庭教育的能力和参与学校教育的意识逐渐增强。

三是家长助教参与选修课程。"家长进学校"主要是通过学校开设的"家长讲堂"栏目来落实的。学校会定期邀请有专业特长的专家型家长走进校园，为学生作专题讲座。专家型家长讲堂可以弥补教师在某些专业领域知识的不足。通过校园录播室来举办专题讲座，每个班级的学生都可以收看，可以破解场地受限、学生不参与的难题。"家长进班级"则以各班级邀请家长到班级为学生上课为主。截至目前，学校已经录制了包括：预防学生踩踏事故、礼仪教育、女儿茶发展、泰山四大名药、泰山板栗飘香、食品卫生安全、交通安全、地震逃生等十几类专题节目。学校利用班会时间播放这些视频内容，使学生在不知不觉中受到熏陶和教育。

家长助教。为了深入开展家校共建活动，在推进"全面发展 整体提高"六步高效课堂改革的进程中，我们提出了"大课堂观"，即以学科课堂带动课外课堂，以专业教师带动家长教师，帮助学生在小组合作学习中，实现从学科知识到实践能力的转化，达成学生自我建构的发展性课堂。家长们在学生建立共同体即学习小组之初，就参与到小组文化的建设中，家长作为小组的一分子，与孩子们一起取组名、定组规、画组徽，还主动出钱出力，制作小组文化宣传栏、组牌等。

家长参与课程开发。在我们学校三大工程之一"课程选修"工程中，家长们大放异彩，充当主教或是助教。每周三下午，有一技之长的家长就担任主教，现有厨艺、摄影、园艺、刺绣、编织、茶艺、石刻等课程是由家长自主开展的。我们周三下午是单双周上课，单周是教师授课，双周是家长授课。关于家长授课，我们以年级组为单位，遵循陶行知的"六大解放"，以开展实践活动为主要方式进行授课。家长充分的参与，不仅弥补了学校教育资源的不足，还在一定程度上营造了社会教育的氛围。而学校教育和家庭教育的有机结合，专业教师和家庭教师的配合，也使教育的范畴不再如此狭隘，教育的力量不再如此单薄。

四是家长督学参与监督评价。为了让社会力量对学校有充分的监督，学校设置了家长督学，家长督学有权在任何时间走进校园、走进课堂，对学校活动开展、安全管理、周边环境、师德师风、课程执行、课堂教学、作业布置批改等情况进行监督，并详细记录在《家长督学工作记录册》中。每周五放学后，家长督学要集中开会，专门对督导中发现的问题及时与学校领导交流意见，以利于学校工作的改进。

监督学校食堂。在学校里，家长不放心的除了学生的学习，还有学生的饮食。因此，自学校自主经营食堂以来，我们邀请家长参与食堂管理，中午免费在食堂陪餐，监督我们食堂的管理，参与每周排菜单，到食堂检查菜的味道、质量。

参与学校其他各项监督测评。学校还会通过问计家长、问卷调查等形式，征求家长对教师的师德表现、学校的教育教学和日常管理等方面工作的意见和建议，让家长来监督学校工作。在贫困生资助工作中，学校还会吸收家委会成员为资助领导小组成员，加强对这项工作的审核和监督。每年市、区教育局都会组织人员、组织家长对学校的师德师风、学校办学等方面进行满意度测评，我校家长客观公正的评价获得市区领导的肯定，他们没想到农村的家长也会有如此好的素质，没想到他们对学校教育如此的熟悉与投入。

家长的深度参与，学校教育的深度透明化，既充分赢得了家长对学校的信心，又有利于学校良性的发展，有力地推动学校各项教育改革的进行。

四、创新家校有效沟通方式

1. 创新家长会

创新新型家长会，强化了沟通时效性。我们学校变革家长会，由原来的单一、定期的家长会形式向多元、不定期的家长会形式转变，包括创新家长沙龙、分层诊断型家长会、答疑解惑型家长会、约谈型家长会等形式。学校从育人需求出发，打造定制型家长会，而量身定制拓展了家长会的诊断、沟通、学习、交流、研讨、反馈等功能。改变家长的角色，邀请家长主持、家长策划，给予家长充分的话语权，能极大调动家长积极性和主动性。校讯通系统、网站、QQ群和微信群、钉钉群等载体，既丰富了家校沟通平台，又实现了"互联网+家园"之间的跨时空沟通。

学校将家长会升级为家长交流会。以往学校开展的家长会，通常是介绍学生成绩和学生表现为主，使家校共建交流方式过于单一。因此，学校将家长会升级为家长交流会，使家长与学校之间能够相互交流思想和共同寻找教育的方法。家长会上让家长成为交流会的主体，与教师和学校之间讨论学生的相关情况和对教育工作的相关意见。学校也为家长列举具体事例，让家长在事例分析的过程中受到启发，使家长明白家校共建的重要性。此外，我们学校教师的孩子大多数都在我校就读，这些教师本身就可以以家长的身份参与其中，将自身的教育经验传授给家长，让家长更全面地了解教育学生的正确方法。通过将家长会升级为家长交流会，不仅能够调动家长主动配合教师教育学生的积极性，同时也有利于教师开阔思路，博采众长，在一定程度上也使教师收获到家长的教育方法和方式，从而进一步提升教师教学水平。

2. 家访多样性

实地家访制不放松。山区居住分散，有的道路交通不便，各家各户情况不一，更需要学校进行入户式面对面的家访。我们要求教师坚持利用周末、节假日实地入户与学生监护人进行面对面的家访，以便能够更深入地了解学生思想动态，了解监护人对学生的监管情况，了解学生生活的社会环境，为全面培养学生奠定基础。山区的人们很淳朴，当孩子的老师亲自来到家里进行家访，在孩子及监护人的心里会掀起波澜：觉得自己的孩子得到老师的重视，或认为孩子在学校做得不够好，老师才来家访；老师亲自上门造访，体现的是老师把学生放在心上才来家访，是因为自家的孩子得到老师的重视。以上家长及学生的内心想法是我们在后来侧面了解到的，不管是哪一点都会引起监护人的重视，监护人都会更加用心地去教育孩子要听老师的话、做学校要求的事。因为人与人的关系是相互作用、相互影响的，作为教育者，只有真诚地与学生的监护人、与学生建立平等的关系，走进他们的心灵，建立和谐的人际关系，才有利于山区学生的健康成长。

单独约谈是家访的另一种有效途径。在已经熟悉学生家庭状况后，针对学生某一方面的情况，需要跟家长见面沟通，可以邀请学生家长单独到学校交流。我校要求无论是班主任家访还是家长来校访谈都得有目的、有准备、有计划。在交谈中，简要、全面地汇报孩子这段时期在学校里的表现，着重谈孩子的进步和优点，展示孩子的奖状和奖品，同时提出需要注意和改进的地方。

利用现代网络技术进行隔空家访。2020年以来的疫情正改变着我们工作方式、学习方式。特殊情况下可以借助于网络和即时通信等交流工具，利用QQ群、微信群、钉钉群等等。要求教师充分利用这些好的载体和平台，跟家长隔空交流，交流学生学习以及学生居家的表现。但无论采用哪种交流方式，目的都是为了让家长了解子女成长的情况，然后一起研究和改进对学生的教育。正所谓"精诚所至，金石为开"，通过与家长真诚地沟通交流，使学生、家长与老师产生了共鸣，有助于教师、家长深入了解学生在校、在家情况、思想状况，以便有针对性地开展工作。

学校多样性的家访，拉近了家校的距离，促进了家校共建。

"泰山不拒细壤，故能成其高；江海不择细流，故能就其深。"我们学校敞开大门办教育，欢迎家长走进校园，让家长参与学校管理及学校教育活动，家校联手，共同探索学校教育的新理念、新举措，让家长支持我们学校所有正确的教育改革探索，携手培养有美好未来的山区栋梁。

我校一位家委会的家长有感于自身在家校共建中的成长，有感于自家孩子的可喜变化，在我们校报上发表了一首诗，表达了许多家长的心声："家庭学校是一家，大爱无谓你我他！家校互动现绩效，各家联手填光华！教子有方是职责，教书育人师恩夸！协力育得群芳艳，敢教铁树也开花！"

我们学校推进家校共建已有 10 年，再次回顾我们推进家校共建的目的：提升家长的教育理念，提升家长家庭教育水平，让家长了解学校教育，支持并参与学校教育，家校之间密切交流、有效沟通，心往一处想，劲往一处使，凝聚教育合力，共促孩子的健康成长。时至今日，这一目的正逐步实现！

第三章 三大工程

第一节　书香校园工程

读书决定一个人的修养和境界，关系一个民族的素质和力量，影响一个国家的前途和命运。一个不读书的人、不读书的民族，是没有希望的。这是所有有远见的教育工作者的共识。

从学生的角度来看，养成读书的好习惯能够受益终生。初中生正处于学习的最佳阶段，也是形成人生观、价值观、世界观等的关键时期，特别是对于我们山区学校的学生来说更为重要。读书不仅可以帮助学生在闭塞的山区开阔眼界，拓展思维，积累知识，还能为他们的人生打好精神文化的"底色"，让他们摆脱农村的"土气"，变得"腹有诗书气自华"。

从学校的角度来看，阅读，是增强学校文化底蕴和培养文化素养的重要方式。阅读能够有效开阔学生的视野，发散学生的思维，促进学生整体素质的提升。阅读的最大价值不是为了学知识，而是通过触动心灵引领精神成长。十四届全国政协副主席朱永新针对阅读有句名言："一个人的阅读史，就是一个人的精神成长史。"因此，培养学生以书为友的习惯，让书香滋润学生精神发育，是学校义不容辞的责任。

我们学校启动并持续推进"书香校园工程"建设，不仅仅因为书香校园建设活动可以营造一种积极向上的校园学习氛围，使整个校园都充满书香之气，尤为关键的是书香校园工程是学生全面发展的奠基工程，也为我们这样的山区学校在后面陆续推进"文明教育""开放教育""五育并举"等系列教育活动奠定了基础。

一、营造书香氛围，创设阅读环境

环境对一个人的影响是巨大的。书香校园的建设可以从构建氛围的角度上入手，为学生以及教师营造一个温馨的书香氛围，受氛围的感染，广大师生会不由自主地投入阅读中，起到很好的启发和熏陶效果。

1. 优化校园细节，营造书香氛围

学校从校园细节方面考虑，有效地布置校园，为学生营造一个良好的书香氛围。例如，我们在学校的走廊、教学楼、宿舍楼、教室以及其他室内活动区域粘贴海报、设计橱窗、布置具有文学气息的人文墨客简介等；同时学校充分利用空间，精心设计，让墙壁"说话"，让图文"劝学"；"来，让我们读书吧""今天，你读书了吗""阅读，是最美的姿态"等文化专栏分布于校园角落；好书推介、阅读心得以图文的形式让建筑有了更多的书香气息。

校园门口立体卷轴式设计的校训及诠释，那是寓意开卷有益；门厅里的孔子石像及其身后仿竹简设计的《论语》名言选摘，那是启发学生以先贤为榜样确立远大志向，发奋读书，用知识武装头脑，实现自我价值；走进我校教学楼，一首首描述中国传统节日的古诗词张贴于教室外的走廊，那是学校校本课程之一"吟诵中国节"；校园内随处可见草坪内的泰山石刻，"探海""启航"及泰山诗词等石刻景观，也为校园增添了不少书卷气和厚重感。围绕"书香"对校园进行设计，使书香的氛围洋溢每个角落，熏陶、感染、启发广大师生群体，不断提升师生的文学素养。

2.加强硬件建设，增强物质保障

硬件建设是营造校园文化环境的根本基础，学校通过改善基础设施来营造书香氛围。学校加大了对图书馆和阅览室的建设力度，先后建设了2个图书馆（包含对外争取建成的"邮政爱心书屋"），图书馆现有藏书达6万余册，生均藏书超过100本。学校积极向上争取，改善图书馆硬件设施，重新配备了舒适休闲的阅读桌椅，增配了室内饮水机，绿意饰顶，鲜花点缀，营造了舒适的阅读环境；配备了专门的管理人员和教师，完善了管理制度。为了给师生阅读提供方便，打破图书馆时间的限制，周六、周日也增添了教师志愿者值班，为广大师生提供开放式的图书阅读环境，师生们自由品读各类书籍，提高了图书的借阅率。

学校建有3个阅览室，我们将其中一间改造成"梦想书吧"，鼓励教师到书吧上课。舒适的桌椅，随意摆放的书籍，让阅读与教育教学深度融合，使书吧成为师生的资源中心，智慧中心，活动中心。

学校还升级改造了教师读书室，增加教育教学报纸、杂志的订阅种类，丰富教育教学理论书籍，把教师读书室改造成集休闲、沙龙研讨、读书交流于一体的综合场所，使阅读与教育相衔接，从而有效提高教师专业能力与综合素养。

此外，学校设立多媒体阅览室、电子借阅室各1间，构建起了多元化的阅读模式，为学校师生创造了更宽泛的阅读空间和范围。学校完善了校园网络平台，实现了资源网络化、交流信息化，为学校师生搜索资料、交流读书体会提供了方便。学校还联合泰安市文友书店创建了"志远书屋"，师生选购书籍更加便捷，读书氛围日渐浓郁。

3.搭建读书平台，拓展读书渠道

学校通过搭建立体、动态的读书平台，拓宽可视、可触的读书渠道，营造了良好的校园读书氛围。学校图书馆、班级图书架、楼层书廊与书角，处处散发书香。学校设立了校园图书站，摆放读书长椅，在教学楼内安放电子阅读设备，确保学生随时随地都能了解外面的世界，养成阅读习惯，实现阅读延伸。在每个班级教室内设立交流书架，教师组织学生将各自的书籍放到班级图书角，与其他同学共享，增加学生的阅读量；校园内定期开展图书交流活动，组织学生将书籍在不同班级、不同年级之间进行流动，拓宽了学生

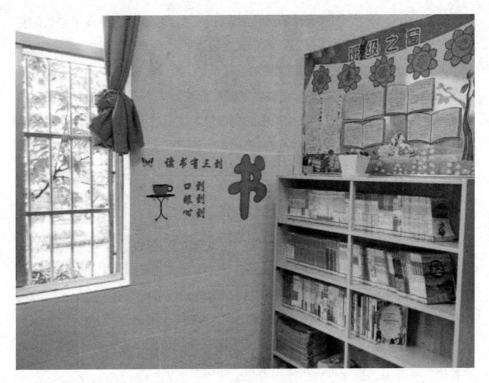

的读书渠道，增进学生之间的交流，有助于学生形成健全的人格。

4. 创设舒适的书香家庭氛围

书香校园工程建设离不开家长的参与和支持，学校与各村加强联系，通过各村委会大力提倡家庭阅读，通过家校共建宣传家庭读书的作用；学校和各村争取社会力量的支持，资助建立了部分"亲子书屋"，让亲子阅读成为书香校园的辅助，努力使家长成为书香校园的支持者、宣传者、参与者和建设者。为此，我校积极倡导家长建立家庭书架，通过建立校图书馆与家庭联系制，开展"与经典为伴，做藏书家庭"活动，制订亲子共读计划，让书香飘进每个家庭，让学生随处受到书香的熏陶。

学校积极倡议家长尽量做到以下几点：

（1）给孩子读书的地方，家里要创设良好的读书环境，有书房或书柜、书架、书桌等。

（2）给孩子适当的图书，家里要有一定数量的适合孩子阅读的课外读物。

（3）教给孩子读书的方法，做孩子读书的引领者和交流者。

（4）做孩子读书的榜样，与孩子一起制订读书计划，倡导亲子共读。

除此之外，学校定期组织家长参加亲子阅读专题讲座，提高了家长的觉悟，教会家长引领亲子阅读方法。我们还开展了"大手牵小手""同读一本书"亲子共读活动，连续开展亲子阅读展示交流活动，邀请家长到校进行亲子朗诵、亲子阅读交流等，并定期举行"书香家庭"评选与表彰活动，不断地激发家长参与读书的热情，提高了家长读书的积极性与主动性。

家校合力，让孩子养成良好的阅读习惯，逐步提高孩子的综合素养。

二、强化几项建设，确保顺利实施

1. 校园阅读组织及方案建设

加强工作组织建设。一是成立以学校校长为组长，学校教导主任为副组长，辅导员、图书管理员、各年级组长为成员的"书香校园"创建工作领导小组。把"书香校园"创建工作列入学校工作日程，由教导处负责管理。二是分工明确，责任到人。校长和教导主任负责创建"书香校园"提出学校实施方案和具体措施。教导主任也负责图书管理工作，图书管理员负责图书室的具体管理工作。各年级组长和语文老师负责班级图书角的建设与使用。

制定阅读方案及计划。第一，各班级结合学校实际出台的《书香校园阅读活动实施方案》和《书香校园阅读成果展示活动评价措施》等实施工作。各班活动由班主任担当辅导教师，并由各年级语文科教师负责统筹、落实。教导主任和辅导员负责对此项工作进行监督和指导。第二，各班级根据本班学生实际，制订适合本班学情的读书计划，并按照计划认真开展班级阅读活动和中华经典（国学）诵读活动。学校将读书活动纳入常规工作进行分级管理，各班有读书计划、图书角管理制度、读书活动记录、读书展示等。为落实阅读指导，学校规定：初一、初二年级每周2节阅读课、初三年级每周1节阅读课，固定课时，语文教师每周利用阅读课进行阅读指导或师生共读。此外，还定期组织好书推荐会、读书分享会或读书交流会等。

2. 书香教师队伍建设

书香校园推进工作中教师具有关键性作用。教师与学生接触的时间较长，也会潜移默化地影响着学生。试想，如果学生所接触的都是一群蓬勃的书香教师，那么在其熏陶下学生也会逐渐融入书香的环境，积极参与阅读、爱上阅读。因此，推进书香校园建设时，学校特别重视书香教师的建设，通过开展一系列教师读书工程以及相关的活动等，不断提升教师的整体文化素养，打造了一批具有较强文化气息的书香教师。

我们在校园启动了"一二三"教师读书工程，增加教师的读书量，提升教师的文化素养以及品位。所谓"一二三"教师读书工程，即："一"指的是深化教研组共读一本书的读书活动。"二"指的是组织教师读书活动后，为进一步强化读书效果，一是要求每周每位教师至少要写1000字的读书笔记，可以是教师读书后的有感而发，也可以是讨论读书技巧等内容；二是定期在每周的例会上组织教研组成员开展"精彩10分钟"的交流会，促使教师之间相互交流读书心得，相互学习、相互影响、相互促进。"三"指的是对教师的阅读量制定一个最低的规划目标，如要求每位教师每周至少登录一次学校创建的"岱下书香网"进行品读，每个月至少阅读一本书刊，每学年每位教师至少精读一本书。

此外，学校还支持教师参加关于书香校园建设、阅读指导等方面培训，采用请进来、走出去的方式，为教师创造外出培训学习的机会，并要求外出参加培训的教师，返校后做二次培训，以实现"培训一人，得益一片"的效果，不断提升教师阅读素养。

3. 书香少年培养建设

"榜样的力量是无穷的"。书香少年具有一定的表率作用，更是调动学生积极阅读的主要动力。因此，推进书香校园建设时，学校结合实际发展情况和"星卡激励工程"合理制订了书香少年培养计划，鼓励每位学生积极向着这个方向而努力。

学校以学生个体为单位，每个班级都结合学校要求制订培养书香少年的计划并积极推进。如在班级中开展诵读会、故事会、读书交流会、好书推荐会，开展阅读成长手册展评、讲故事比赛、名著汉字听写竞赛、现场习作竞赛等活动。为了优化学生阅读成长轨迹过程的记录，让学生做好个人阅读成长手册，全程记录自己的阅读成长轨迹，全面评价自己的阅读状况。班级定期公布学生阅读排行榜，每周表彰一批阅读明星，让学生在你追我赶的激励中不断感受阅读带来的荣耀。

教师作为书香少年培养计划的关键要素，应充分发挥出其引导性的作用，鼓励学生全员参与到班级书香活动中，并引导学生用笔录的方式将读后感撰写记录下来，并积极与他人分享，共同享受阅读带来的快乐，将快乐传递到班级的每个角落。

4.书香校园评价机制建设

实施多方式层级评选。为了促进书香校园的实施效果，使广大师生保持读书热情，我们采用"小组评、教师评、家长评"相结合的方式，通过开展每学期一次的"读书明星"评选活动，每年组织一次"书香少年"评选活动，进一步促进学生读书热潮经久不衰。小组评就是引导学生依据自己的阅读数量和收获，由学生自我评价，然后再由小组根据其平时的读书表现和取得的成效，依据评选标准，交流讨论后做出最终评价。结合学校实施的"星卡激励工程"，根据读书的要求，及格一项就得一定分数，达到一定分数后兑现一定数量的星卡，最后累计汇总出结果。家长评就是班主任把"读书明星"的评选标准发布在班级网站中，让家长根据孩子在家中的日常表现逐条进行客观评价，然后把最终的结果反馈给班主任。教师评就是教师依据"读书明星"评选条件和学生的读书记录，评出"优秀""良好""合格"3个等次。等三方的评价完成后，由各小组组长、教师和家长代表组成"考核小组"，计算出每个学生的星卡得分，按照从高到低的顺序，评出每班前5名同学为"读书明星"，在校园网上进行宣传，并作为后备人选参加全校的"书香少年"评选。

搭建学校网络评价平台。如今网络技术的发展极为迅速，将网络技术充分运用到书香校园建设中，为学生搭建书香网络平台，通过完善网络阅读交流平台以及阅读测试系统等，进行全员性阅读检测，由教师出卷，举行全校性的课外阅读知识测试，学生可以通过自己的账号登录书香网站，进行阅读测试、发表读后感等，以此获取相应的积分，把测试结果作为评选"书香班级""书香少年""书香教师"的依据之一，用来定期表彰"书香班级""书香少年""书香教师""书香家庭"。当然，对"书香少年"的评选不仅仅依靠网络平台数据为主，还需要不断完善评选细则及奖惩办法，也应结合学生的日常表现情况，需要教师密切关注学生的日常表现，时时对学生给予一定的评价，将其作为"书香少年"评选的参考。

学校通过建立多维度、立体化的阅读评价体系，有效地解决了阅读评价单一单调碎片化的问题，形成从学校、老师到学生参与大阅读的整体合力，极大地调动大家读书的主动性和积极性，推进书香校园工程建设的有效性。

三、丰富活动载体，建设书香校园

1. 专家作报告，教师做榜样，引领读书风尚

开展"成长在书案"读书讲堂系列活动。结合学校"开放教育"名家大讲堂系列活动，大津口中学"成长在书案"读书讲堂于 2016 年 3 月开讲，邀请大学教授、学者、诗人、作家协会会员、学校学科带头人等开展多角度主题报告，经过 7 年多的探索和实践，已形成一定的规模，影响力不断扩大。截至 2023 年 3 月，共举办了 20 多期"成长在书案"活动，受益师生近 2000余人次，讲座主题涉及历史、人文、艺术、科技等众多方面，涉猎广泛，将初中学生和教师带进了丰富多彩的文化艺术殿堂，也将师生的思想引导向更深、更高层面。

开展"读书伴我行"活动。学校在教师层面实施本项活动，意在教师群体中形成广泛阅读的氛围，教师要在读书中实践，在反思中提高。开学初，学校举行教师寒假或暑假读书汇报交流会，在交流中不断形成教师读书的文化氛围，实现教师的人文素养与专业技能的有效提高。日常工作中，在教师每月自主阅读的基础上，向教师推荐了必读书目，教师人人参与。首先由教师有计划地进行自主阅读，撰写读书笔记和读书心得。其次，各年级级部、教研组内开展了"阅读体会"交流活动，教师将自己在阅读中的感受与收获与同行分享。通过交流，教师既学到了读书的好方法，又加深了爱书、用书的思想认识。最后评选出教师的优秀读书心得或读后感，组织全校交流，进一步强化教师的读书意识，让教师养成良好的阅读习惯，为学生做好榜样。很难想象：在一个学校里教师如果都不读书学生又怎会爱上书？

培养学生良好读书习惯。行为养成习惯，习惯形成于重复。我们开展读书活动的最终目的，不是仅仅让学生多读几本甚至几十本书，而是在多读书的过程中培养学生受益终身的阅读习惯。我校通过安排固定阅读时间来让学生养成读书习惯，如课前一分钟诗词诵读时间，中午 12 点到 12 点 40 分安静午读时间，放学回家后半小时自由晚读时间或者叫亲子共读时间，每周固定的 2-3 节阅读课时间。在还没有形成自觉阅读习惯的初一级部以及其他级部的部分班级，班主任与家长、学生建立"共读、共写、共生活"阅读微信群，

要求学生每天在微信群中向老师同学汇报读书情况、进行好书推荐、分享读书收获、交流读书心得等，孩子们在天长日久的坚持中自然能养成自觉阅读的好习惯，逐渐形成读书的好风尚。

2. 校园书香节，让书香熏陶学生心灵

举行大津口中学"校园书香节"系列活动。在每年的 4 月 23 日"世界读书日"和 12 月 25 日"巴金先生诞辰日"召开"校园书香节"系列活动，借读书纪念节庆之机开展活动，效果显著。经过多年的完善，"校园书香节"已成为校园文化体系的重要组成部分。

书籍"跳蚤市场"。"校园书香节"期间学校组织书籍"跳蚤市场"，在学生之间开展书目推介、选读和"购买"活动。在活动中，学校出面设置图书推介摊位，由各班级同学将自己读过的书、闲置的书进行推介和出售。校内学生可以根据自己的兴趣，随意到各个摊位前凭学分券"选购"图书。书籍"跳蚤市场"现场人声鼎沸：叫卖声、吆喝声、探讨声、读书声，声声入耳。小摊主们自信大方、有板有眼，用不同的方式推荐着自己的书籍。他们有的现场讲述书中的故事，有的即兴唱起歌来招揽顾客。不少摊位前都有

流连忘返的小顾客，场面十分火爆。听着"卖家"的一声声吆喝，买书的学生早已兴奋不已，他们饶有兴趣地在各个摊位前仔细地挑选着自己想买的图书。凡是书好、营销好的书摊，他们的书就会很快被抢购一空，学生手中收获满满，脸上露出了满意的笑容，现场气氛温馨融洽。

书籍"跳蚤市场"的精彩之处在于，它用生动灵活的形式"盘活"了学校的图书资源。在这个活动中，图书摊位的设置使学生进入了一种"戏仿"情境，各自找到了自己因"书"而生的新身份、新角色。无论是卖书的，还是买书的，都会因自己身份的变化而对眼前的书产生新的体验。同时，这一活动还激发出了学生的竞争心理。一方面，"小摊主"们通过PK的形式来介绍自己"摊位"上图书的精彩之处，以此吸引来"买"书的同学。在这种竞争中，谁平时读的书多，谁介绍的就更引人入胜，谁"卖"出的书就多。这就需要小摊主们平时多读书，并且还要把书读深、读透，这样才能"好钢用在刀刃上"，在关键时刻拔得头筹。而作为"买方"的学生则需要以手中的学分券来"购买"图书。学分券是学生在平时参加诗词比赛、课外阅读知识竞赛、作文竞赛等系列活动积攒的学分。他们为了用手中有限的学分券选到自己心仪的图书，就会更细致地审视、比对、挑选书籍，也因此会更加珍惜所选书籍。总之，在"校园书香节"活动中，无论是"卖书"的学生，还是"买书"的学生，都会兴趣盎然、格外认真，对相关图书的阅读理解也会更加深刻。

"全班共读一本书"活动。本活动是"书香校园节"中的重头戏之一。学校组织学生以班级为单位共读一本书。为了深化阅读效果，提前在学校范围内举办阅读知识比赛，为活动预热。学生可以采取各种形式参与比赛，并赢得学分券，从而在学校组织的书籍"跳蚤市场"上，以相应的学分券换取自己班级所要阅读的图书。学校规范各班读书要求，开展读书笔记、读书记录卡评比活动，让每名学生每天至少坚持读书40分钟，并及时记录下自己的读书感受。班内每周组织一次读书小组活动，促使每个学生形成良好的阅读习惯和素养。全班集体阅读后，按照整本书阅读标准，逐章逐节深度交流读书感受，从而让阅读成为每一名学生的自觉行动。

此外，在每届"校园书香节"上，学校组织学生开展的讲故事大赛、演讲比赛、阅读笔记展览、作文比赛等活动次第开展，异彩纷呈。各年级组、教研组也会开展形式多样的读书活动。

　　"校园书香节"对全校师生来说，是一场读书意识的唤醒、一次精神蜕变的洗礼。

3. "假日周末好时光"，校内外有效融合

　　"假日周末好时光"，是学校开展书香校园活动中促进课外阅读的一种有效途径。大津口中学推出的"假日周末好时光"班级读书活动，由班级组织策划，班主任教师或语文科任教师做指导，开展以班级为单位的节假日主题读书活动，布置读书任务、推荐读书书目、组织展评等活动。

　　内容一，评选"最美读书笔记""最美读书积累本"。在学生节假日阅读的基础上，鼓励学生写阅读积累本和读书笔记，记下优美的词、句、段，记下自己的所想、所获、所感。对于质量好的阅读积累本和读书笔记，教师及时给予表扬，让学生体会到成功的喜悦；学校每学期定期对学生的阅读积累本、读书笔记进行检查评比，进一步激励学生读书的积极性。

　　内容二，精心设计阅读成果展示墙。为营造书香校园的氛围，展示学生节假日阅读成果，学校把学生的各项作品更多、更好地进行保存和展示，激发学生的读书热情，同时丰富同学们的业余生活，培养同学们对阅读、绘画创作的兴趣。我校定期开展节假日阅读成果展示评比活动，评比内容有书签、读书卡、读书手抄报的制作和读书笔记、优秀读后感的展评等。学生在活动中认真准备，积极参与，既丰富了同学们的知识，又增强了同学们的审美意识。

　　内容三，为其他参赛活动做准备。以学校书香校园参赛活动为抓手，促进学生假期日大量阅读、大量积累、组织班级展示，为参加学校范围内的书香校园系列活动奠定基础，如诗词朗诵、故事会、课本剧表演、知识竞赛等，同时为"书香班级"、"阅读之星"和"书香家庭"系列评选提供过程性经验积累。

4. 校园朗诵会，让书声常绕学生耳畔

　　朗诵是我校的特色，我校每学期都举办读书暨朗诵展示系列活动。

　　朗诵比赛中引入诗词经典。中华诗词博大精深，许多传世之作内涵丰富、意存高远、哲理深刻，是我国文化遗产中的瑰丽至宝。诵读诗词经典是继承中华文化遗产的需要，更是学校内涵发展、教师专业发展、学生健康成长的需要。所以，诗词经典诵读应该是师生阅读的首要内容，也是我校诵读会中的重点。正如前全国人大常委会副委员长许嘉璐所说："孩子们不可能读那

么多哲学书，做那么多形而上学的思考，最好的办法就是诵读古典优秀诗文。那些名篇、名句都是人生哲理、是中国魂。"我们学校通过大量的实践证明：读古诗词，做到熟读成诵、烂熟于心，会锻炼学生的记忆力，开发其智力，提高其语文素养，培养其敏锐的语感和阅读理解能力，并为写作积累用之不竭的语言材料，从而在丰厚其文化底蕴的同时也能陶冶高尚情操。

朗诵比赛的形式多样。古诗文诵读、美文朗诵、课本剧表演、童话剧表演等。由普通小概念的诵读走向大概念的诵读，进而扩大而形成特色汇演，成为学生展示读书成果的舞台。学生们在表演中享受读书的乐趣，让校园处处充满书香，从而促进学校内涵式发展。

精彩的校园朗诵会。由教师出面组织和指导，以学生为主体，让不同班级的学生踊跃参与、同台竞技。朗诵展示会设计为精彩四环节，分为推荐书目介绍、读书感悟、朗诵分享、教师点评四个环节。活动中，选手们可以先概述自己所推荐图书的作者和主要内容，讲清楚对该书的理解和感悟，然后再朗读书中最精彩的一个片段。在前三个环节，上台的学生，有的通过书中的故事引导大家做一个充满正能量的人，做一个对社会、他人、国家有价值的人，做一个积极向上的人；有的推荐奥斯特洛夫斯基的著作《钢铁是怎样炼成的》，通过声情并茂的叙述与大家分享保尔的英雄故事；有的推荐《中外经典寓言故事》，通过绘声绘色的表演让大家从故事中感悟深刻的道理。此外，参与朗诵的学生还将《雷雨》《平凡的世界》《红楼梦》《草房子》《老人与海》等部分故事片段生动形象地展示出来，让同学们从一本本经典名著中学到了知识，净化了心灵，升华了情感。在教师点评环节，点评教师对学生的表现有肯定、有拨正、有拔高、有共鸣，点评环节是对教师阅读功底与积淀的检阅，是师生共读的碰撞与共鸣，是书香校园最动听的和弦，教师真正成为学生的伴读者和精神引领的导师。

校园朗诵会通过学生感兴趣的内容和形式吸引他们积极参与，台上朗诵者和台下聆听者因阅读而产生了奇妙的心灵共振，自然而然地就记住了书中的情节，并产生了进一步阅读作品的兴趣。

5. "书里书外故事会"，让学生读进去、读出来

首先以班级为单位组织开展读书分享、故事会、课本剧等读书展示活动，教师、学生、家长一同参与。其次由各班级采取层层推荐的方式推选班级中

更热爱读书、富有演讲能力的学生参加级部、学校讲故事比赛。在活动现场，一个个学生竞相登台，同台竞技，绘声绘色地讲述自己最擅长、最熟悉的书籍故事以及书籍促进自己成长的故事。通过讲故事吸引广大学生爱上阅读，对读书产生浓厚的兴趣。

将阅读与故事会有机地相结合，使阅读活动形成良性循环，学生认真读，物化于心、表达于外。截至2022年年底，学校共开展"书里书外故事会"38期，主题多样，内容丰富，受到广大师生、家长的一致好评。

"开卷有益"，阅读既能让学生明理、使人智慧，又能带给学生良好的心境，提升学生的品位。因此，在学生成长与发展的重要初中阶段，我们学校以学生的全面发展为出发点和落脚点，启动"书香校园工程"，积极构建了书香校园文化，促进学生良好阅读习惯逐渐养成，在闭塞的山区开阔了眼界，拓展了思维，涵养了优雅的气质，为山区学生的人生打好了文化和精神的"底色"，为山区学生健康发展和推进学校其他教育活动如文明教育、开放教育等奠定了良好的基础。

第二节 课程选修工程

我在学校提出推进课程选修工程时，目的有两个，一方面丰富学校课程，健全国家、地方和校本课程体系；另一方面是通过让我们山区的学生选修由我校40多名教师结合自身专长开发的一系列校本课程，能够在闭塞的山区环境里，打开学生的眼界，提升学生综合知识技能，发展学生的兴趣和特长，培养学生的个性。

我们学校课程选修工程，包含两层内容：一是校本课程设计研发；二是学生选修校本课程。我校从2014年秋开始摸索实践，从无到有，边思考，边实践，边调整，坚持至今，校本课程体系越来越完善，课程选修对学生影响越来越大，教师课程开发的能力也越来越强，学校特色越来越凸显。我对课程开发、实施、理解与思考做了如下的梳理。

一、课程性质、遵循的理念及设计思路

1. 课程的性质

校本课程建设应充分利用学校所特有的教育资源、教师能力水平，反映学校校园文化，满足学校学生发展需要，坚持"面向本校，来自本地，服务本校"，充分体现学校特色和课程的时代性。

校本课程应具有时代性和先进性。校本课程的教育内容应具有一定的先进性、体现时代特征，使学生初步了解该领域发展的历史现状，要充分体现该领域近年来所发生的变化，及时反映当前先进的科技成果，为学生进一步的学习和今后的生活与工作奠定良好的基础。

校本课程应具有本土性和本校性。校本课程必须充分利用本地的自然风光、名胜古迹、风土人情、特色产品、著名人物以及学校的人文现象、优秀毕业生、特色学科、区域教育等丰富的课程资源，让学生在自己熟悉的环境里学习成长，开发学生的思维，培养学生良好的审美情趣、健康乐观向上的

品质，提高学生的人文素养，培养他们热爱家乡、热爱自然、报效祖国、服务大众的思想情感。

校本课程应具有针对性和实效性。学校课程的开设和课程内容的选择，必须充分考虑是否适合学生的实际需要和人才培养的要求，既要在整体上有统一要求，又要充分注意学生各年级段的差异，加强社会实践和创新能力等内容的课程建设，培养和发展学生的动手能力和实践能力，增强学生的社会适应能力。

校本课程应具有选择性和灵活性。学生可根据自己的兴趣爱好选择学校课程的内容，教学的组织形式必须体现灵活性，可以是教师到班级上课，也可以是听演讲、报告，观看电影、视频或组织调查研究，还可以是学生有组织的实践活动。

校本课程应具简明性和通俗性。学校课程教学内容丰富，涉及领域广泛，在课程内容组织和教材编写中，应注意精选内容，合理编排，综合渗透；内容呈现形式活泼多样，通俗易懂。

2. 遵循的理念

校本课程是国家基础教育课程体系的重要组成部分，是根据国家、地方、学校三级课程管理要求结合学校教育资源、办学特色等要求开发的，满足学校对学生发展的具体要求而设置的课程。它与国家、地方课程有机结合在一起，对实现课程模式的多样化和课程结构的优化起着不可估量的作用。

校本课程是各个不同学校对国家、地方课程的必要补充，遵循一切为了学生发展的基本理念。本课程可以针对学校、学生实际发展水平的差异及时做出调整，切实根据学校的办学特色、学生的兴趣爱好特长和教师的特点，有效地安排教学内容，保证教育目标的实现，从而更好地促进学生全面、自主、协调的发展。

校本课程与国家、地方课程相互依存、互为补充，对丰富和充实课程体系具有重要的现实意义，校本课程对于学校争办特色学校，丰富学校校园文化，实现教育资源的整合具有指导意义。

3. 设计思路

学校课程开发的内容确定必须遵循时代性、本校性、实效性、简约性等原则，使学校课程切实成为国家课程、地方课程的必要补充，并最大限度地发挥教育的效益。选修的校本课程应体现鲜明的校本性要求，具有浓郁的学校特色。校本课程的开发要充分调动并依靠每一个学科教师在参与课程建设中的积极性。

二、课程开发目标

1. 课程开发建设总目标

学校课程的设置和实施，要从学生发展和社会发展的需要出发。大津口中学校本课程开发与建设的总目标是：

（1）增进学生对生活背景下的自然、社会和文化的认识，增进学生对学校、对泰安、对中国的认识和了解，为国家、为社会、为家乡的建设发展勤奋学习，立志成才。

（2）进一步拓展学生知识领域，提高综合素质，发展批判思维能力、创新精神和实践能力。

（3）关注自我生活方式，关注身边的社会现象，关注学校的发展，增强社会、集体生活能力，形成积极、健康的生活态度和生活方式，养成良好的学习习惯和良好的心理品质。

2. 课程开发建设具体目标

（1）自身发展

①增进自我了解，发展个人潜能。

②培养欣赏、表现、审美及创作能力。

③培养自身的责任感和具有爱心的自我。

④提高自我发展与终身学习的能力。

（2）关注社会

①培养表达、沟通和分享的知识技能。

②发展尊重他人、尊重伙伴、关注社会、热爱学校的态度，增进集体团队合作。

③促进文化学习，了解学校、家乡、中国、世界，热爱学校、家乡和中国，关注世界动态。

④增进学生的实践能力，培养学生实践过程中的规划、组织协调等技能。

（3）热爱自然

①提高运用知识和信息，解决自然问题的能力。

②激发学生主动探究和研究的精神。

③培养独立思考与解决问题的能力。

3. 课程开发建设对教师的促进目标

课程开发为教师的专业成长带来新的载体。通过校本课程开发实施的研究与实践，努力使全体教师全面把握课程改革的精神实质，通过教师参与校本课程的开发实施，建成一支校本课程开发实施教师队伍，促进教师队伍课程建设总体水平的不断提高。

（1）促进教师转变观念，转换角色。要求教师不仅仅要成为课程高水平的实施者，而且要努力成为课程的建设者、研究者、开发者。

（2）促进教师转变教学方式。实现教学方式由注重结论的"传承式、灌输式"转变为注重过程的"探究式、互动式"。

（3）促进教师提高教学潜力。引导教师不断反思和改善教学，研究、创造、发展、丰富教学方法，逐步构成具有个性的教学风格。

（4）促进教师提高科研潜力。引导教师钻研教育理论，培养探究意识，积累课程资源，挖掘自身潜能，提升科研水平，提高创新潜力，促进专业潜力的持续发展。

三、课程开发方向及类型

校本课程开发的资料是校本课程开发的关键，它直接体现着校本课程开发的理念和目的。依据各个学校不同的教育理念与资源条件，校本课程开发的资料表现出多样化和差异化，也影响着课程开发的方向。同时，由于校本课程开发是一个动态过程，课程方向也相应地表现出变化性。根据课程的发展功能将其大略分为基础性课程、丰富性课程和发展性课程三类。

1. 基础性课程

基础性课程是指授给学生可再生长的基本知识和可再发展的基本技能的课程。它和国家课程的范围大体一致，包括语文、数学、物理、化学、英语、政治、生物、历史、地理、体育、音乐、美术等。

基础性课程由学科知识课程和学科学习策略课程构成。

其中学科知识课程开发涉及两个方面：一方面是对课程资料的更新，采取的方式常是改编、新编或拓编；另一方面是对课程结构的革新，它包括：学科知识分层建构，学科知识横向整合。

学习策略课程的目的是使学生学会学习，它使学科知识具有知识的可再生长性和技能的可再发展性，从而完整地体现出基础性课程的特点。学习策略课程分为通用学习策略课程和学科学习策略课程。通用学习策略课程包括选取性注意策略、记忆学习策略、组织学习策略、精加工学习策略、元认知学习策略等。这种策略课程适合任何课程和形式的学习，不与特定知识领域相联系。学科学习策略课程指与特定学科紧密结合，适应专门知识学习的策略，如应用题解题策略、朗读策略、英语学习策略、化学实验策略等。学科学习策略课程直接与学科联系，并具有"生成性"特点，因此，应成为学校基础性课程中开发的重要资料。

2. 丰富性课程

丰富性课程是指丰富学生生活、促进学生全面发展、提高学生综合素质和生活质量的课程。根据我对课程开发的思考，这类课程主要可以概括分为健身、博知、怡情、励志、广行五类。

健身课程主要是教给学生强身健体的方式，如武术、乒乓球、排球、篮球、足球、体操等，同时培养学生体育意识和保健观念。这类课程的开发一方面要重视活动方式多样化，另一方面提倡活动参与大众化。

博知课程主要是丰富学生知识，开阔学生视野的课程，如诗词鉴赏、名作欣赏、名胜古迹游、当今世界、网页信息浏览等。博知课程的核心目的是要教给学生获取广泛知识的方法，如查阅图书、信息卡集成、图书馆阅读、电视或新闻品评等。我们学校推进的四大教育之一的"开放教育"是对博知课程的丰富和扩大。

怡情课程是指愉悦性情，丰富情感体验的课程。一种是艺术怡情，可透过音乐欣赏、美术欣赏、书法欣赏、舞蹈表演等课程来实现；一种是休闲怡情，如摄影、插花、集邮、拼盘、盆景花卉等课程。该类课程可教给学生有益的休闲和怡养性情的方式，培养高雅的生活情趣。

励志课程是激发学生生活热情，增强学生意志力的课程。如成功人士案例分析、挫折调适、心理激励等磨砺性教育课程。当前，据了解，包括我们学校在内的很多学校仍偏重智力培养，忽视意志力培养，致使多数学生心理脆弱、意志力差、社会适应困难。因此，开发励志课程已迫在眉睫。我们学校在选修课程中做了尝试，并在推行的四大教育之一"励志教育"中具体做了大量有益而丰富的探索。

广行课程就是指广泛适应社会生活和工作的操作性强的课程，即它以培养学生具体的操作潜力和实践潜力为目的，如网页制作、机器人简单编程、新闻采访、英语会话、实验操作等课程。

丰富性的课程可单独开设，亦可交叉进行，这可以依据不同状况而定。

3. 发展性课程

发展性课程指拓展学生潜力，激发学生创造力的课程。它在基础性课程上提高了要求，增加了难度，以培养研究性、创造性人才为目的，相对于丰富性课程的多样性和趣味性，它更重视学科的前沿性、学术性和学习的探究性。这类课程包括两方面资料：一是指加深学科知识的深度，重视学科的学术性、前沿性，旨在拓宽学生学科知识和潜力的课程，如学科知识竞赛辅导等课程；二是指着重以培养学生的问题意识、创新意识、科学精神、创造潜力类的课程，如科技发明、学术小论文、创造技能培养、思维训练等，这类课程以探究性学习和开放式学习为主。此类课程在基础教育中虽不占很大比例，但对学生一生的发展具有举足轻重的作用。

四、课程选修工程组织、开发、实施

1. 组织管理

学校设立以校长为组长的课程选修工程工作小组，校长宏观调控学校选修课程开发、推进及指导。学校教学与课程中心全面负责选修课程的教研管理和教材编写指导以及组织课程选修实施。各教研组拟订《校本课程纲要》，确定校本课程开发资料，具体负责校本课程的设计与实施。

（1）领导小组

组长：校长

副组长：教学副校长、后勤副校长

成员：教导主任、教科室主任、政教主任、总务主任、各教研组组长

职责：领导小组是课程选修工程开发及实施的管理决策机构，负责制订

校本课程开发实施的方案和具体实施计划，制定和不断完善各项规章制度，审议校本课程开发过程中的决策组织，协调制订《校本课程开发实施方案》，指导课程选修工程的推进工作。

（2）组织协调小组

由教务处、教科室、政教、总务所有成员组成。

职责：计划、执行、检查、评估全校课程选修工程及各教研组的课程教学工作；组织协调各教研组的各项工作的关系，落实各项课程管理措施，部署执行《校本课程开发实施方案》，终审校本教材和计划，检查与监督课程选修的执行状况。政教处负责对学生的思想教育和行为管理。总务处、信息中心负责提供授课期间的教学设施，配备必要的教学用品，做好教学保障工作。

（3）执行实施小组

由教研组组长、备课组组长、班主任和任课教师组成。

教研组组长、备课组组长职责：根据学校的整体安排，制订好本组课程开发计划、教学研究活动计划；对教师进行指导，确保完成学校选修课程管理的各项要求；及时反映课程选修实施过程中出现的问题及教师的教学需求；研究学生的实际状况，为课程管理带来依据；联系促进教师之间的合作，全力促进课程选修的推进；根据本组实际，决定选修课程的设置和课务安排，组织校本教研，编著和初审校本教材。

班主任、任课老师职责：负责课程选修实施过程中学生的组织和管理。

2. 课程的开发

（1）课程设计开发

引导教师树立正确的课程观。学校采取自学和辅导、分散和集中、讨论和测试、理论和实践相结合的办法，组织教师学习《基础教育课程改革提要》《基础教育课程改革通识培训》《课程实施标准》等课程改革的基本理论，构成正确的教育观，并用大教育观指导教育教学实践。

引导教师立足学校实际设计开发。学校校本课程的开发是以学校为基地，并基于学校而进行的突出师生特点和学校特色的课程。首先，设计学生和家长问卷，了解学生和家长的需求，了解学生和家长对开设校本选修课程的想法和意见，以便于学校能为学生开设更有针对性的课程；同时积极挖掘家长资源，利用家长特长或自身职业特点，为学生提供师资、场所或题材。其次，在开课前，对教师进行问卷调查，了解教师课程资源，并要求其申报选修课课题，初步确定课程内容。同时学校建议教师也可以从四个渠道挖掘校本选修课教材资源：自编教材，选编教材，选用优秀教材，拓宽现有教材。选修的校本课程设定授课课时原则上是 24 课时左右，最长不超过 50 课时。

例如：初二年级选修的校本课程设计

种类	课程
人文类	中外名著选读、名人传记讲读、模拟联合国、卡耐基心理学作品欣赏、环游世界——世界名胜欣赏
艺术类	硬笔书法、竖笛演奏、合唱、舞蹈、表演基础、岱宗剧社、民族乐器演奏、岱宗文社
技能类	应急避险，安全救护等常识，理财购物，十字绣，植物种类识别，手工制作（剪纸、陶艺）
体育类	健美操、抖空竹、少年拳、旱地轮滑、瑜伽练习、快乐足球
学科类	英语歌曲演唱、演讲与口才、英语听力与阅读、趣味数学、登上智力快车、趣味生物、photoshop 图像处理、Language Improvement

（2）选修课程审核

由课程领导小组邀请校外部分专家共同组成选修课程审定委员会，对每位教师、学生家长、校外专业人士开发的选修课程进行评审，评审过程包括"盲审"评议、现场答辩两个环节。现场答辩时，课程开发者围绕课程名称、课程背景、课程目的、教学内容、教学方法等进行简要陈述，而后由评审小组成员进行提问交流，并提出修改意见，教师修改后上交评审小组审核，审核通过后在学校按计划实施。

（3）课程开发评价表彰

选修课程开发奖励：一等奖 5 名，奖金 1000 元，教师考核计入 10 分；二等奖 10 名，奖金 800 元，教师考核计入 8 分；三等奖 15 名，奖金 600 元，教师考核计入 5 分。学校剩余未获奖的十几名教师继续开发自己的课程直至审核通过为止。

学校汇总"盲审"评议分及现场答辩分形成前期评议分，后期根据学生选课情况和学生评议形成课程后期评价分数。二者结合形成对教师本门课程开发的总评价。

其他非校内教师的课程根据其上课情况及学生评价情况进行适当的物质补助。

3. 课程选修的实施

科学的实施步骤是保证校本课程有效落实的关键环节，为保证课程选修工程实施的效果，我们推进过程中主要按以下几步走：

（1）选课阶段

首先，对学生进行选课指导。课程开设范围设定在非毕业班，即初一级部至初三级部，为了尊重学生的选择，学校要求班主任对学生进行选课指导，帮助学生更好地了解课程内容、学习领域、时段安排、学分认定方法等，让学生在充分了解课程的基础上，能根据自己的兴趣、爱好和需求，学会自我选择，自愿地选择所需要参加的校本课程，真正成为学习的主人。

其次，引导家长正确配合学生选课。初一学生刚入校不熟悉选修课程，在开学初的家长会上，学校就开设校本课程的指导思想及实施方案向家长进行宣传，并分发选修课意向调查表及具体安排表，让家长指导学生自主进行选报，并要求在指定时间内把意向表交回学校。学校确定各选修课的报名人数、选修课的活动地点，选修学生超过 10 人的课程方可开课，班额原则上控制在 30 人左右，对有些因受场地或师资限制只能开设一个班，而选的学生又比较多的课程，根据其第二志愿再次进行调整，确保充分尊重学生意愿。原则上学生每学期选报 1 门课程，三年下来至少选修 6 门课程。

（2）调整阶段

因学生开学初选择科目或多或少带有一些盲目性，经过一段时间的体验，学生可能会出现对原选科目并不很感兴趣的情况。对此，学校规定，学生若需改变所选课程，可在课程开课初期提出申请，学校核实后可进行微调。

（3）实施阶段

任课教师针对编订的选修校本课程，依据学生年龄特点、理解力等做出科学合理的教学计划；在课程实施过程中发现问题及时交流反思，不断完善资料，丰富课程体系。

任课教师精心备课，精心设计教学过程，组织学生按课程表上好选修校本课，并及时对学生的学习状况做出科学合理的评价。

每学期以年级组为单位，至少开展选修课程专题研讨一次，专题活动有

目的、有准备、有记录、有实效；每学期末组织面向全校师生的选修课程学生成果展示评比一次，全面参与，形式灵活。

学生需要外出调查、参观及参加其他实践活动时，由分管领导、班主任和任课教师一起组织，确保师生安全及活动效果。

学校聘任选修课班班主任，成立选修课活动社，选聘活动社学生干部。学校管理干部和学生干部加大巡查监管力度，确保课程选修推进效果。

学校课程督察小组及时检查、记录教师实际授课情况，并在教师工作微信群公布检查情况。

4. 课程选修的评价

（1）对教师的评价注重全面性、过程性

评价采用"学生对课程的满意率调查""课程执教教师自评""学校评价"三位一体的方式进行，同时兼顾学校领导小组的评价。

①课程满意率调查（50分）。学校制定课程满意率量表，在一轮课程结束后，让学生对所学课程做出满意度评价。若满意率低于60%，学校将取消该门课程；若满意率位居所有课程前十名，学校则根据相关制度予以奖励。

②课程执教教师自评（20分）。学校制定课程执教教师自评量表，在一轮课程结束后要求教师从课程内容、课堂教学、课程效果等多方面进行自评，及时总结经验教训，为下一轮课程做好充分准备。

③学校评价（30分）。学校制定课程评价表，在每一门课程进展中、结束后，学校课程组合评价小组要对课程实施情况及效果等进行评价，并对教师提出意见和建议，以便其能够及时调整并逐步完善课程。

具体评价：从教学准备、教学方式、教学态度等方面，对教师的课程方案、课堂教学进行评价。学校采用调查问卷（10%）、听课记录（20%）、检查教师教学计划及教案（20%）、推门巡课（20%）、教学效果（30%）等方法督促落实。

①教师执教必须有计划、有进度、有教案、有考勤评价记录。

②教师应按学校整体教学计划的要求，达到规定的课时与教学目标。

③教师应保存学生的作品、资料及在活动、竞赛中取得的成绩资料。

④任课教师要认真写好教学案例，及时总结反思等。

⑤学校通过听课、查阅资料、调查访问等形式，每学期对教师考核，并

记入业务档案。

（2）对学生学习状况评价内容

①学生上课出勤率评价，占学业总成绩的20%。

②课业完成状况评价，占学业总成绩的40%，包括平时上课听讲、学习态度、作业的完成状况。

③课程结业成绩，占学业总成绩的40%。

④学生校本课程学业总成绩按A、B、C、D分四个等级。

为促进学生特长的发展，关注学生对选修校本课程学习的兴趣和态度，采取观察、考查、现场汇报和作品展示等方法促进课程有效实施。强调以下两点：

一是组织阶段性作品展览。开展多种形式的学生作品展览评比，如学习笔记、手抄报、手工作品、照片、征文等，对获奖班级、教师、学生颁发证书和奖品，及时鼓励并加强宣传，以更好地激发学生的学习热情。

二是组织学习结果的评价。采用等级制记录学生的学习状况。学期结束，教师根据校本课程教材的资料和学生实地参与的状况，采用开卷考查的方式检测学生的学习成绩，给予学生充分发挥才能的机会和合理的等级成绩。成绩优秀者予以表彰，同时作为"优秀学生"评比条件之一，将表彰记录收入成长记录袋，记入学生成长报告册及其他相关档案内。

五、课程选修工程建设反思

1. 取得的成效

学生树立了正确的世界观、人生观和价值观。"名著导读、传统文化、文明礼仪、西餐文化、合唱"等课程，提升了学生的艺术修养和人文内涵，也在潜移默化中改变着学生的精神面貌。

提高了学生的学习兴趣和积极性。选修课以兴趣特长辅导类课程为开发重点，如"抖空竹、剪纸、手工制作、足球、武术、智趣游戏、话剧"等。这些课程符合初中生的年龄和兴趣特点，吸引了一大批学生的参与，尤其是一些平常学业成绩不是很突出的学生，在这里找到了他们的舞台，体验到了成功的喜悦。这些课程不仅丰富了学生课余生活，而且许多学生因为在选修课程中获得成功，这种成功的体验又迁移延伸到学科学习等方方面面，也增强了他们的学习信心，提高了学习的积极性。

增强了学生的实践和生存能力，如"日常生活中的医学知识""野外生存""烹饪""手工制作"等课程，培养了学生强壮的体魄和良好的心理素质，养成健康向上的生活方式；如课程"管理好自己的情绪"，针对学生实际，通过对具体事例的讨论分析、谈话沟通、行为训练、心理陈述等方式，培养了学生自主性，让学生在老师指导下，学会控制不良情绪，纠正不良心理，实现优化心理品质的目的。

课程选修工程实施8年来，在省、市、区举行的各项学生比赛中，我校学生有近400人次荣获省、市、区荣誉。

2. 存在的问题

管理过程中存在一定程度的盲目性，如有的课程人数太多，影响了课程针对性。同时，由于选修课没有升学压力，因此个别学生对选修课持应付态度。还有一些学生因为不了解学校开设选修课的目的，选课时较为盲目、盲从。实施过程中配套的档案材料没有及时跟上，很多环节没有文字材料方面的痕迹。此外，由于没有合理地使用好家长资源，造成很多高水平、独特的课程没有充分开发。

3. 今后的调整

应加强对班级和班级人数的控制，如"管理好自己的情绪"这门课程的选修学生将近40人，影响了课堂上的个体指导与交流；"创客与机器人"课程的选修学生42人，因设备、指导教师不足，教学效果较差。

加强选课指导。在新学期的选修课教育中应增强对学生的选课指导，让学生清楚学校开设选修课和自己选择选修课的目的和依据，更有针对性地选择适合自己的课程。

实行选修课运行机制，加强选修课教学日常管理。学校将成立专门的由教务处与信息中心共同组成的选课中心，保障选修课教学良性运转。及时发布完整的选修课信息，提供选课指南，建立网上选课系统。

建立选修课档案管理机制。把教师教学计划、教学日历、教学大纲等教师教学档案，考试成绩、学习成果等学生学习档案，都纳入日常规范管理中来，建立详细的档案体系。

4. 课程选修工程意义所在

在推进实施课程选修工程八年来，实现了学校最初的目标：拓展山区学生视野、发展其兴趣特长、提升学生的综合素养。走到今天，我们认为走对了，我们对课程选修有了新的认识：

促进了教师教育思想和理念的更新，实现了课程决策的民主化。校本课程赋予了学校、教师，甚至家长与学生对开发课程的权利、职责和导向，在课程的选择和编制上有了自主权，可以结合社会的前沿、本校的优势、学生的兴趣和需要，有效促使学校、教师、学生多方面的发展，增强学生学习的自主性、选择性、个性化，让山区教育与中国发展紧密接轨。

有助于形成学校特色，促进学校的发展。学校拥有校本课程开发的自主权，因此，校本课程在开发时可以充分尊重和满足学校的独特性和差异性，使学校可以因地制宜地进行课程创新。它扩展了学校课程的种类与范围，使学校课程生机勃勃，充满活力，从而提高办学效能，创立自己的办学特色，促进自身发展。目前，我们学校作为泰安市农村特色学校，以全方位育人的特色引领着泰山景区教育的发展。

为教师的专业发展提供更多的可能。选修课的开设，对教师提出了新的要求、新的挑战，同时也为教师的专业发展、工作品质和教学质量的提升提供更多的机遇。它改变了教师的传统角色和固定不变的职能分工，要求教师更新课程意识、教学观念，掌握课程开发所必备的知识、技术和能力，吸收当代知识研究的新成果。正是在参与课程开发，进行课程设计、实施与评价的过程中，教师才能不断地反思自己的教育实践，最大限度地发挥自己的专业自主性和创造潜能，发挥自己的优势和特长，获得专业的自主成长和持续发展。

促进学生素质提升、能力拓展，实现人才个性化发展。必修课程关注学生基本的科学文化素质，追求知识与技能的基础性、全面性、系统性、完整性，为学生的一生发展奠定知识技能与情感态度的基础。必修课的数量与内容总是有限的，它在知识的深度与广度上受到一定的限制，而选修课则可以弥补必修课的不足，它扩展了学校课程的种类与范围，使学校课程生机勃勃，充满活力，强化了学校课程与知识世界的动态联系。学生可以根据自己的特点、需求、知识基础和兴趣选择课程，自主参与学习不同层次和不同内容的课程，发挥想象力，培养创造力，全面实现综合素质的提升和个人能力的拓展。同时，由于遗传、环境、教育与个体主观努力程度不同，学生个体之间总是存在着或多或少的差异，他们在知识经验、能力基础、家庭背景、兴趣爱好、性格特征等方面均存在着一定的差异。学校推进的课程选修工程就是在不加重学生负担的前提下，开设丰富多样富于弹性的选修课，来适应学生的个体差异，

赋予每个学生选择性发展的权利，引导和促进学生个性的生动发展，从而帮助学生树立自我发展的意识，激发潜能，成长为个性化的人才。

　　总之，选修课不是必修课的陪衬，更不是必修课的附庸，它是一个独立的课程领域，有自己独特的目标、任务、优势和作用，是现代学校课程制度的重要支柱，不可或缺。作为学校和教师应结合学生实际需求和具体教学内容，设计适当的校本课程作为选修课程内容，使必修课与选修课优势互补、动态平衡，充分释放各种课程的潜在功能，为学生提供广阔的知识视野，培养学生的探索精神，促进学生的身心健康和全面发展，不断提升教师自身的职业素养。

第三节　星卡激励工程

　　教育，是要把孩子从自然人培养成社会人，在尊重孩子生命独特个性的基础上，为其搭建各种平台，让其获得更多的成功体验，形成健康的心理，从而以积极的心态、自信的精神面貌走向社会，成为对自己负责、对社会有价值的人。

　　随着国家新课程改革实验的深入推进，全面铺开，建立一种多元化、多角度的激励性评价体系，势在必行。2011 年，我在大津口乡中心小学做校长时曾经探索过"星卡"评价，初步建立起了学生星卡激励性评价方案。此方案旨在通过对学生发展过程的关注和引导，在一定目标指引下，以星卡为激励手段，实施多元化、多角度的激励性评价，让学生体验到成功的愉悦，感受到自身价值的存在，从而满足学生的心理需求，促进学生更好的发展。实施后，教育的效果挺好，学生在成长的过程中更加注重过程，能够积极地展示自我、扬长避短、全面发展。

　　2013 年，我调入大津口中学任校长后，在充分调研的基础上，重点在初一年级至初三年级开展"星卡激励工程"（初四以备战中考为主，评价另设），有益地补充了学校对中学生的评价内容，丰富了对中学生的评价体系，成为助推我校学生强化过程、全面发展、自信发展的动力工程之一。

一、星卡激励评价理念及原则

1. 星卡激励评价理念

　　"多元智能理论"。"多元智能理论"强调学生主动进行自我评价，要求评价尽可能地反映出一个人的全貌。星卡激励性评价能够了解学生的过去、重视学生的现在、着眼学生的未来，所追求的不是给学生下一个精确结论，更不是给学生一个等级分数并与他人比较，而是更多地体现对学生发展的关怀，鼓励更多的学生更好地自我完善；通过评价，更多地发现学生的潜能，发挥学生的特长，了解学生发展中的需求，帮助学生认识自我，激励学生在原有的水平上有所提高，建立自信，使每个学生更加热爱自己，悦纳自己，超越自己，从而活泼、健康、幸福地成长。

教育的本质是引导人的幸福生长。要义之一是"生长"——人的发展是有其自然规律的，正如小树生长，我们可以给予阳光、水，帮助其剪枝、捉虫，但外力不可能改变其内在生长规律；要义之二是"幸福"——教育要将孩子培养成为普通劳动者或拔尖创新人才，要促进人的道德养成和精神成长，而根本目的是为了人的幸福；要义之三是"引导"——教育要基于人的个性、主体地位和最近发展区，给予必要的帮助，而不是包办代替。

教育重在培养人格。教育重在培养人格，而人格完善需要基础、习惯与情商。基础指基本知识与基本能力；习惯主要为学习习惯和行为习惯；情商重在培养孩子的自信心、感恩心、责任心、耐挫折能力等。健全人格是人的成长与幸福人生的前提，教育要关注孩子的人格完善。

尊重与要求相结合是教育永恒的法则。没有尊重就没有教育，只有尊重也不是教育，教育的艺术重在尊重与要求相结合；规则是实施要求的基本方式，但规则的教育要基于对学生个体的尊重，当规则与个体矛盾时，教师要学会等待，要从学生个体健康发展的角度灵活处理以体现育人为本，而不应强调规则而目中无人。

学校要通过文化引领家教而追求"1+1>2"育人目标。每个家长都有独特的教育理念，离开家庭教育，学校教育将显得苍白无力；但学校作为教育的专业机构，要有核心价值观，要引导家长从关注分数到关注基础、习惯和情商。

2.星卡激励评价的原则

（1）主体性原则

这种评价尊重学生的主体地位，始终把学生放在"人"的位置上，尊重学生的个性，尊重差异。孩子是有个性、差异的，教育贵在因材施教，每个学生都会存在这样那样的缺点，但其权利和义务是平等的，教育重在引导孩子在原有基础上的发展。充分发挥学生自我评价和为他人评价及与他人互评的主体作用，充分体现以学生为主体的思想。

（2）激励性原则

学生在学习、成长过程中有被赞美、被鼓励的心理需求，星卡激励评价强调"宽容学生的失误，发现学生的闪光点，鼓励学生不断进取，获得成功"。多元化、多角度地让学生体验到成功的愉悦，从而满足学生健康的心理需求。

（3）发展性原则

星卡评价不仅仅是为了评价学生的过去和现在，更着眼于学生的发展，使学生能在成功后总结经验，从挫折中寻找不足，从而促进学生的智商能力、人文情感的健康发展。

（4）全员全面全程原则

全体教师、学生都参与评价，通过对学生德、智、体、美、劳诸方面进步的赏识和肯定，以体现对孩子幸福成长的期望，并引导孩子达成期望目标，评价体现在教育的全过程。

（5）自主管理原则

让学生了解评价的规则并参与评价管理，要让学生了解为什么得到评价的原因并有所感悟，自主管理好自己的"星卡"，评价过程要让尽可能多的学生参与进来。

（6）奖罚结合原则

为了避免学生因赞美、激励而造成自我感觉太好，功利性太强的倾向，克服过度激励所造成学生经不起挫折的负面影响，星卡评价建立用黄卡惩罚学生过失，帮助学生改正过失，从而鞭策学生不断进步的激励机制，让学生明辨是非，改正错误，找准努力的方向，使学生具备应有的荣誉感和羞耻心，具备更强的自律意识。

二、星卡激励评价种类设置与运用

学校推进的激励性星卡评价，注重过程，注重对学生进行全方位的评价，推进过程是：积分争卡，积卡评星。

1. 卡类设置

目前学校主要设计是绿、红、金、黄四类卡，其中绿、红、金是激励性星卡，黄卡为惩戒性卡。

四种卡获得的依据是结合学生各方面表现给予评价，能量化的可以积分评价，每 10 分换 1 张绿卡；不能量化的根据情况直接给予学生绿卡奖励。所有积分及绿卡由任课教师、负责项目的教师、班主任评定并发放。学生各项积分在每周一班会课公布，对积分够 10 分的颁发 1 张对应种类绿卡。再向上依次对应着红卡、金卡，最上分别对应的星级分为：美德之星、智慧之星、体健之星、美育之星、勤劳之星。星卡激励评价是积分争卡而后评星，由低到高依次为：积分—绿卡—红卡—金卡—星。

绿卡（成功起航卡），代表着学生的点滴进步，是学生奋发向上，取得某一点或初步成功的体现，是学生星卡评价最常用的激励手段。绿卡记录学生德智体美劳五个方面的点滴进步，是学生奋发向上过程的直接体现，是学生"多元化"评价最直接的激励手段。因此，为激励学生多方面、全方位发展，绿卡对应学生德智体美劳五个方面设置为五种，也为学校以后推进"五育并举"而助力。

红卡（成功扬帆卡），代表着比较多的成功或很明显的成功，代表着荣誉，代表着收获。五种绿星卡分别对应五种红星卡，绿星卡积够 10 张，可以到学生发展中心兑换成同种红卡一张。

金卡（成功超越卡），代表着学生通过长时间努力取得的成功，表明学生的不断进步，自我超越。4 张红卡换一张同类金卡，金卡是班级的最高荣誉，获得金卡的同学可参评学校五类星级少年（美德之星、智慧之星、体健之星、美育之星、勤劳之星）。

黄卡（惩戒改正卡），代表着学生的过失，指明学生今后努力的方向，从而鞭策学生不断进步。

（1）"黄卡"作为对学生的惩罚措施，以体现对学生的特别教育。

（2）"黄卡"只能由班主任使用，各位教师或班主任发现某学生存在特别严重的问题，汇总到班主任处，经共同研究并采取各种教育方法都没有特别效果时，方可使用"黄卡"。

（3）"黄卡"慎用，凡确实需要使用时，班主任用"黄卡"给相应学生暂扣 2 张"绿卡"。该学生还没有获得 1 张"绿卡"时，不得使用"黄卡"；每次只能使用 1 张"黄卡"，也只能暂扣 2 张"绿卡"。

（4）使用"黄卡"一周内，班主任负责对该事件的最后处理：凡该学生已改正缺点或班主任认为某些方面有优点或进步可以给予肯定表扬的，还给该学生"绿卡"，并要求该学生送回"黄卡"；凡该学生不良表现仍然极为严重者，班主任向学生发展中心提交没收"绿卡"申请，由学生发展中心的德育干部会同班主任一起对该学生进行教育并实施没收"绿卡"的惩罚措施。

（5）黄卡具体使用评价标准。

结合黄卡管理规定使用，凡因行为过失扣除绿卡数量达到2张时，发放黄卡警告一次，凡违规得到两次黄卡的学生，按照学校学生处罚规定严格处理。

①给班级抹黑，影响到班级荣誉的，或者在学校大会上受到通报批评的，扣1张绿星卡。

②不遵守作息时间，上课经常迟到或无故早退，过早到学校（早上7：20之前，中午1：20之前），经多次提醒无效的，扣1张绿星卡。

③带零食进校门或在校门外吃零食者，或违规在流动摊点购买不卫生食品者，发现两次扣1张绿星卡。

④早读或午休时间，不入班学习（值日生除外），发现两次扣1张绿星卡。

⑤不讲究卫生，乱丢纸屑、杂物，不按时值日，个人卫生检查差，每周内两次扣1张绿星卡。

⑥作业不及时上交，经多次提醒无用者，扣回1张绿星卡。

⑦课堂不守纪律，经任课老师多次劝说无效，由任课老师直接扣1张绿星卡。

⑧在校期间如果不佩戴红领巾、团徽，做危险游戏，在楼道内大声喧哗、追逐打闹，乱攀爬栏杆、围墙、旗台、乒乓球桌等，被老师发现提醒不改正的，扣回1张绿星卡。

⑨举止不文明，打架，骂人，给别人起绰号，围观起哄，以大欺小，乱串班，被老师发现提醒不改正的，扣回1张绿星卡。

⑩升旗、两操、集会等列队和排路队时，没有做到静、齐、快的，经老师提醒不改正的，扣回1张绿星卡。

⑪破坏公共财物，在桌凳、黑板、门窗、墙壁、花池等乱刻乱画乱涂，践踏花池，攀折树木花草，故意损坏劳动工具、报栏、故意破坏校园文化设施等，一经发现扣回1张绿星卡。

⑫不勤俭节约，开晴天灯、随便拧水龙头，在校不比健康成长比吃穿，穿奇装异服、经老师批评教育不改正的，扣回1张绿星卡。

⑬校外有违纪行为的（践踏庄稼、攀折树木、暑假塘坝水库玩水……）发现一次扣1张绿星卡。

⑭放学不按时回家，在路上追逐打闹、骑电动车、乱扔垃圾等不文明行为等，发现一次扣 1 张绿星卡。

⑮换卡时，所持的卡破损严重的，扣 1 张绿星卡。

2. 星类评价的内容及标准

（1）美德之星评价标准

美德星积分包括文明礼仪、安全卫生、好人好事等，视情节表现加减分，每次最少加 1 分；有不讲普通话、说脏话、骂人、打架、破坏公物等违纪现象，被政教处通报批评的，视情节轻重扣积分。每次最少扣 1 分。（每周一汇总，此项由政教处和班主任管理）

①文明礼仪评价

称谓礼仪。对父母长辈、老师不能直呼姓名，要用尊称。

尊师礼仪。见到老师主动问好，离开老师说再见，进办公室要喊"报告"；虚心听取老师的教诲，接受师长的教育，对老师说实话、真话，不欺骗老师，服从老师管理，不顶撞老师。

同学礼仪。同学间要互相问候"你早""你好"，尊重同学，不给同学取绰号，或叫同学的绰号，不说使别人感到伤心羞愧的话；同学之间互助互爱，主动帮助有困难的同学，不搬弄是非，团结同学。

升旗礼仪。成队集合快，安静，肃立，行注目礼，认真听国旗下讲话，不讲话，唱国歌时要严肃，声音要洪亮。

团队礼仪。少先队员要佩戴红领巾，要行队礼，团员要佩戴团徽，点头微笑问好。

②安全、卫生评价

教室安全。在教室不追赶、疯闹，不站在桌凳上，不随意关门，不动用插头插座等。

活动安全。课间活动不疯赶打闹，不出校门，不攀爬栏杆、围墙。

行动安全。走路稳重、轻声不奔跑，不带危险玩具进校园，不做危险游戏，吃饭、做操有序出教室。

个人卫生。勤换衣服勤洗头，衣着整洁，勤剪指甲，身上无异味，课桌椅整洁、学习用品摆放整齐，桌洞里无杂物。

环境卫生。值日生 7：30 到校，认真打扫本班的教室和卫生区，做到一日两扫、两清、两擦、不留卫生死角；走在校园内，不乱扔纸屑，不乱扔饭菜，不乱涂乱画；随时弯腰捡起果皮、纸屑（发现及时奖1张绿星卡）。

③两操集会评价

眼保健操。坚持认真做好眼保健操，保持安静不讲话。

课间操。有序排队出教室，不拥挤，不乱跑。跑操、做操动作要到位，整齐一致秩序好，做感恩操、唱感恩歌要饱含深情。

集会。有序排队进会场，遵守会场纪律，听从指挥，不随意走动，不讲小话，不互相嬉闹。

④爱护公物评价

比如爱惜课桌椅、门窗玻璃、墙壁、劳动工具等，能随时随手关水龙头和电灯风扇、空调等，跟随家长积极参加学校财物公益维修活动。

⑤好人好事评价

拾金不昧，帮助他人，在校内外做好事受到称赞和表扬经学校核实的，敢于举报违法违纪行为并同违反校规校纪作斗争的。

（2）**智慧之星评价标准**

①作业

科任教师每周对学生作业情况进行总体评价汇总：优秀（按时完成作业、正确无误、字迹工整美观，得"优秀"）加1分；良好（按时完成作业、存在部分错误、字迹工整，得"良好"）加0.5分；较差（不能按时完成作业、错误较多、字迹潦草，得"差"）扣0.5分。每周一统计。

②课堂

目前学校一直在推进"全面发展，整体提高六步教学法"高效课堂改革，为督促学生在课堂上自主学习、合作学习、当堂达标，每节课都有教师对学生的评价、学生自评与互评。评价的内容主要围绕课堂纪律、自主学习态度、参与讨论、合作态度、大胆展示等，每周对每名学生各科课堂评价总分进行汇总，汇总后进行折算，每周课堂表现最高分3分。

③学科检测评价

学校淡化期末竞争，注重学习过程，为引领学生坚实地走好每学期学习的每一步，让学生能及时反思，弥补提高，学校定期组织检测诊断。每学期大体4个月，学校在前三个月的每月底组织一次学科自我检测（包含第二个月底的期中考试），在每次检测后及时进行绿卡激励，激励学生不断查漏补缺、巩固夯实。我始终认为：抓实了过程，学生学期结束时成绩自然也就不会差。因此，学校在检测奖励中投放的绿卡比重略重。

以学科自测（2次）和期中质量检测（1次）为主要依据，评价以班级为单位进行，主要奖励每次在各科测试成绩中位于本班排名前60%的学生，学生每次考试后按照每门学科成绩位次段发放相应等级的绿星卡，发放依据的是学生名次段而非具体成绩，淡化了分数竞争的"白热化"。通过绿卡发放引导学生由传统群体横向竞争转向个人自我纵向比较，尊重了学生差异；因为每位学生偏好不同，只要努力，不断追求，扬长避短，都会获得不同数量的绿卡；由于扩大了受奖面，得不到绿卡的学生很少，极大地调动了广大学生自我超越的积极性，学生各科学习成绩在自我激励中明显提高。学科检测绿星卡发放是由各任课教师负责完成。

每次月考单科奖励绿卡 3 张的位次人数的计算法：班内总人数 ×60%×30%（前）。

每次单科奖励绿卡 2 张的位次人数的计算法：班内总人数 ×60% ×30%（中）。

每次单科奖励绿卡 1 张的位次人数的计算法：班内总人数 ×60% ×40%（后）。

学生每次月考各科在各班级位次与星卡张数对应表。

年级	班级	人数	3张绿卡对应位次	2张绿卡对应位次	1张绿卡对应位次
初一	1班	43	1—8名	9—16名	17—27名
	2班	43	1—8名	9—16名	17—27名
初二	1班	40	1—8名	9—16名	17—27名
	2班	42	1—8名	9—16名	17—27名
初三	1班	37	1—7名	8—14名	15—23名
	2班	38	1—7名	8—14名	15—23名

计算方法举例：初三一班共有 37 人，每班每科总共奖励前 60%，即 23 名左右的学生受奖，奖励分三类：3 张绿卡获得者（23 名学生的前 30%）、2 张绿卡获得者（23 名学生的中间 30%）、1 张绿卡获得者（23 名学生的后40%）。

3 张绿卡对应位次：37×60%（全班人数排名前 60%）×30%（前）

=6.68 人 ≈ 7 人，即前 1–7 名学生。

2 张绿卡对应位次：37 × 60％ × 30％（中）=6.68 人 ≈ 7 人，即中间 8–14 名学生。

1 张绿卡对应位次：37 × 60％ × 40％（后）=8.88 人 ≈ 9 人，即后 15–23 名学生。

④读书读报

配合学校推进的书香校园工程，激励学生每月能有计划地阅读课内外书目，能记读书笔记，能背诵一定数量的美文和古诗。在开展的班级阅读活动中，做到积极主动，阅读兴趣高，从书籍、报刊中汲取知识多，成绩优秀或进步较快的学生，可以颁发绿星卡 1 张。

⑤写作

能积极撰写广播稿，被学校"岱麓"广播站每录用一次，计 2 分；能坚持写日记或周记每周一评，优秀者计 1 分；积极参加各级各类作文大赛，根据所获奖次颁发相对等的绿卡。

（3）体健之星评价标准

①为鼓励学生积极参加体育锻炼，每周体育课上综合表现优秀加 1 分、良好加 0.5 分，每学期一汇总。

②参加体育节和市、区、校运动会获得名次的，奖励前 6 名，市级名次分别积 12 分、10 分、8 分、6 分、4 分、2 分；区级名次分别积 10 分、8 分、6 分、4 分、2 分、1 分；校级名次分别积 6 分、5 分、4 分、3 分、2 分、1 分。

③积极参加学校的跳绳、足球、篮球等体育社团活动，且在活动中表现优秀的加 2 分，良好的加 1 分，在活动中有违纪现象，视情节轻重扣 1–3 分。

（4）美育之星评价标准

①参加竞赛获奖

鼓励学生积极参与音乐、舞蹈、美术、书法等比赛。参加全国级、省级比赛获奖的，颁发美育绿卡 5 张；地市级获奖的，颁发美育绿卡 4 张；泰山景区获奖的，颁发绿卡 3 张；校级获奖的，颁发美育类绿卡 2 张，参加班级有关比赛获奖的积 1 分或由组织者另定。（校级及校级以上的荣誉由学校发展中心、课程教学发展中心颁发，班级层面的由班主任颁发，学科层面的由任课老师颁发，不得双重颁发）。

②作品发表刊出

学生美术、书法、摄影、手工制作、科技创作等作品入选全国级的颁发绿卡5张，省级的4张，地市级的3张，泰山景区级2张，校级报刊颁发1张，班级各园地展出的积2分。（校级及校级以上的荣誉由学校发展中心、课程教学发展中心颁发，班级层面由班主任颁发，不得双重颁发）。

③积极参加学校的合唱、汇演、舞蹈、剪纸、绘画、国画、十字绣等社团活动

根据学生在活动中表现赋分，赋分如下：每次优秀的加3分，良好的加2分，在活动中有违纪现象，造成一定影响的，扣1分。

（5）**勤劳之星评价标准**

①本周内获得卫生"流动红旗"班级，全班每人加1分。

②教室、卫生区卫生检查加扣分。依据教室、卫生区承包责任制，班主任对当天值日生的打扫情况进行加扣分。

③主动参加义务劳动，根据情况由负责教师进行加分。

④参加学校组织的各种劳动课程，根据表现进行赋分。

⑤家长对学生在家劳动表现适当赋分，每周1分。

3. 星卡及星级少年表彰和奖励

（1）平时要鼓励学生积极争卡，学生每得到1张红卡时，班主任在班级及家长微信群里及时给予表彰，校学生发展中心在宣传窗"星卡光荣榜"里公布名单，给予表扬，以推动学生争卡的积极性。

（2）每学期期末，各班统计好全班及每位学生的各类金卡数，每班根据各类金卡数评选出星级少年若干名。五类金卡分别累计得够1—10张的，1—2张对应1级，3—4张对应2级，5—6张对应3级，7—8张对应4级，9—10张以上为5级，学校召开一次表彰大会，表彰各班评选出来的星级少年，授予奖状，如："一级智慧星少年"或"五级美德星少年"。

（3）平时学校组织的一些学生活动，级别高的星级少年具有优先权。

（4）每学期期末五类星级少年可以累计积分，每类计分标准：五级星级少年10分，四级星级少年8分，三级星级少年6分，二级星级少年4分，一级星级少年2分。班主任填写好星级少年积分累计表，上报学生发展中心。

（5）每学期初，学校根据上学期星级少年的各类总累计积分，举行"星

级奖杯"授奖仪式，积分累计达 20—30 分，学校授予"铜星奖杯"；达 31—40 分，授予"银星奖杯"，达 48 分以上授予"金星奖杯"。

（6）学期末已获得某星级少年的学生，若金卡有 3 类以上，每类两张以上的授予学校"三好学生"；若金卡有 5 类，每类两张以上的授予学校"五好学生"；在一个学年中两次获得"五好学生"资格的，将被授予学校"全能之星"；"全能之星"连同"金星奖杯"获得者一并作为人选推荐参评省市区优秀学生、优秀好少年等评优树先活动。

（7）星级少年，三好、五好学生名单、照片及主要事迹定期公布在校园宣传栏、校园网；"全能之星""金星奖杯"获得者他们的照片、主要事迹不仅将公布在校园网上，而且对其获奖荣誉、事迹做成喜报发到每位获奖学生的家庭。

（8）星卡奖励中达不到上一层级兑换剩余的绿卡、红卡补充奖励办法。我推行的星卡奖励中的兑换原则：积 10 分兑换 1 张绿卡，10 张绿卡兑换 1 张红卡，4 张红卡兑换 1 张金卡。某同学所获得卡类不足数量兑换上一级卡类或兑换完后剩余卡如何处理？学校是这样解决的：所有绿卡折变成物质奖励，学校规定 1—4 张兑换作业本 1 本，5—9 张兑换作业本 2 本或中性笔 1 支；所有红卡因达不到 4 张以兑换金卡的，1—3 张红卡获得相关卡类的"奋发有为"证书，记入学生成长档案。

如张同学在学期末各类卡项全部兑换完成后，"智慧之星"类剩余绿卡 7 张、"美德之星"类剩余红卡 3 张。按照补充奖励原则，该同学获得 2 个作业本或 1 支中性笔，同时获得"美德奋发有为"证书 1 份。

三、星卡激励工程的组织管理

1. 组织管理机构

为了确保本办法实施到位，深入开展好星卡评价制度，学校成立以校长为组长的星卡激励评价实施方案领导小组，确保把这项工作抓细抓好、抓出成效。

组长：校长

副组长：副校长（分管学生发展中心）

成员：学生发展中心与教学课程发展中心 4 位主任

（1）负责星级评价方案的制订及具体实施；

（2）负责教师对星级评价的落实；

（3）负责星级评价的检查评比。

2.星卡的管理

学校主要开展的是五大类星卡的评选，即美德之星、智慧之星、体健之星、美育之星、勤劳之星。学校课程与教学发展中心具体负责智慧之星的评选，所有星卡的评选。综合类的"三好学生""五好学生""全能之星"皆由学校学生发展中心负责。

星卡管理具体要求：

（1）全体教师都有权利、有义务严格按规定使用和管理好星卡，并防止滥发、乱丢星卡而造成的负面影响。

（2）全体教师要及时颁发好星卡，激励优等生的同时也要照顾后进生，适当降低坡度，酌情颁发绿星卡。班主任要关注"绿卡"总数过低的学生，放大这些学生的优点，进行特别表彰。班主任要多创造机会为"绿卡"过少的学生雪中送炭。

（3）各位老师要精确、定量地进行星卡评价，如实按要求颁发。对模糊、定性的星卡评价要严格控制数量，每学期相关任课老师和分管学生各比赛项目的教师、班主任根据需求到学生发展中心、教学课程发展中心申请领取相关绿卡，学期末上交详细的使用报告，并将剩余绿卡交回相关部门。

（4）绿卡要在集体场合降重颁发，说明原因，以发挥正面引导，树立榜样的作用。

（5）红卡、金卡不直接颁发，由学校学生发展中心负责。学生得绿卡10张，到班主任处领取红卡申报单，学生将10张得绿卡情况进行登记，由家长签字后，凭10张绿卡和红卡申报单即可到学生发展中心换取1张红卡，凭4张红卡换取1张金卡。学生发展中心、教学与课程发展中心定期公布获红卡、金卡学生名单，以示表彰。表彰后，由学生发展中心将红卡、金卡申报单交班主任，存入学生个人成长档案袋。学生发展中心建立星卡光荣簿，有专人负责登记红、金卡获取情况。

（6）要教育学生爱护好星卡，丢失、涂画、损坏的原则上不补。确实有特殊情况，在2周内，由学生申请，经班主任签字后，到学生发展中心补领相应的星卡。一学期内第二次丢失的学生，不再给予补办。

（7）期末星级少年评选后，各种星卡由班主任收回，上交学生发展中心，以便下学期再使用。

（8）不允许同学之间互赠"星卡"，凡发现后，班主任给予说明"荣誉不能赠送"的原因，退还其本人，不作处罚。禁止买卖"星卡"。凡出现买卖"星卡"者，一经发现，由班主任没收买卖的"星卡"，并进行批评教育。凡私拿、买卖情节严重者，由班主任报学生发展中心共同决定，酌情给予没收3张以内"绿星卡"的惩罚措施。

小小"星卡"作为一种激励机制，当然离不开激发和鼓励，星卡激励评价工程就是通过发放星卡的形式对学生的学习情况、守纪情况、校内生活的方方面面予以肯定或否定，这种形式直观简洁，反馈及时，学生容易理解，易于接受，激励的效果比较理想。

就激励的动因而言，对于教师，教师对某学生授予星卡或不授予星卡是外在激励；而对于学生，学生自觉或不自觉地争取获得星卡是内在激励。在此，教师的外在激励最终应转化为学生的内在激励，也就是学生自觉地争取获得星卡，而教师也因此能够客观公正地授予星卡。

星卡激励评价体系从理论分析上是一种很好的激励机制。我们在实际的操作过程中发现一些问题，比如能否客观公正的问题，能否尽可能全面地评价学生，是否应分层次评价的问题等。我们在推进星卡激励工程中，不流于形式，面对实践中发现的许多问题，不断地完善，不断地调整，不断地优化。我们的星卡激励工程因为立足于初心，立足于培养德智体美劳全面发展的学生，立足于推进"五育并举"，激励全校的学生自我发展、自我突破、自我完善，实现全体学生整体提高。"星卡激励工程"运行良好，成效斐然，成为助推我校实施一系列教育改革的动力工程之一。

第四章　四大教育

第一节　文明教育

文明，是从历史中沉淀下来的，有益于增强人类对客观世界的适应和认知，符合人类精神追求，能被绝大多数人认可和接受的人文精神、发明创造以及公序良俗的总和。文明是使人类脱离野蛮状态的所有社会行为和自然行为构成的集合。文明的内涵往大了说是一个国家的秩序，往小了说是一个人的修养，它的核心就是人们对待生活的态度。

人类从远古发展到现代，农业曾经是人类文明的摇篮，随后现代工业的发展，科技的日新月异，促进城市成为人类文明的聚集地，城市成了人类文明的标志。时至今日，文明的内涵也在不断发展、丰富，并形成了现代文明。

什么是现代文明？现代文明是科学观念、民主思想、宽容精神、人权思想、法治精神、权力监督制衡思想、和平协商观念、最佳化管理思想、资源优化配置思想、守法守信观念、公平公正公开的经济制度、市场经济制度、社会保障制度、现代企业制度、现代社会管理制度、现代国家制度等的综合体。

而我所在学校，位置地处四五线地级市的山区，学校的学生及其父母远离城市，祖辈生活在山区农村，身上传承着祖辈的坚韧、朴实、善良等朴素的优良传统，但又与现代文明拉开了明显的差距，譬如在科学观念、民主思想、人权思想、法治精神等诸方面存在严重不足，行为举止还存在：言语不得体、讲粗话脏话，随地吐痰、乱扔垃圾，自私自利、不关心集体，损坏公物、纪律观念淡薄，诚信意识差等不文明的现象，这些不文明的现象折射出：在社会快速发展的今天，在很多偏远的农村，我们许多农民群众现代文明素养没跟上或者说缺失。当然，导致这些现象产生的成因有许多，这里不作具体细述，我仅就如何改变这些不文明的现象做些尝试。

一个人优良的道德素质的形成是长期的、反复的、逐步提高的过程，关键在于养成。尤其是中学生，正是处于人生观、世界观、价值观形成的重要时期，具有很强的可塑性，现在他们能否养成文明的行为习惯，直接关系到他们一生的发展、家庭的幸福。同时，中学生是中国未来的建设者，其道德文明素质直接关系到现代化事业的成败。作为一个国家的接班人其文明行为甚至代表着一个国家的强弱。

原国家教育委员会副主任柳斌说："国民素质的提高，民族素质的提高，是学校、家庭、社会对整个青少年一代进行教育、熏陶、施加综合影响的结果。这种综合影响是否科学有效，是决定国家民族前途、命运的大事，必须引起各方面的高度重视。"

作为教育工作者，我和我们的教师团队，立足于山区学校实际，从学校这个层面尝试着去改变学生这些不文明现象，提高学生的文明修养。通过读书、文明礼仪、主题教育、普通话等系列教育活动，一点一滴地去浸润，让我们山区的孩子最终呈现在社会面前的是：坐有坐相、站有站相、遵规守纪、谈吐文雅、举止文明、大方自信……山区学生也能与时俱进，不会被现代文明所抛弃，而与时代同频。如果不问其来处，想不到他们是来自偏远的山区。

一、倡导读书，涵养学生内在文明气质

"读书好，大有益。"仅就文明道德而言，阅读的涵养作用绝对不可或缺。

"忠厚传家久，诗书继世长。""书香"历来为中华民族所推崇与追求，不仅作为家风传承之本，而且视为"修身、齐家、治国、平天下"的理性支撑。目前，通过阅读把握"经世致用"知识和技能的同时，书中人文精神特别是文明道德对青少年的涵养作用之大毋庸置疑。

在阅读中感受书香。书籍，既是一代人对另一代人的嘱托与希望，也是上代人为下代人成长进步提供的最优扶手梯。阅读，不仅可以构建起适合时代需要的精神世界，而且可以在潜移默化中培养人们的良好素养。"立品直须同白玉，读书何止到青云。"一个人活在世上，要想不虚度人生，对社会有所贡献并具有良好的人格品行，就应在书香中把握人生道理、领悟人生真谛、体现人生价值、实践人生追求。一句话，离开阅读，就难有个人心灵的成长和个人精神的养育。

在书香中涵养文明。"学会读书，便是点燃火炬。"虽然阅读对于涵养文明并非立竿见影，但积以时日见功夫，淡泊名利品自高。社会学家研究证明，现代文明建设的论点都可在书香中寻到根脉，而那些不文明、无道德的现象

也可从书香中找到症结。如果我们坚持每天阅读那些温润人心、健康向上的书籍，就会在书香中远离浅薄与浮躁、愚昧与落后，进而熏陶个人乃至整个民族的人文精神与文明风貌。

结合前面所述，我们推进的"三大工程"之一"书香校园工程"系列活动，就是让学生在书香的浸润中，积淀其内在文明底蕴，涵养其底色，这是学校推行文明教育的奠基之举。

二、细化班级制度建设，引领文明行为方向

"细节决定成败"，班级细致的制度更能有效地规范学生的行为，懂规矩、守规则也是文明的体现，培养规则意识，让学生理解"文明素养"，是引领学生文明的方向之一。

1. 规范、守则，引导多样化

每学期初，学校都要求班主任结合自己班级的班情，把《中学生日常行为规范》《中学生守则》相关的规范内容制订到班务计划之中。在制定班规时，通过学生讨论，把各条常规具体化。教师利用班会时间，对学生进行讲解、示范，从而使学生从语言上和行为上渐渐领会到文明素养的真正含义。

学校要求班主任多样化引导，在文明引导教育上做到：第一，管理学生由外在约束向自主管理转变，从多方面设立评比项，规范孩子的行为，慢慢养成学生自主管理；第二，典型引路，在班级中树立好的典型、榜样，使学生有前进的目标；第三，以竞赛促评价，班级通过搞些小组竞赛、个人竞赛促提高；第四，及时与家长进行沟通，如实反映孩子在学校的表现，使家校全方位了解孩子，形成文明教育的合力。

2. 班风、学风，陶冶学生行为

创设优良的班风、学风至关重要，使学生在团结、奋进的环境中受到熏陶。要求班主任利用班会课、宣传栏、黑板报等，开展批评与自我批评，弘扬正气，还要善于发现和扶植在各项活动中涌现出来的好人好事，发扬积极的精神，如勤奋学习的、热心助人的、遵守纪律的、讲究公德的、讲究卫生的等思想与行为要大力提倡，使之逐渐形成良好的班风与优良传统。

3. 多种评价机制，有效激励

"考试只是评价的方式之一，采用多种综合评价方式。"我们在关注学

生学习成绩的同时，更关注学生其他方面，如积极的学习态度、创新精神、分析解决问题的能力以及正确的人生观、价值观等，多肯定孩子的进步，适时指出不足，同时落实精神与物质奖励相结合，通过全面、综合评价，激励学生，使学生认识到文明素养对自身发展的重要性。

三、落实养成教育，切实提升文明素养

日常行为规范的养成教育是学校德育的重要内容，也是提升学生文明素养重要途径，针对不同年级和学生不同的心理特点，我校有计划地开展富有成效的养成教育活动，做到抓实、抓严、抓细。

1. 把学习习惯抓实

学生在学校里最多的活动就是学习，而且和每个老师都息息相关，从学习习惯抓起容易形成全校合力。良好的学习习惯有利于激发学生学习的积极性和主动性，提高学习效率，有利于培养学生自主学习能力，培养学生的创新精神和创造能力，使学生终身受益。

2. 把生活习惯抓严

良好的生活习惯是文明修养的组成部分，良好生活习惯的养成教育有助于推动学生良好学习习惯的养成。学校从学生的作息、就餐、整理衣被、锻炼身体等最基础的生活习惯养成开始抓起，使学生逐渐养成良好的生活习惯。

3. 把行为习惯抓细

（1）举止文明的习惯。教育学生对长辈、老师、同学、他人要有礼貌，待人接物要有礼节；语言文明，争做文明公民；并通过对学生的教育从而辐射到家庭、社会中去，实现文明教育的最大化。

（2）遵守秩序的习惯。规则和秩序是社会公共生活中的基本准则。学校生活中的秩序包括课堂秩序、课间秩序、活动秩序等，即学习、生活、活动三方面的秩序。学校根据不同年级的学生提出不同的要求，实现学校生活秩序化。还教育引导学生自觉遵守公共场所的有关规定和要求，如交通秩序、商场秩序等，树立良好的公众形象。

（3）尊重他人、团结友爱的习惯。懂得尊重他人是做人的道德准则，只有尊重他人才能得到别人的尊重，同时教育学生要礼貌待人、宽厚待人，同学之间要团结友爱。

（4）讲究卫生的习惯。讲究卫生是身体健康的保证，是一个人文明的表现，既体现了良好的个人面貌，又包含了对他人的尊重。学校教育学生既要讲究个人卫生，也要讲究公共卫生。

（5）勤俭节约的习惯。勤俭节约是中华民族的传统美德，学校培养学生勤俭节约的习惯从爱惜学习用品，节约一滴水、一粒米、一度电等点点滴滴做起。

（6）诚实守信的习惯。诚实守信是中华民族的传统美德。诚信教育要从大处着眼，从小处入手。因此，学校培训家长、教育学生从日常生活抓起，让学生从小养成诚实守信的良好习惯，树立诚信意识。

（7）爱护公物的习惯。教育引导学生维护学校公共设施、社会公共设施，不破坏花草树木，做文明的使者。

（8）良好的健身习惯。教育并要求学生集合、站队、做操要规范，积极参加校运会和体育锻炼。

四、讲好普通话，文明又高雅

方言土话虽能凸显地方语言特色，增强区域内人群的亲和力和凝聚力，但在社会经济快速发展、人际交流日益频繁、现代文明不断提升的今天，已经有些格格不入，甚至成为与人交流的障碍。普通话则是情感的纽带，沟通的桥梁，文明的标志。道德、修养、文化都将在普通话中得以充分展现。

言语谈吐是一个人的第一张名片，讲好普通话会给人以气质雅如兰的第一印象；语言是沟通的桥梁，是让孩子们可以走出去的成功路径，让每一个孩子都有人生出彩的机会。

我校的学生，作为山区的学生，特别是泰山景区的学生，对于他们来说，推广普通话，并非要"消灭"地方话，而是使这些生活在泰山山脚下的未来公民，在掌握方言的同时，能熟练运用普通话，增强语言的规范意识，还能提升景区的文明程度。讲好普通话，是展现公民素质、彰显城市文明、提升景区气质、促进对外宣传交流的重要手段之一。

学校是推广普通话、推广规范字的重要阵地，每一名老师，每一名学生都有责任讲普通话，写规范字。每一位家长都有配合学校做好推普工作的义务。这不仅是热爱民族、热爱祖国的思想表现，更是养成文明习惯，营造共有精神家园的现实需要。

结合国家推普活动，以推普提升学生文明素养，我们学校主要做了以下工作：

1. 加大宣传力度，营造实践氛围

学校建立长效的"普通话口语实践"工作宣传环境，充分发挥校园各种宣传网络的作用进行宣传教育。主要是通过校园广播、板报、宣传栏、开展各种形式多样的活动，大力宣传推广普通话的重要意义，提高全校师生对推广普通话口语实践工作意义的认识和使用普通话的自觉性，提高学生说规范话和写规范字的能力。

学校在校园、教学楼、办公室、教室等醒目的地方均贴有宣传标语、标牌，如"说好普通话，朋友遍天下""说普通话，做文明人"等。

校领导带领广大教师认真学习和贯彻《国家通用语言文字法》，鼓励广大教师认真、自觉、坚持讲普通话，从而形成一种语言习惯。并以多种形式广造舆论，创造"讲普通话光荣"的氛围，对处处讲普通话的师生给予表扬和鼓励。这样，学校逐渐建立起了"人人都想讲，人人想讲好"的氛围。

2. 做好重点人员的培训工作

教师是榜样，讲话要规范、有魅力、有韵味。学校按计划开展了教师普

通话培训，定期举办普通话专题讲座，培训侧重于那些在普通话测试中成绩不佳的教师。充分发挥好学校现有的一名普通话测试员的作用，强化对教师的培训。对未取得普通话合格证书的教师，及时与测试部门联系，安排好培训和测试工作。

3. 强化常规管理、督导检查

学校成立以校长为组长的推广普通话工作领导小组，成员由教务处、总务处、团委、少先队和普通话骨干教师组成，下设学校语言文字工作办公室，由专人负责，健全工作机构，计划安排到位。

（1）成立普通话督查小组

定期对校园内说普通话的情况进行督查，定期对各室、班级推普实施进展情况进行检查；对不认真实行或执行力度不大的班级、师生进行严厉批评并扣分。

（2）完善各种规章制度

完善各项制度，在相关制度中体现对普通话的规范和要求。我们校规和教学管理与评估方面都要有明确的规定，并把普通话口语实践工作与教师、学生考核挂钩，加大分值，奖优罚劣。激发广大师生"学说普通话、说好普通话"的热情，选拔普通话好的教师担任学校普通话口语教师，结合课程选修工程，设置普通话提升课程，做到人员、课时、地点、效果、考核五落实。

（3）落实督导检查制度

学校教务处加强对普通话工作的督导检查，结合常规教学管理，教务处开展不定期听课活动，检查教师普通话使用情况。各教研组开展示范课、评优课、公开课等活动，把师生普通话使用情况列入对其评价的重要指标之一。

教务处充分发挥全体语文教师的作用，强化母语教育，强化用字规范性，使语文教师成为学校"推普"工作的排头兵。

班主任和任课教师加强了对学生上课回答问题和作业情况的指导、检查，使学生逐步养成说普通话、写规范字的良好行为习惯，同时，加大了课堂渗透的力度。

4. 课内外、校内外，开展各种实践活动

我们要求师生在课堂教学、校园活动中处处使用普通话。教师教学、集体活动及交谈要使用普通话；语文教学中能注重听说读写训练和汉语拼音训

练；学生在课堂上要用普通话交谈或回答问题。在普通话口语实践工作中，要求各室负责人率先带头讲普通话，无论在开会、大型活动以及其他场合都必须使用普通话，并向老师们提了三个"为师"：以播音员为师，以同事为师，以学生为师。注意对比，注意纠正，自觉提高；要求学生把普通话带回家，让自己的父母也要讲普通话，使普通话逐步推向社会。

学校还充分利用一切可利用的时间，定期组织形式多样的"推普"活动，如读书报比赛、诗歌朗诵比赛、演讲比赛、辩论赛、书写规范字比赛等。同时，带领学生到泰山景区部分景点充当导游志愿者、义务讲解员。在这些公益性活动中，学生既宣传了泰山，又锻炼了普通话水平，增强了自信心和泰安人的自豪感。

经过一系列措施，我们的学生吐字清晰，用语规范，字正腔圆，普通话水平较高，每年都有12%的学生在省市区演讲比赛、诗词大赛、讲故事比赛中摘金夺银，学校被评为山东省语言文字先进集体、山东省推普先进单位。

五、多措并举，提高学生文明礼仪修养

中国是一个有着五千年历史的文明古国，中华民族素来是一个谦恭礼让的文明礼仪之邦。文明礼仪是我们学习、生活的根基，是我们健康成长的臂膀。而文明，是衡量一个社会进步的重要标尺，也是一个人综合素质的反映。

文明礼仪修养是现代人必备的基本素质，礼仪作为人们内在修养的外在表现，直接影响着人们的交际、生活和事业的成败，影响着集体、国家、民族的形象与事业的兴衰。因此，通过推进系列活动，培养我们山区的学生学礼仪、知礼仪、守礼仪，做一个讲文明，懂礼仪的人。

1. 结合德育目标，开设礼仪课程

为强化礼仪教育的实效性，我们将文明礼仪教育积极推进到课堂及各项活动中。

（1）合理安排教育内容

为使得礼仪教育贴近学生，学校将与中学生生活息息相关的举止、谈吐、服饰、餐饮、对外交往等礼仪礼貌知识作为教育的主要内容，并把礼貌用语、文明行为教育有机渗透入各类课堂活动中，增强教育的针对性和时效性。

学校规范并推行如下各种礼仪要求：

①课堂礼仪

遵守课堂纪律是学生最基本的礼貌。

上课：上课的铃声一响，学生应端坐在教室里，恭候老师上课，当教师宣布上课时，全班应迅速起立，向老师问好，待老师答礼后，方可坐下。学生应当准时到校上课，若因特殊情况，不得已在教师上课后进入教室，应先得到教师允许后，方可进入教室。

听讲：在课堂上，要认真听老师讲解，注意力集中，独立思考，重要的内容应做好笔记。当老师提问时，应该先举手，待老师点到名字时才可站起来回答，发言时，身体要立正，态度要落落大方，声音要清晰响亮，并且使用普通话。

下课：听到下课铃响时，若老师还未宣布下课，学生应当安心听讲，不要忙着收拾书本，或把桌子弄得乒乓作响，这是对老师的不尊重。下课时，全体同学仍需起立，与老师互道"再见"。待老师离开教室后，学生方可离开。

②服饰仪表

穿着的基本要求是：合体，适时，整洁，大方，讲究场合。

③尊师礼仪

学生在校园内进出或上下楼梯与老师相遇时，应主动驻足、点头致意并向老师行礼问好；学生进老师的办公室时，应先敲门，经老师允许后方可进入；

在老师的工作、生活场所，不能随便翻动老师的物品；学生对老师的相貌和衣着不应指指点点，评头论足，要尊重老师的习惯和人格。

④同学间礼仪

同学之间的深厚友谊是生活中的一种团结友爱的力量。加强同学之间的礼仪礼貌，是建立良好同学关系的基本要求。

学校要求：同学间可彼此直呼其名，但不能用"喂""哎"等不礼貌用语称呼同学，在有求于同学时，须用"请""谢谢""麻烦你"等礼貌用语；借用学习和生活用品时，应先征得同意后再拿，用后应及时归还，并要致谢；对于同学遭遇的不幸，偶尔的失败，学习上暂时的落后等，不应嘲笑、冷笑、歧视，而应该给予热情的帮助；对同学的相貌、体态、衣着不能评头论足，也不能给同学起带侮辱性的绰号，绝对不能嘲笑同学的生理缺陷；在涉及同学事关自尊的问题上一定要细心和尊重，同学忌讳的话题不要去谈，不要随便议论同学的不是。

⑤集会礼仪

集会在学校是经常举行的活动。一般在操场或礼堂举行，由于参加者人数众多，又是正规场合，因此我们学校格外注意集会中的礼仪。以升国旗仪式为例：国旗是一个国家的象征，升降国旗是对青少年爱国主义教育的一种方式。升旗时，要求全体学生应列队整齐排列，面向国旗，肃立致敬。当升国旗、奏国歌时，要立正，脱帽，少先队员行队礼、其他人行注目礼，直至升旗完毕。升旗是一种严肃、庄重的活动，学校要求全体师生一定要保持安静，神态要庄严，当五星红旗冉冉升起时，所有在场的人都应抬头注视，切忌自由活动，禁止嘻嘻哈哈或东张西望。

⑥校内公共场所礼仪

学校要求全校师生自觉保持校园整洁，不在教室、楼道、操场乱扔纸屑、果皮、不随地吐痰、不乱倒垃圾；不在黑板、墙壁和课桌椅上乱涂、乱画、乱抹、乱刻，爱护学校公共财物、花草树木，节约用水用电；自觉将自行车、教师汽车停放在指定的车棚或地点，不乱停乱放，不在校内造成堵车现象；在食堂用餐时要排队、礼让，不乱拥挤，要爱惜粮食，不乱倒剩菜剩饭。

（2）营造浓厚礼仪氛围

为营造良好的宣传教育氛围，我校大力开展校园礼仪教育活动，如：召开"文明礼仪伴我行"主题班会;通过校园广播、橱窗、板报、国旗下演讲等形式广泛宣传文明礼仪知识和文明行为意识;开展"讲文明礼仪,创和谐校园"活动,对学生提出"六讲"要求,要求"在外讲公德,在家讲孝道,在校讲勤奋,对人讲礼貌,对事讲认真,对己要严格"。

(3)发挥榜样示范的作用

榜样的力量是无穷的。对于中学生而言,模仿是最基本的学习方式之一。学校要求教师在教学中,要树立礼仪规范的典型,积极为学生树立榜样,让他们可以通过模仿学习。首先,教师是最好的模仿对象,是对学生行为影响至深的人,要积极发挥教师的表率作用。在教学和生活中,教师以庄重大方、和蔼可亲的仪容仪表给学生做出示范,使学生在师生交往中受到潜移默化的教育。其次,在班级管理中,学校有针对性地开展"文明礼仪标兵"评选等礼仪教育主题活动,评选出文明礼仪方面做得好的学生,为全体学生做出榜样。此外,除了教师和优秀学生的典型示范外,还注意抓住各种教育契机,利用各种合适场合来提高中学生的文明礼仪素质。

2. 开展实践教育活动,强化礼仪教育效果

(1)与不文明行为告别活动

学校开展"校园十大不文明行为"自省活动,发动学生深入实际,列举校园不文明现象、不文明行为,让同学们自查、自警、自省,从而能够自我改正,不断完善自己,自觉地遵守学校规范,养成良好的行为习惯。

(2)家庭礼仪教育活动

家庭教育是中学生接受教育的重要阵地,在学生的成长过程中,不同的家庭环境往往教育出不同的孩子,家庭教育产生的影响是巨大的。对此,学校教育与家庭教育有机结合,在学校推进的两大驱动力之一"家校共建"中,学校担当起指导家庭养成教育的责任,通过家访、召开家长会等多种方式,帮助家长树立正确的思想观念,通过自身的读书、自律让家长在重视中学生学业水平之余,更重视培养学生的良好行为习惯。

结合学校推行的"感恩教育",要求学生在家庭开展以"尊敬长辈、孝敬父母"为主题的孝心活动,在母亲节、父亲节、感恩节到来之际给父母长辈写一封信,帮家长干些力所能及的家务活,不顶撞长辈,同长辈说话要多用尊称,同时树立艰苦朴素、勤俭节约的传统美德,尊老爱幼,注重邻里关系,

与邻里和睦相处。

（3）校内到校外，文明系列行

学校开展了"文明·礼仪"主题黑板报和手抄报及征文系列评选活动。

学校开展了"我为景区添光彩"等志愿者活动。依托学校社团活动，带领学生到学校所在的泰山景区就近的部分景点，维护环境卫生，践行"捡拾一片纸屑，净化一次心灵"的文明实践活动。

学校开展了社区服务活动。让学生走入学校驻地的社区、敬老院，送温暖、献爱心，帮助别人，快乐自己，传播文明。

学校组织开展了"最美班级""最美学生"评选活动。所有活动有检查、有结果、有评比、有后序、有延伸，通过评选活动激励学生树立学习榜样，促使学生健康成长。

六、借文明创建活动，强化文明教育

泰安市作为举世闻名的东岳泰山所在地，是一个旅游文化城市，自 2010 年起一直开展全国卫生城市和文明城市的创建、复审活动。由于我们学校属泰山景区，我们学校也是文明创建的主要窗口和阵地，学校借助泰安市双城创建活动积极争创市级、省级文明学校，学校在文明校园创建活动中营造了浓厚的校园文化氛围，进一步提高了学生的文明素质，使我们的校园充满文明、和谐、积极向上的劲头，呈现出一派生机盎然的景象。

1. 丰富校园文化，积极参与文明创建活动

（1）建设墙头、走廊等环境文化

良好的学习、生活环境，能对中学生产生积极的影响。学校环境作为隐性的课堂，对中学生的影响是潜移默化的。为建设和丰富校园文化，营造和谐、温馨的班级和校园气氛，我校致力于墙头走廊文化的重构和日常翻新，教室内悬挂了名人画像和励志标语，走廊、楼梯、石刻、草坪内悬挂或设立了温馨提示牌语和励志的名言警句，利用宣传橱窗开辟安全健康教育专栏和展示师生风采专栏；在重要位置张贴和书写《中小学教师职业道德规范》《中学生守则》等，各种荣誉奖牌悬挂醒目整齐。

（2）开展各种文体活动，构建课余文化生活

学校组织开展了"学生书法比赛""英语表演赛""安全知识竞赛""诗

文朗诵赛""春秋田径运动会""篮球比赛""歌咏比赛""元旦汇演"等活动，学校"校园之声"广播按时播报，结合学校三大工程之一"课程选修工程"开展了艺术课程选修、社团活动等。这些文体活动，不断地陶冶了学生情操，营造了良好的学习和文化氛围，促进了学生德、智、体、美、劳全面发展。

（3）学校积极参与市区乡文明创建活动

学校支持和参与市、区、乡三级文体科普活动，组织全校师生积极参与其他公益活动，如参与"科普竞赛"等竞赛活动，参加庆祝建党100周年活动，深入开展党建"创先争优"活动，开展"慈善一日捐""送温暖，献爱心"等系列活动。积极开展卫生城、文明城"两城同创"活动，带领学生参与身边的文明创建，爱家乡，做贡献，争做新时代文明好少年！

2. 加强校园环境建设，优化育人环境

学校要求在校园里的每一个成员都要保护好整个公共的环境，不要攀折校园里的树木，采摘校园的花草，不随手乱扔垃圾，保证校园的清洁是一个文明校园的标志。

学校设置卫生监督岗和每周卫生日，实行每日检查和评比打分，卫生状况良好，无脏、乱、差现象。学校因地制宜，建花坛、植草皮、栽树木，校园环境整洁优美。校园操场跑道由塑胶铺就，跑道内绿草茵茵，大门美观气派，绿化、美化、硬化、卫生等各项工作均达标，2022年，学校被评为"山东省绿色学校"。

3. 强化校园活动，营造文明氛围

学校政教处、团委、学生会相互配合，大力开展精神文明创建之"校园文明之花处处开"活动，发挥全体教师示范引领作用。学校努力培养学生遵守公德、严于律己、礼貌待人，养成良好的行为习惯，做文明中学生。组织班级文化建设、学生仪容仪表检查、"文明学生，文明班级"评选、国旗下的讲话、重大节日庆祝、革命歌曲传唱等。各种活动的开展，极大地提升了学生的思想道德素质和文明礼仪素养，使学生精神面貌焕然一新，形成健康文明、高雅向上的校园氛围。

"人类从野蛮走向文明的标志是文化"，而学校是传播文化的主阵地之一。我们学校通过探索推进的一系列文明教育，就是让农村的孩子浸润人类文明，做有知识、有文化的时代新人。目前，大津口中学的学生走出校门，在绝大多数学生身上体现的是：仪容整洁、彬彬有礼、谈吐文雅、尊老爱幼、遵规守纪、理想远大、信念坚定、阳光向上……，文明、健康、向上的大津口中学学生已成为山乡一道道文明的风景线。我们学校先后被评为"景区文明学校""市级文明校园""省级文明校园"。

我们学校在泰山风景名胜区，弘扬现代文明，育未来文明之公民。

第二节　感恩教育

我国的教育目标是把受教育者培养成为社会需要的人。我国现阶段教育目的："全面贯彻党的教育方针，以提高民族素质为根本宗旨，以培养学生的创新精神和实践能力为重点，造就'有理想、有道德、有文化、有纪律'德智体美劳全面发展的社会主义事业建设者和接班人。"

作为山区的学生，由于学习基础、家庭教育不足等原因，很多学生考不上普通高中，许多家长对职业院校认可程度也不高，因此，我们学校一多半的学生初中毕业后就步入社会了，他们大多数较早地成为各自家庭"成人"的一员，社会的一分子。他们在初中是学习成绩上的失败者，但在其他方面是不应缺失的。我个人一直认为，对于农村学生来说，学生学习好坏都是其次，重要的是要把学生培养成一个"人"，一个尊老爱幼的人！

因此，在全面贯彻党的教育目的的同时，结合山区学生发展成长的实际，在学校教育中我更注重"德"，突出了对民族素质中中华民族传统美德"孝"的教育。"百善孝为先"，"孝，善事父母者。从老省，从子，子承老也。"这是《说文解字》这本书对"孝"的阐述。前一句是说晚辈对长辈的敬与养称为孝，孝是子女的本分；后一句主要说"孝"字写的就是老人与子女的关系。"子承老"，"承者，奉也，受也。"是说每个人的生命都是从父母那里诞生出来的，然后不断地接受父母的养育，长大成人；成人后应该对父母不断地奉献，报答父母的养育之恩，感恩父母。"孝"落实到学校教育层面就是要抓"感恩教育"。孟子曰"老吾老，以及人之老；幼吾幼，以及人之幼"。我在学校推行感恩教育，始于感恩父母，从而推及到感恩教师及他人、感恩社会、感恩祖国！卢梭说："没有感恩，就没有美德。"一个懂得感恩的人是向善的，感恩是做人的根本和底线，感恩是一个家庭、一个社会最稳定的道德约束。

一、感恩教育内涵与意义

感恩教育就是通过情感教育,切入学生个体心理世界,激发个体心灵共鸣,促使学生对某些事件更深刻的情感体验,强化他们的感恩心理,增强他们的责任意识,培养他们健康高尚的道德情操,发展和升华他们道德情感的教育方法。

法国社会学家涂尔干曾肯定地指出,"若要为我们的教育事业提供必要的驱动力,我们就必须努力遴选出作为我们道德性情之基础的基本情感。而遴选的过程即是我们感恩教育的过程。只有学会感恩,我们才能明确责任;只有学会感恩,我们才能体味真情;只有学会感恩,我们才能感受幸福,享受生活。"在全面推进习近平新时代中国特色社会主义建设、构建和谐社会、促进人的全面发展的今天,如果每个人都能够怀着一颗感恩的心,人与人之间就会少些抱怨、仇恨和对抗,多些宽厚、友善和快乐,达到和谐相处;一个人只有学会感恩,才会对生活寄以希望,对别人施以爱心,对工作抱以敬意,对社会予以回报。

伴随着社会经济的不断发展和互联网络的普及,人们面临着多元文化以及价值取向的冲击。对于正处于青春期的初中生来说,他们无论是生理上还是心理上发育都不够成熟,容易存在逆反心理,有的则表现为自卑和敏感。心理上的变化会直接影响学生的行为,因此这一时期的学生常常无法很好地处理与父母、与教师、与朋友之间的关系,产生诸多的矛盾问题,对待困难和挫折也容易产生消极心态。面对这样的情况,强化初中生感恩教育就显得十分重要,培养中学生的知恩、感恩意识,通过感恩教育让学生感受到来自外界的关怀以及帮助,以感恩之心去对待周围的人和事物,能够有效地破除学生心中的偏见,缓和矛盾,有利于中学生的健康成长。

同时,让学生知恩、感恩,既是加强未成年人思想道德建设的需要,也是加强学校德育工作、全面推进素质教育的需要,更是弘扬中华民族传统美德、培养学生良好品质的需要。让学生懂得感恩祖国、感恩社会、感恩父母与师长,对实现立德树人教育目标,促进学生身心健康发展,培养有理想、有爱心、懂奉献的一代新人,具有重要的意义。

二、感恩教育存在的问题及原因

1. 感恩教育缺失

（1）价值观念歪曲

感恩教育的缺失，会导致青少年价值观念歪曲，往往表现为以下几个方面：一是缺少人生目标。由于没有树立感恩父母、报效祖国的理想信念，对于自己的未来没有一个明确的规划，或对于自己的追求缺乏长久的动力，常常感到前途渺茫。二是没有高尚的追求。因感恩教育缺失，往往受到功利主义和拜金主义等不良思想的侵蚀，盲目追求一些低级的目标。三是沉迷网络。在网络高度发达的今天，由于缺乏思想上的约束能力，往往表现为过度沉溺网络，迷失在虚拟世界，致使无法形成独立人格，严重影响其身心成长，甚至引发极端漠视自我及他人生命、不能善待周边环境，自杀、自残及故意伤害他人等行为。

（2）漠视他人

漠视父母的养育之恩。当前，农村学生也多为独生子女，有些父母对孩子的过度溺爱，致使其形成以自我为中心的性格，在与人相处时往往过分自私，不考虑他人感受。他们认为父母既然生了自己，那么父母的付出就是理所当然的，认为父母为儿女花钱天经地义。另外，由于初中阶段的青少年心智尚未成熟，常常出现攀比现象，认为别的孩子有的，自己也该拥有，甚至应该更好，如果父母没有满足自己的条件，甚至会埋怨和谩骂父母。一些家庭条件较差的孩子，为了满足自己的虚荣心以及排遣家庭经济对自己造成的自卑心理，对于自己家庭的实际情况根本不考虑，向父母一味地索取，不会体谅农村父母挣钱的艰辛。

漠视老师的教导之恩。一些学生不能正确地认识老师的职业及工作崇高性，往往表现为对老师的不尊重以及对其教育成果的不尊重。他们往往在课堂上调皮捣蛋、致力于和老师唱反调、顶撞老师、在课后诋毁老师等。甚至有的学生全然曲解老师的教育，在自己犯错而被老师教导时，往往忽视自己的错误而把所有的原因归咎于老师的"针对行为"，甚至对老师的批评教育怀恨在心，采取极端行为进行打击报复等。

漠视朋友的帮扶之恩。除了父母的养育和老师的教导之恩，朋友更是青少年步入社会不可缺少的情感寄托和生活依靠。朋友不仅仅是锦上添花的举手之劳，更是雪中送炭的患难真情。当下，部分子女在家长的宠溺下长大，以自我为中心，忽视朋友的关心，甚至为了个人利益，采取不诚信、过河拆桥等不道德的手段，丝毫不顾朋友之间的友情。

（3）爱国思想缺失、社会责任感不强

感恩不仅仅是人和人之间的行为，更是一种社会责任的体现。目前部分青少年民族自豪感不强，存在崇洋媚外的现象，爱国主义思想缺失，缺少报效社会及祖国的理想信念，缺少"为中华之崛起而读书"的爱国志向。

（4）不能与自然和谐相处

"绿水青山就是金山银山"。大自然是人类赖以生存的基础，自然为人类的生命提供了物质和资源，人类应心存感恩并与自然和谐共处。然而当下，在传统观念的引导下，不少人依然觉得大自然的奉献是单向的，我们需要接受就可以了。在这样错误观念的引导下，人类对于自然的破坏越来越大，而一些青少年不懂得感恩自然，往往做出破坏自然的行为，如随地乱扔垃圾，向河流中随意倾倒污水等，还有的糟蹋粮食，不能善待动物，甚至出现"虐猫""虐狗"等事件。

2. 感恩教育缺失的原因

（1）家庭教育方面

家庭教育属于主要的教育部分，在家庭的环境中，只有形成良好的教育形式、转变教育思维和思想观念，注重对孩子进行各方面的感恩教育，潜移默化地影响孩子，才能起到良好的感恩教育促进作用。作为农村学校，我校留守学生约占全校学生总数的三分之一，其中单亲家庭的孩子约占十分之一。这些孩子缺少父母的关爱，缺乏良好的家庭教育。而且主要因为在激烈竞争的社会环境中，多数家长都认为学生的学习成绩最为重要，缺乏对学生感恩心理的重视，导致家庭教育过程中缺乏感恩教育的元素。与此同时，多数家长在日常的家庭教育过程中，尚未营造良好的家庭氛围，没有为学生发挥感恩榜样作用，甚至还会出现家庭环境中缺少关怀与关爱的现象，因此难以在家庭环境潜移默化的影响下培养学生的感恩心理和精神。

（2）学校教育方面

近年来，像我们一样的农村学生在实际发展的过程中，受到应试教育理念的影响，学校一直重点关注学生的考试成绩，将提高分数作为主要的教育目的，忽略了学生感恩意识的培养，不能满足素质教育的发展需求。农村中小学在实际的感恩教育工作中，也尚未合理设置相关的专业课程，没有明确设置有关的感恩教育内容，缺乏专业化的教材，难以有效培养学生的感恩意识。与此同时，在具体感恩教育期间，没有制定完善的责任制度，未能明确教师的感恩教育工作责任，导致教育工作流于形式，难以确保感恩教育工作的有效性、高效性开展，对各方面教育工作的有效开展和良好实施都会造成诸多不利影响。

（3）社会方面

社会方面未将感恩教育落到实处。由于我国经济文化迅速发展，社会上出现了许多负面现象，拜金主义、功利主义、自私自利等社会现象层出不穷，许多人做了好事反而被诬陷；也有一些人自私自利，不惜牺牲他人健康获取利益。各大媒体纷纷报道此类事件，对青少年的身心发展产生了不良影响，不利于中学生健康人格的形成。在媒体报道此类恶性事件的时候，没有做到深度挖掘热点背后的教育意义，也没有积极宣传社会正能量，忽视了对中学生应有的感恩教育。

三、感恩教育推进和实施的途径

1. 立足学校　多措并举

（1）遵循三个基本原则，达成五个目标。

感恩教育遵循的三个基本原则：第一，从学生现实生活实际出发，坚持小、近、亲的原则。感恩教育要求每天进步一点点，让全体学生尝到"感恩教育只要跳一跳就能摘到果子"的感觉；第二，感情调动和理性启发相结合的原则。即有创造性的感恩教育活动，对学生晓之以理、动之以情、导之以行、持之以恒，又有感恩规范让学生时时自警、自省、自律；第三，坚持领导、教师、学生共同参与感恩教育的原则。学校领导做感恩教育的示范者，老师做感恩教育的传播者，学生做感恩教育的实践者，共同参与到感恩教育实践活动中，让学生从小学会感恩、懂得感恩，享受感恩的愉悦。

推行感恩教育来教育学生要达成的五个目标：一是感激父母的养育之恩，知道怎样做是孝敬父母；二是感激教师的教育之恩，知道怎样做是尊敬老师；

三是感激他人的关爱之恩，知道怎样做是帮助他人；四是感激祖国的成长之恩，知道怎样做是报效祖国；五是感恩大自然对于我们的馈赠，知道热爱自然、保护自然。

（2）多措并举 推进感恩教育

以师德师风培训为抓手，释放感恩情怀。要想让学生有感恩的心，首先领导要有感恩的理念，教师要有感恩的情操。学校每学期都在师德师风建设中开展《教师群体里怎样做一个好人》《感恩，成就我们的心志、心质》《感恩会心转路宽》《感谢你们——我亲爱的兄弟姐妹》等感恩教育系列主题，对教师进行感恩教育，形成感恩心态；同时开展感恩体会活动，要求教师每年都写出感恩父母、感恩师长、感恩他人、感恩祖国的文章；每年召开师德报告会4次至6次，交流感恩思想，这样一来，老师先有孝情、亲情，再有友情、工作情，才能在学生中释放感恩情怀。

以校园环境建设为抓手，营造底蕴氛围。校园环境的隐形教育会把被动的说服道德教育变为主动的自我道德感化，从而达到每时、每天、每月的道德暗示作用。一所学校的道德教育千万不要忽视环境建设隐形教育的内在爆发力，我校在校园环境建设中设置重要主题之一"感恩板块"，定位"打造感恩的底蕴，构建感恩的校园"为方向，教学楼一楼的走廊文化和餐厅文化设计有感恩父母内容、二楼走廊文化有感恩师长内容、三楼走廊文化有感恩他人内容、四楼走廊文化有感恩祖国内容、五楼走廊文化有感恩大自然内容。广纳感恩源水，整个校园

处处有感恩氛围，突出感恩的氛围，全体教师时时拥有感恩的意识，所有学

生时时刻刻实践感恩的行动。

以校本教材研发为抓手,传承感恩思想。学校从中外经史文化中汲取感恩教育科学的营养,我亲自担任主编,和老师们一起编撰了学校校本感恩系列教材,共8册,每学期一册,每周2课时,安排专职老师上课。教材涉及《三字经》《历代二十四孝图》《弟子规》《道德经》《科学与发明》《感恩故事》《励志故事》《千字文》《论语》《增广贤文》《荀子》《古诗词必背》等内容,按梯度科学地安排教学内容,设置了初一年级以孝敬父母为主,初二年级以尊敬师长、关爱他人为主,初三、初四年级以感恩祖国、感恩自然为主的系列校本课程。感恩课程承载着对感恩教育的传承,让学生感觉到自己的成长离不开父母、离不开教师、离不开同学、离不开祖国,教育学生要有孝敬父母的心、尊敬老师的心、关心同学的心和爱国情怀。

以课堂主渠道为抓手,渗透感恩理念。课堂主渠道主要以语文、思品、音乐、地理等学科为主,恰如其分地渗透辐射感恩教育的内容。

在语文课堂中,最重要的教学目标就是培养学生健全的人格品质,而"孝"和"感恩"作为一个人优良品质的重点,自然是不能忽略的,如初中语文中的《回忆我的母亲》《背影》《我的母亲》《藤野先生》《我的老师》等文章有着鲜明生动的形象,同时凝聚着强烈的思想感情,这时,就要将语文课堂的主渠道作用发挥出来,深度挖掘语文教材中所蕴含的感恩情怀。我们要求语文教师进行详细分析,将生活实际和语文教材内容相结合,深远持久地对学生的品质起积极影响,为学生的精神发展夯实基础。

思政课是促进学生良好品德的形成、帮助学生树立人生观和价值观的课程,和其他课相比之下,它更直接,它直接指向了学生的思想和道德。我们学校是这样做的:一是结合各年级思政课的内容开展感恩教育主题班会,让学生在理论与实践中心系感恩的情怀,健康快乐地成长;二是开展宪法知识竞赛,通过竞赛让学生意识到知法守法也是感恩祖国、感恩社会、感恩父母的一种方式。

音乐课堂上,我们的教师通过让学生学唱感恩歌曲,如《感恩的心》《每当我走过老师窗前》《爱的奉献》《父亲》《母亲》等歌曲,朗诵诗歌《父母爱》《爱》等活动,教育学生在得到爱的同时,还要学会如何去回报爱,给予爱,并感受"生命因为有爱而美好,生活因为有爱而幸福"的人生真谛,做到将感恩教育与艺术熏陶自然融合。

数学课上，我们的教师利用问卷调查、数据统计等活动，用数据说话，让学生真切地感受到父母艰辛的付出，引导孩子感恩父母。

地理、生物课，在课堂教学中，教师们运用多媒体向学生呈现环境破坏情况以及大自然因人类的破坏而引起的灾难，以此使学生在对比中，认识到大自然对于人类的重要性，进而树立起敬畏、感恩大自然的意识。学校要求科任教师利用课余时间，带学生们走进自然，将课堂带进大自然，引导其与大自然亲身接触的过程中，体会到大自然的美好，追寻人类的起源，感悟人与自然的共生、和谐共处的自然法则，感恩大自然的馈赠。

以常项德育活动为抓手，丰富感恩内蕴。学校在每周一举行升旗仪式活动，定期进行尊师长、孝父母、树雄心、尽善心、服务他人的感恩教育系列演讲，每周升旗仪式都要求师生齐唱国歌、师生齐背《弟子规》。学生每天课间操跑完步后，集体唱感恩歌曲、做感恩操——跪羊图，齐声朗读我撰写的对联"做泰山人脚踏实地勇于登攀，感父母恩志存高远事必争先"。从歌唱、口号到肢体语言的交融，使学生产生发自内心的感恩情感与心灵的共鸣。

学校在全校学生中开展爱祖国、爱人民、爱劳动、爱科学、爱社会主义的教育活动，引导他们感受今天的幸福生活来之不易，从而树立正确的世界观、人生观和价值观。学校通过演讲比赛、观看爱国影片、读书报告会等形式，使学生体会到社会对他们的关爱；教育学生从我做起，从身边的小事做起，学会感恩与回馈。如：学生在过马路时自觉遵守交通规则，做一个文明有礼的人，坐公共交通工具时自觉给需要帮助的人让个座，等等，急人所急，助人为乐。学校还组织学生积极参与"学雷锋活动""服务社区活动""青少年志愿者活动""德育基地活动""劳技基地活动""走进烈士陵园""走进科技馆""走进养老院"等活动，激发和增强学生"感恩社会、报答社会、报效祖国"的深厚情感。

学校倡导"三人行，必有我师"，感激同学及他人间的关爱之恩。学校设置了一些互帮互助的活动，让每位学生每天能为身边的同学做一件有意义的事情，给班级做一件有益的事，等等，如帮助值日生打扫卫生，为班级创造一个整洁的环境；对帮助过自己的同学要真诚地道一声"谢谢"；围绕学业提升开展学习"帮帮组"；进行一些互学活动等。还开展了以"同学如手足""牵手同学、共同进步"为主题的作文比赛、演讲比赛等活动,活动掀起了同学之间互帮、互助、互学、互进的热潮,增进了同学之间的友谊,培养了与人和谐相处的能力。

学校在德育社会实践活动中渗透感恩教育。教师利用植树节等活动,带领学生到校园、公园等区域开展植树及护绿系列活动;教师带领学生到我们乡镇所在的泰安饮用水源地上游捡拾垃圾,确保泰城人民饮用水安全;定期带领学生到泰山广场争做宣传泰山、保护泰山小卫士等活动。学生以自己的行为来践行对大自然的感恩,从而形成热爱自然、保护自然的意识,逐渐培养起爱护周边的环境、节约资源、合理利用资源的责任感,让感恩回馈自然成为其一生的习惯。

以节日融合感恩教育为抓手,优化感恩行为。学校结合各个节日,挖掘其感恩元素,开展了以"在感恩中成长"为主题的六个感恩活动。把感恩教育与节日、纪念日进行了有机的融合,让感恩教育深入人心,内化于行。

感恩活动1:三月,学校结合"学雷锋纪念日",组织学生参与"学雷锋,做好事"系列活动,并在学生中评选"小雷锋",在全校组织学雷锋事迹展。学校开展"感恩社会,我为清洁工作献份力"学雷锋主题活动。我们组织学

生到乡敬老院进行义务清扫，为孤寡老人洗衣服、打扫房间，激发了学生的奉献意识、服务意识；带领学生到学校所在乡驻地街道义务清理环境卫生，消灭白色垃圾，还社会一个干净整洁的生活空间，让学生明白"一屋不扫，何以扫天下"的道理。引导孩子们用自己的行动，践行自己的报恩之举。

感恩活动2：四月，学校结合"清明节"，指导学生开展"缅怀先烈，回报祖国"系列活动。学生们忆古追思，学生看爱国影片、读革命烈士的诗歌书籍等，以各种形式缅怀先烈，珍惜今天，励志奋发。学校组织"感恩时代，缅怀先烈"的祭扫烈士墓活动，我们与景区关工委联系，分批次组织学生走出大山，到泰安烈士陵园进行清扫烈士墓活动，并参观革命烈士博物馆。在活动中，学生倾听校外辅导员讲述烈士的英勇故事，让同学们感受烈士们的英勇壮举，体会到今天幸福生活的来之不易，意识到只有自己努力学习，才能回报先烈，回报祖国。

感恩活动3：五月和六月，学校结合西方节日——父亲节和母亲节，开展了"感恩母亲""感恩父亲"系列活动，回报父母养育之恩。我们引导学生对父母说一句感恩的话，用行动为父母做一件事等，通过系列活动引导学生用行动感恩父母、回报父母。学校的感恩父母教育并不仅仅停留在父亲节和母亲节期间，而是由父亲节、母亲节扩展到感恩父母日常化，空闲里为父母多做点事，对父母多说知心话，为父母过生日，给父母送礼物，为父母揉揉腰、捶捶背、洗洗脚；我们还引导学生从小事做起，如每天帮家长干一件力所能及的家务活，帮父母做饭、洗衣等，减轻家长的负担；参加力所能及

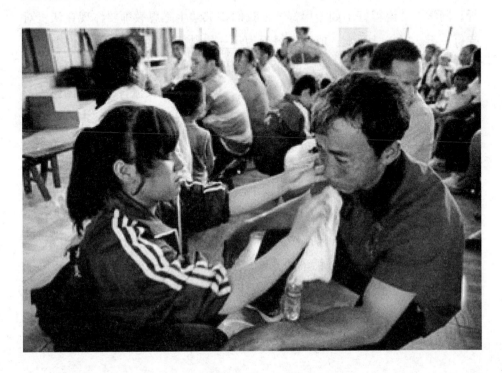

的农村劳动，春种秋收，搭把手，同甘苦。让学生体会和感激父母培育自己的艰辛和不易，弘扬孝顺父母、报答父母的传统美德。

感恩活动4：九月，学校开展了"老师，谢谢您"系列活动，感激老师的教诲之恩。在教师节期间，自选"八个一"（写一封信，谈一次心，做一张贺卡，献一束鲜花，提一个建议，表一个决心，送一句话，写一首诗歌等）来表达对老师的感激之情；学校引导孩子们用自己的双手，制作贺卡，向老师们表达节日的祝福，回报老师的辛勤耕耘；学校组织开展"老师，我想对你说"征文活动，学生们以信件体、散文体、诗歌体等多种体裁向教师吐露心声，至今已累计征文560余篇、贺卡1000余张，学生用真切的语言和生动的画面表达了对老师的感激和热爱，激发了学生尊师敬师的感恩情感。

我们还由教师节的感恩活动延伸并丰富了感恩教师教育活动的内容，拓展了对学生培养的纵深。如我们在全校开展了申报"尊师重教"示范班的活动，要求"尊师重教"班级所有学生讲"十字"文明用语，结合学校推进的"文明教育"，要求学生遇到老师自觉向老师问好，标准语言是"老师早""老师好"，声音洪亮。遇见年长者（不管是校内职工、还是校外来校办事人员）自觉问好，标准语言是"您早""您好"，声音洪亮，然后逐步推广到全校所有班级、所有同学。"说得好不如做得好"，我们要求学生感恩教师要体现在认真对待每一天、对待学习上。值日生每天为每一位科任教师倒一杯水，课上要认真听讲、讨论、记笔记；课后自觉完成科任教师布置的家庭作业，保质保量；每周与教师进行一次深入交流，交流思想、交流学习、交流青春期的困惑等。

学校组织的感恩教师系列教育活动，以外在的活动转化为学生内在健康成长的促进剂，实现学校教育最终的育人目的。

感恩活动5：十月，学校开展"我爱你，中国"国庆献礼系列活动。在国庆节期间，学校组织了"感恩祖国书画大赛"、国庆读书征文、墙报评比等活动，学生描绘出对祖国大好山河的热爱、书写出对祖国母亲的感激，7年来已累计优秀绘画作品200余幅、优秀书法作品50余幅、优秀征文150余篇、优秀墙报32版，通过此项活动的开展，培养了学生感恩祖国的情怀，激励了他们励志成才，将来为祖国添砖加瓦、建设美好家园。

感恩活动6：每年的十二月，学校还开展了"感恩月"主题系列活动，让学生在感恩活动中不断成长。最重要的是组织了年度感恩系列活动各项评比总结，学校专门增设了"感恩少年"的评比活动，通过家长推荐、学生评议、学校审核，在各班推选出懂得感恩父母、帮助同学、尊重老师的"感恩少年"。并在此基础上，择优推选出全校的"十大感恩少年"。在学校每年的"感恩月"活动中，邀请家长一起参与校园"十大感恩少年"颁奖典礼。通过仪式，触动孩子们的心灵；通过榜样，为孩子们树立了感恩的标杆。在每年的毕业季，学校还在毕业生中开展"感恩母校，争当感恩少年"活动，引导毕业班的学生把自己用过的书籍捐赠给学校其他年级的班级图书角，方便学弟学妹们阅读。通过一系列感恩活动，在校园中营造了浓厚的感恩校园文化氛围。

2. 家校共建　协同推进

教育包括学校教育和家庭教育，家庭教育是极其重要的一部分。卡罗·格斯维克曾经说过："父母的认知对于孩子的成长与发展起着纵向作用。"对此，要想在学生阶段有效地实现感恩教育，需要在家校合作下，既要发挥学校的教育作用，又要发挥家庭教育作用。我们结合学校的两大驱动力之一——"家校共建"推动了此项工作。

首先，教育家长转变教育观念，重视感恩教育。

现如今，孩子的成绩仿佛成了家庭中最重要的事情，正如前一段热播的一部电视剧《小欢喜》，就形象生动地演绎了当代父母认为成绩高于一切的不理性现象。父母正确的做法应该是在注重子女成绩提高的同时，更要花时间培养学生的道德品质。我们学校安排教师利用家访或班会的时间向家长讲述有关德育、感恩教育等内容，同时邀请一些家长分享其孩子感恩的故事，也聘请了有这方面教育经验的专家在学校"名家大讲堂"给家长上课，及时向他们渗透"感恩教育"，以此帮助我们这些农村家长树立感恩教育的意识。

其次，倡导家长自觉提升自身素质，树立感恩榜样，对学生进行道德家庭教育。

家长在待人接物方面的表现、平时的言谈举止，都会影响孩子的为人处世。家长用仁爱之心对待家庭成员，是每一个人应该具备的素养，更是我们应当弘扬的中华传统美德。若家庭成员因小事而斤斤计较，孩子必会染上戾气；若家庭内部和谐，成员之间多关注他人的闪光点，互相感恩他人的付出，孩子必会心存善念，珍视家庭成员对自己的付出。我们积极倡导我们的学生家长可以在生活中展现出自身的美德，如扶老人过马路、给弱势群体让座、与邻里处好关系等好的行为；我们倡导家长以身示范，传递正能量，做到"勿以恶小而为之，勿以善小而不为"；试想如果家长经常回家看望父母、孝顺自己的长辈、亲近老人，平时关心老人的衣食住行，在日常生活中积极践行仁义与孝道，那么子女就会在潜移默化中认为对待长辈就该这样，反之，则会形成错误的示范。

此外，在开展感恩教育家校共建活动中，每逢节假日，学校都给学生布置一些"感恩"作业，要求家长监督指导学生完成，将感恩对象由身边的亲人、朋友、师长扩大到社会、环境等，引导学生用自己的方式来表达感恩之情。每个月月底，学校可以通过家长上交的"儿女成长评价表"了解学生在家里的表现，然后在班级里进行分享，及时对表现突出的学生进行表扬，从而鼓励更多的学生投入感恩行动中。

3. 呼吁社会　营造氛围

孩子的成长过程中有很长一段时间自控能力是很薄弱的，只依靠学校教育和家庭教育是远远不够的，更需要全社会用正能量来引导孩子们的成长，使其不致迷失方向。因此，教育是全社会的共同责任，社会有责任为孩子们的成长营造一个良好的环境。这种大环境的建立是为了我们每个人的未来、每个家庭的未来及我们国家民族的未来在尽责尽力。环境是无声的教育，但对学生起着潜移默化的作用。所以，要在整个社会构建起一种知恩图报的社会风气，用大环境教育孩子将他人的恩惠铭记在心，增强责任感；培养学生要有一颗感恩之心，懂得怜悯，懂得尊重，懂得承担责任，与人为善，孝顺父母，尊敬长辈，善待自然界中的一草一木。我们相信良好的社会风气就像一盏引路灯，会引领学生朝着真善美、朝着光明健康成长。

此外，呼吁社会各界应积极参与，建立家校、社会各团体等感恩教育的立体规范网络，签订责任书，为学生搭建践行感恩教育的平台，鼓励学生参加各项公益活动，增强学生的服务意识和社会责任感，"赠人玫瑰，手有余香"，教育学生要学会服务他人、服务社会，做一名对未来社会有用的人才。

感恩也是一种励志，感恩是一种对外积极的正能量的反馈，是一种内在正向的动力！

我们学校把"感恩教育"作为德育教育的重要内容和切入点，精心培育"感恩文化"，多措并举，探索推进了一系列感恩教育活动，让学生知恩图报，不忘国之恩、党之恩、社会之恩、自然之恩、老师之恩、养育之恩、知遇之恩、提携之恩、帮扶之恩……让学生懂得"感恩"就是让他们懂得"是谁使他们怦然心动，是谁使他们泪流满面，是怎样一个故事让他们永世难忘"。让学生懂得"感恩"就是让他们懂得奉献与索取、施惠与受惠之间的辩证关系；让学生懂得"感恩"就是让他们把握"在雨天不断为他人递伞，将来也不遭雨淋"的做人道理；让学生知晓"感恩"就是知晓"赠人玫瑰，手有余香"的处世哲学；让学生领悟"感恩"就是领悟"只有心怀感恩，才能滋润生命"的人生真谛。我们的学生因为懂得了感恩，为回馈父母、教师、祖国而奋斗有方向、人生有力量。有人说"感恩也是一种励志"，感恩于心，立志成才。我校在培养学生成人的同时，还激发了学生积极自我发展的动力，这应当是我们推进感恩教育的目的所在。

一个不懂得感恩的民族，是没有希望的民族。只要人人怀有感恩之心，处处心生感激之情，人与人之间的距离才会拉近，世界也因此多一分阳光，少一点冷漠。这样也会使得我们所处的社会更文明，人与人之间的关系更融洽。

第三节　励志教育

一、对励志教育的理解认识

励志之"励"，是激励、勉励，是激发和启示之意。德国教育家第斯多惠说过："教学艺术的本质不在于传授本领，而在于唤醒、激励和鼓舞。"说明能在教育教学中进行以"激励和鼓舞"的励志教育是必不可少的。励志之"志"，是志向、意向，奋发向上的心志。"励志"两个字综合起来可以简单地理解为：激发奋发向上的心志。

从专业研究方面来看，励志教育是运用心理学、成功学原理和自我效能理论，通过系统、科学的教育，唤起学生的自主意识和成就动机，从而培养学生对自我人生进行规划和对自我进行管理的能力，并能较为系统全面地培养学生的成功品质、激发学生潜能中的自我教育。

励志教育是以激励教育为手段的思想教育，它更注重的是基于科学发展观的思想意识教育，是信念教育和挫折教育相结合的教育。

我国自古重视励志教育，并以励志教育带动自我的人生奋斗目标，如"有志者事竟成""天行健，君子以自强不息""博观而约取，厚积而薄发""学如逆水行舟，不进则退""志不强者智不达"等，都在警示世人要心有理想、志存高远、坚持不懈，这正是目标意识所起到的重要作用。

在当代社会，励志教育能够激发学生的潜能，调动学生的内在动力，帮助他们明辨是非曲直，并有助于其树立积极向上、健康正确的人生观。

2018年，习近平总书记在全国教育大会上强调，要在"培养奋斗精神上下功夫，教育引导学生树立高远志向，历练敢于担当、不懈奋斗的精神，具有勇于奋斗的精神状态、乐观向上的人生态度，做到刚健有为、自强不息"。

因此，在新时代的中国，励志教育也是道德教育的核心，励志教育是激励学生发挥主观能动性由内向外成长的道德教育，励志教育的终极目标就是立德树人，用弘扬正能量的方法获得精神助力，在珍爱生命、尊重生命中感悟生命的意义和价值，帮助其成人成才；在热心公益、助人为乐、乐于奉献的社会中，体悟生命存在的意义；通过弘扬正能量，唤醒内在驱动力，让人学会依靠自己的力量茁壮成长，塑造自己精彩的人生。

二、实施励志教育的必要性

1. 学生现状令人担忧

我校是初中，而初中阶段是学生从稚嫩逐渐走向成熟的一个过渡阶段，不管是在心理上或是在情绪上都处在一个非常多变的发展时期，在这个过程中，学生的心理情绪波动大，青春期容易出现很多负面心理问题，负面心理问题影响初中生的健康发展。目前，国内由于初中生心理疾病问题而引发的悲惨事件屡屡发生，学生的心理问题日益受到教师、家长的重视。初中生的励志教育，是教师和学校对学生心理疏导的一个重要环节。因此，教师和学校重视励志教育，注重学生的心理养成，有助于培养学生的健全人格，发挥励志教育的最大功能。

我校处在山区，随着市场经济的不断发展，人们的生活水平逐渐在提高，但同时也加剧了我们山区和城市生活水平之间的差距。在校学生都是 2000 年后出生的学生，多半是独生子女，因为出生在山区，经济基础差、学生眼界窄等因素，导致部分学生产生了自卑心理，学生的明确志向缺乏与学习动力弱等问题普遍存在，相当一部分学生不喜欢读书，希望早日打工挣钱。受家庭以及生活环境的影响，他们不但责任意识淡薄，非常随意任性，而且很少认识到自己的言行举止跟身边的环境都是息息相关的，更没认识到自己的现在和将来应承担的振兴中华民族的重大责任。在当今信息时代影响下，学生的人生观、价值观偏离了正确的轨道，他们虽然在学校接受的是"素质教育"，但是在社会上接受的是金钱至上的"拜金教育"，在家中接受的则是饭来张口、衣来伸手的"享乐教育"。因此，越来越多的学生受到损人利己思想的影响，漠视他人，任性自私，胸无大志，安于享乐。

2. 家长对学生未来规划认识片面

改革开放以来，我国社会经济发生巨大变化，新农村建设及义务教育经费保障机制改革的推行，使农村学生面临更多的机遇与挑战。随着社会的快速发展，人们对生活水平的要求越来越高，为了追求更好的生活质量，我们山区的学生家长们为了生活奔波忙碌，家长们很少有时间与孩子进行沟通，他们认为把孩子送到学校，有吃有穿，就已尽全部之责，加之自身文化素养较低，更容易对孩子造成教育缺失。

由于受社会复杂环境的影响，还有的学生家长认为上学与不上学差别不大，只要有关系、有门路就能挣钱、致富，因此，扭曲的价值取向也影响到很多学生不能静下心来努力学习。除此之外，还有部分家长观念陈旧，认为考上大学也不分配工作，大学毕业就是失业，还不如早就业、早赚钱，及早减轻家庭压力。如此一来，家长不能帮助学生、不能引导学生确立未来的发展规划。

未来规划是未来的引领，如果不能够有清晰科学的未来规划，就不能让学生明确自身的兴趣、未来的发展方向，不能明确近期目标与长远目标，以激发其内在驱动力，进而不能引导学生树立正确的人生观和价值观、树立远大理想。

3. 学校办学理念相对落后

就目前我国初中学校现状来看，只有少部分学校开展励志教育。国家重视学生的励志教育，但在应试教育的对比下，无论是家长还是教师都要更倾向于应试教育，致力于让学生用成绩说话，这种行为对初中生的心理养成是十分不利的。现如今，播放相关教育视频，试图通过最简单、最省时的方式来达到励志教育的目标。

我担任初中校长前，类似于我们这样的山区学校由于整体办学理念相对落后，所以对学生的培养往往只局限于学习成绩的提高。教师受应试教育思想的影响，过分强调科学文化知识的学习，对学生道德价值观的教育、理想志向的培养缺乏足够的重视，也缺乏切实可行的教育内容和有效的教育方法。大部分教师重视学生的智力开发，忽视学生兴趣、志向等非智力因素的培养，影响了学生整体素质的提高。而励志教育也相应开展的较少，其中为数不多的励志教育也多是以鼓励学生考高分、升入重点高中为目的，进而对学生只重学业目标而轻品性的养成，更没有长远的发展规划指导。同时，由于山区学校音乐、美术、心理教师等严重不足，学生的个人兴趣爱好不能得到充分挖掘，所以除文化课之外的素质教育很少，也导致了学生厌学思想比较严重。

学生是国家的未来，民族的希望，学生能否成长、成才关乎国家存亡、民族兴衰。但目前学生的现状、家长的缺失、学校教育的不足等等，在一定程度上也造成现代山区教育中学生综合素质不高的现象。学生对未来前途担忧，又缺乏明确的志向，学习上倦怠消极，心理问题日益突出。因此，缺失励志教育，不利于学生全面健康发展。

三、实施励志教育的意义

1. 有利于学生身心健康发展

初中阶段是人生观、价值观形成的重要时期，对学生今后的发展具有奠基的重要作用。中国新时代的"00 后"初中学生有一些表现出崇尚追求享受丰富的物质生活，而对理想、道德、信念等方面却比较看轻的现象，这给学生的成长带来了显著负面影响，造成了他们不能逐步树立坚定的理想信念、综合素质缺乏、吃苦精神不足、心理健康水平偏低等问题，这些都严重影响了学生的健康成长。在初中阶段对学生实施励志教育，能对学生的心理产生有效的影响，使学生建立更积极的心理意识，有助于激发学生的内心动力，促进学生坚韧意志力的形成及抗挫折力的提高，对学生今后身心的健康发展具有重要的作用。

2. 有助于学生确立理想目标

初中阶段的学生，大部分由于本身阅历不足，思想不够成熟，在学习和生活上遇到一些问题时会显得比较迷茫，他们在整个学习的过程中是处于一种彷徨的状态，缺乏目标和理想的支撑，没有了明确的目标以及合理的规划，往往会盲目从众、随波逐流，从而浪费了自己的时间和精力，导致大好青春年华被浪费。

为了能够帮助学生树立正确的理想信念，学校可以通过励志教育教学活动，来帮助学生解决一些实际问题。简单来说，励志教育就是从心理和哲学等方面帮助孩子们解决一些生活当中所遇到的问题，并且提醒孩子们，自己的未来之路是怎样的，从而使得他们梳理好明确的目标，朝着这个目标和方向努力。如此一来，才能够使得他们在极大程度上提高自身的独立思考能力和社会责任感。

众所周知，学习是需要具有强大的意志力的，否则就很容易知难而退，学生人生目标确定了，这个时候励志教育就会发挥相应的作用，引导着孩子们坚持自己的理想，并为之努力奋斗。在教育教学中，在整个课堂教学的过程中，学生是主体，因此，外界对他们的要求和期望只能起到一种激励作用。如果让他们从自己的内心深处认识到这些目标的重要性，他们就会不断地激励自己，超越自己，从而在人生的每一个转折点都能够有所成功。在开展励志教育的过程中，老师应该通过各种方式的教育活动来帮助孩子们认识到，要想达到自己的理想，应该付出怎样的努力。这样才能够在最大程度上激发孩子们的主观能动性，使得他们朝着自己的理想努力奋斗。

学习是一项终身事业，在初中时期，很少有学生可以认识到学习的重要性，很多学生都是迫于家庭或者社会的压力来学习，且学生很多时候都是被动的。这样的学习状态就会导致学习的效率不佳，容易出现半途而废的情况。此时，教师可以利用励志教育活动来引导学生，使其明确要想实现个人的价值，就必须不断超越自我，砥砺自我，以此来实现每一个人生阶段的蜕变；另外，励志教育最重要的一方面就是信念教育，通过励志教育，教师可以帮助学生在心中树立一个正确的信念，而信念是具有强大力量的，它能激发学生学习的激情，促使学生发挥出主观能动性，为了自己的信念而进行自主学习。学生在自主学习中通过提升自身的自主学习意识和能力，形成终身学习的能力，为其今后的长远发展打下良好的基础。

3. 有利于提升课堂的教育教学质量

有利于课堂管理和教学。由于初中时期的学生正处于叛逆期，有着自己的主见，而结合励志教育，却能够在一定程度上控制课堂的气氛，让学生能够遵守纪律，保证教学质量。

能够促进"以学生为本"思想的实施。结合新课程的教育目标，要求教师开展励志教育，是当下以学生为主的教育思想的落实，强调对学生个性学习、能力培养、品德等的塑造，引导学生树立正确的价值观。于是，在教育过程中有效地开展励志教育，加强教学的改革以及创新，活用励志手段，既能照顾学生的情绪以及自尊心，又能引导学生更好地学习，从而减少当下班级中出现的问题，有效地拉近不同层次学生之间的距离，让学生能够更好地朝着自己的目标努力，使学生在教育过程中得到提高。

有效营造良好的课堂氛围。教师要加强初中课程教学的改革以及创新，结合励志教育进行教学，深入挖掘教学中的励志文化，激发学生的内在潜力，从而营造一个良好的学习氛围，有效地促使学生在课堂中更加主动地去学习知识，极大地提高教学效率，让学生取得更大的进步。不仅如此，利用励志教育，引导学生围绕教学目标来进行讨论，加强教学的创新，能有效推动教学的改革，让学生学习主体的作用更加突出，有效提高当下教育的质量，从而让教师更好地针对学生的学习来进行改进，促进学生对知识的学习，有效提高教师的教学能力，让教师在教学中更好地为学生着想，以此来提高课程的教学质量。

四、实施励志教育途径

1. 为学生创立一个励志教育的环境

学校在不断完善校园文化建设中，融入励志文化元素，让励志文化成为师生的精神食粮之一，使校园焕发持续发展的生命力。

一是在学校建立全员励志教育体系。全校范围内建立完善的励志教育体系，鼓励更多的教师参与到学生的励志教育工作中来，教师从自身做起，为学生树立正确的榜样，开展有针对性的励志教育，比如说我们安排各个班级中的学科负责人需要及时了解学生的具体情况，如学习、生活、家庭等等。从学生的需求角度出发开展德育与励志教学工作，再由班主任教师统筹规划，与各科教师开展密切的合作，群策群力，共同制订适用于全体学生的励志教育计划，推动全体学生共同进步。

二是营造励志育人校园环境。学校坚持"环境育人"理念，努力让学校的建筑场馆、广场、园林及人文景观的设计散发出励志文化的内涵，如我们在学校花坛内的泰山石上刻有"山高我为峰，原阔任驰骋""博""勤""攀登""会当凌绝顶，一览众山小"等励志的字句，校门口用金属镶嵌在墙上的"勇于攀登"的校训让学生在进出校门之时为之振奋，学校"方正广场"上设置有"自强不息，厚德载物""少年中国说"励志景观墙等，使师生在潜移默化中受到励志教育的感染与熏陶。

三是营造励志育人文化氛围。学校利用宣传栏、墙报、校园广播等平台宣传励志教育和各类先进典型，如：钢铁英雄——"保尔"，身残志坚——张海迪，励志青年——刘伟，背母上学——刘秀祥等，使师生在耳濡目染中

受到教育，内化于心，从而产生并保持积极进取的动力。

　　四是加强班级励志文化建设。学校制订《班级励志文化建设实施方案》，结合学校"星卡激励工程"和其他教育活动，在各年级设立"光荣榜"宣传栏和年级"每周之星"，班级评选"每周之星"，教室内张贴励志名言标语、设置励志学习园地，激励学生奋发向上、充满斗志。

五是营造良好的励志教育课堂氛围。对于初中阶段的学生而言，所开展的励志教育最关键的问题在于要让学生善于倾听，并且积极主动地接受引导。因此，我们结合学校开展的"高效课堂六步教学法"课堂改革，让我们教师在开展教学工作时，结合初中学生的个性特点，为其选择好的励志教育案例，从而更好地让学生体会到励志教育对自身的积极影响。要求教师还需要从日常生活出发，为学生营造出和谐的励志教育课堂氛围，最大限度集中学生的注意力，保证学生可以从励志教育中受到很好的启发，为自身未来的发展奠定坚实的基础。

六是加强网络励志文化宣传。学校在公众号、网站开设《励志教育》专栏，加强对榜样的宣传报道，并充分挖掘励志题材，及时报道励志教育活动。

2. 结合挫折教育，渗透励志教育

挫折教育是指在教学中通过学生遭受挫折的过程，激发学生潜能，强化学习效果，增强学生耐挫折能力的教育。挫折教育在现阶段学生心理承受能力日益下降的情况下是非常必要的。而通过将挫折教育与励志教育进行有效的整合，不仅能增强挫折教育与励志教育的教育效果，使学生清楚地认识到面对挫折时应持有的正确态度，更使学生在遭受挫折时，受到励志教育的鼓励，从而树立不退缩、不言败的信念，有效地培养坚忍不拔的意志和超强的抗压能力，为其今后的发展奠定良好的心理基础。

对于初中学生而言，他们遇到的挫折大都是在生活以及学习中遇到的问题、困难。比如说在学习中，考试成绩不太理想、上课开小差被教师批评教育；在生活中与家人或者是同学相处的过程中发生矛盾与争吵等。这些挫折对于身心发展还不太稳定的初中学生来说是一种不小的打击。

如何做好变挫折为激励呢？我们要求教师做到：

首先，教师需要及时了解学生的心理动态，引导学生正确认识挫折，缓解学生的心理问题，进而提升应对挫折的能力。

其次，学生在经历过挫折教育之后，教师们需要加强对学生克服挫折、提升自身意志品质等相关能力的培养，从而保证学生在下一次遇到挫折时能够勇敢面对，做到"屡败屡战"，并且主动去战胜挫折，获取最终的成功。

最后，结合挫折教育，帮助学生树立起正确的自我管理意识，引导学生在每次经历挫折之后发掘自身的优点以及存在的不足之处，及时加以改进，

从而在将来面对其他的困难与挑战时，可以用更加自信与乐观的心态去面对，实现自我超越。

3. 构建励志课程体系，增强励志实效

课程是实现育人目标的重要载体。我们学校积极改革课程育人路径，结合学校三大工程之一的"课程选修工程"，开发了丰富多彩、体系完整的励志课程，使教育教学与学生的成长相互贯穿、相互渗透，取得了良好的育人效果。

一是以先辈创业和杰出人物奋发苦读、自强成才的事迹为素材，编写系列校本励志教材，如《自强不息，追求卓越》《励志人物读本》《赤足》《励志演讲汇编》等，对学生进行传统美德、意志品格、立志成才方面的教育。

二是按照学校励志教育校本课程框架和标准，开设励志班会课和励志心理课，对学生进行爱国主义教育、社会主义核心价值观教育、习惯养成教育，培养学生自立自强的态度和积极乐观的心态。

三是推行"6+1"（"6"指"导、学、作、展、点、测"，即导学、自学、合作探究、展示、点拨、诊断，"1"指学案）式励志课堂。在这样的课堂上，以学生为主体，充分发挥学生的学习主动性，激发学生的内驱力，培养学生的自主学习能力。

四是励志教育与学科教学相结合。因为任何一个学科在传授知识的同时，都担负着培养健全人格的责任。德国著名的民主教育家第斯多惠曾说："教育的艺术不在于传授的本领，而在于激励、唤醒和鼓舞。"例如，我们的教师在语文课堂中开展以"我的梦想"为主题的作文大赛或演讲比赛，学生通过畅想和描述未来，对人生做了清晰的规划。此外，每个数学或物理公式的背后都藏着一个个励志故事；每项生物或化学研究结论的得出，都在书写一个个勤奋刻苦的人生经历；各学科的教师挖掘教材的背后的人物资料，结合学科特点，在课堂上恰如其分地植入励志教育，既传道授业，又把励志教育融入课堂，激发了学生的学习兴趣和动力，润物无声。

4. 开展励志主题实践活动，塑造学生品质

活动是促使学生养成良好品德的有效途径。为此，学校精心组织了主题化、生活化、富有创意和激情的系列励志活动，培养学生刻苦学习、勤奋拼搏、自强不息、追求卓越的品质；使学生的思想感情得到熏陶、精神生活得到充实、

道德修养得到提升。

（1）利用综合性学习推进励志教育

开展励志讲堂活动。借助学校"开放教育"活动中的"名家大讲堂"，安排教师、励志达人、优秀学生等，通过讲座、访谈、演讲等形式，帮助学生树立远大的人生目标，制订清晰的人生规划，如语文教师从优秀的文学作品中挖掘励志精神，他们从高尔基的《童年》《在人间》《我的大学》、奥斯特洛夫斯基的《钢铁是怎样炼成的》、海明威的《老人与海》、路遥的《平凡的世界》等中外优秀作品中引导学生学会面对生活困顿、艰苦的环境、人生的抉择，从而坚定方向、勇毅前行、百炼成钢；邀请励志达人、优秀青年等通过讲述自己真实的故事，以自身成长和创业经历等，启迪学生们在求学、打工、兼职、奋进的路上，一路打拼一路歌，以积极乐观的心态迎接挑战；组织校内优秀学生通过自身励志演讲，激励身边的小同伴，向阳而生，努力奔跑。

开励志班会，讲励志故事，观看励志视频。教师布置学生每学期学习任务，收集古今中外励志故事，观看励志视频如《觉醒时代》《青年毛泽东》《摔跤吧，爸爸》等，利用主题班会，通过演讲讨论交流，在名人故事中让学生汲取精神营养，弥补精神空缺。

感恩系列活动融入励志教育。感恩也是一种励志，感恩是一种对外积极正能量的反馈，是一种内在正向的动力！前面第二节中所述：学校探索推进了一系列感恩教育活动，让学生知恩图报，不忘国之恩、党之恩、社会之恩……让学生懂得努力成长，回馈社会；让学生懂得立志高远，才能展翅高翔。

开展劳动实践活动，渗透励志教育。学校在推进"五育并举"工作中，对于劳动教育有系统的设计，在后面章节中将有具体介绍，这里主要分享我们结合劳动教育渗透励志教育。如我们在每年的6月麦收时节，组织学生到劳动基地去体验平原地区农民群众的麦收过程。学生们在烈日下收割麦子，晾晒脱粒，烘干磨粉，和面蒸馒头。学生们从收获麦粒到麦粒变成餐桌上食物入口的过程中，一方面体验到"粒粒皆辛苦"的艰辛，另一方面由衷地产生对粮食的珍惜和对劳动人民的尊重之情。此外，很多学生面对劳作的艰辛，产生了如何研发科学、便捷的机器来减轻农民劳动强度的想法。劳动体验让他们树立起了努力学习、用科技改变未来的理想信念。

开展丰富多彩的社团活动。我们学校在全年之中，组织了各种社团活动，艺术节展演，还举行了各类才艺大赛，让拥有不同兴趣爱好的学生都有施展才华的舞台，让每一个学生都能找到自身的价值，增强学生的获得感、成功感和幸福感，由此，学生渐生信心，面对未来，心中有方向，行动有力量。

（2）利用歌曲激励

音乐具有对人的道德、精神、情操、行为直接或间接的影响的功能。而音乐对人的影响，在不同的时代，又会有不同的表现方式。在和平年代，音乐更多的是以娱乐的形式，表现出对人的道德、精神、情操的潜移默化作用；而在战争年代，在民族安危、国家存亡的时刻，音乐会以号角式的呼唤，鼓舞人心且直接作用于人的精神。

作为优秀音乐的一个重要组成部分，励志歌曲具有极大的教化人、鼓舞人、成就人的教育价值。所以我们学校选择一些优秀的正能量励志歌曲教唱、传唱，让学生在优秀正能量音乐的教化、感化下树立正确的世界观、人生观、价值观，用优秀音乐的正能量鼓舞士气，成就梦想。

而我们所提倡的正能量励志歌曲就是那些向上的、积极的、健康的、能够催人奋进的、给人力量的、充满希望的歌曲，像《从头再来》之类，就宣扬了一种挫折面前不低头，失败之后不丧气，心在梦就在，不惧风雨，从头再来的精神，歌词鼓舞斗志，旋律振奋人心。正能量励志歌曲通过音乐载体，激励着我们不畏眼前的挫折，互相鼓励，共同奋斗，坚信着前方注定光明。

学校选唱的正能量励志歌曲包括《水手》《相信自己》《爱拼才会赢》等自我激励、积极向上的歌曲，这类歌曲曲调激昂，内容励志，鼓舞士气，催人奋发；还包括像《感恩的心》《烛光里的妈妈》《爱的奉献》等以感恩奉献为主题的歌曲，这类歌曲立身正心，感染力强，教人感恩，倡导奉献；还包括《歌唱祖国》《精忠报国》《五星红旗》等爱国主义歌曲，这类歌曲具有热烈的爱国主义情怀，能够激发国人强烈的民族自豪感和自信心。

我们学校安排课间循环播放，音乐课上集体学唱，艺术节期间组织歌唱比赛等。这些正能量励志歌曲很好地体现着社会主义核心价值观，学生在传唱中，对他们健康成长起到了潜移默化、春风化雨的良好功效。

（3）开展励志军训

军训是最直接的励志教育，是学校对新生开展励志教育的重要一课，能够综合培养学生的国防意识、纪律意识、团队意识和吃苦耐劳精神，当前多数学校都在安排这一教育活动，可见其教育意义之重，我们学校于2013年秋季开始推进这一教育活动。

我们学校的军训最初源于跟驻地某特战大队的军民共建活动，共建活动中，同学们对军营生活充满憧憬、尊重和向往。部队严格的训练、高强度的对抗演习展示、飒爽的英姿、威武的阵容，都让我们学生肃然起敬。而我们学校推进的励志教育恰恰需要注入这样一种军人的精神，于是我们在2013年10月启动第一次全校军训，由驻地特战大队的军人进行军训，至今已举办9期，除第1期是全校学生参加外，其他8期是安排对初一新生进行军训，在新生入校后第一周内完成。

学生在教官的带领下，从军人的标准站姿、坐姿、列队、行走等方面进行了系统的训练。同学们用自己的忍耐与坚持，一点点地诠释着作为军人应有的素质；那一滴滴晶莹的汗水，见证着他们从柔弱走向坚毅，勇于挑战，学会团结，军装上那抹绿因他们而更鲜艳。

在短短的一周里，大津口中学初一的同学们不怕苦、不怕累，以军人为榜样，对自己严格要求，磨炼意志，锻炼体魄。他们皮肤变黑了，站姿挺拔了，眼神也坚定了。他们变得更加精神了，变得更加有礼貌了，变得更加关爱集体了。在结业典礼上，同学们的表现得到了全体家长的一致好评。

"宝剑锋从磨砺出，梅花香自苦寒来。"课本教会他们道理，军训却带来了最珍贵的实践。他们学会了节约、团结、感恩、坚强和勇敢，在今后的日子里必如宝剑傲骨铮铮，亦如寒梅香远益清！（附录1：《大津口中学2019年军训方案》）

（4）开展励志跑操和长跑比赛

开展体育锻炼，是能够直观检验学生励志教育成果的主题活动之一。在提升学生身体素质的基础上，还能够培养学生坚持不懈的良好意志品质，正如孟子所说的"劳其筋骨，苦其心志"，体育锻炼使得学生能够直观地感受到励志教育对于自身的积极影响。

我们学校的运动操场至今依然是土质操场，如果全校12个班全部在这样的操场上集体跑操，那将会尘土飞扬，不利于呼吸健康。经过学校考察、研究，决定初四毕业班学生在学校原操场跑操，集中训练与中考相关的体育科目；初一至初三8个班的学生在全体老师的陪护下，利用校外一段3千米左右的水泥生产山路作为我们的集体跑操场地。这段山路只有在秋季收获季节才有车辆，平常基本闲置。同时，我们跑操时间是上午的9：40至10：30，这个时间段正好跟早上上班往来人员的时间错开了，这段路畅通安全，加上全体教师跟班保护，安全可行。

这段山路是环形的且高低起伏较大，去时是一路上坡，折返点后是一路下坡。上坡时容易让人气短乏力，考验人的耐力、毅力和韧劲，考验一个团队的感召力和战斗力；下坡则如"顺风行船"轻松畅快。跑操中让学生体会到将来在面对未来的人生也会是这样，人生不可能一帆风顺，而是有起有伏；奋斗时像爬坡一样的艰辛与努力，奋斗后的成功正如下坡一样的轻松与畅快，人生没有付出，哪有收获？

准备阶段：下楼（上课时，学生在班里行走至教学楼下）——小慢跑至楼前方正广场的指定地点——仰天读（带朗读材料，个人先到先读，人齐齐读；注意站立姿态和举臂动作，3—5分钟）——成方阵队形站立（先整理鞋带，仪容仪表）。

跑操阶段（先用口令及哨声规整队伍）：励志跑操（约25分钟，注重方阵紧凑、排面整齐；强化励志口号，口号洪亮、士气高昂；相互激励、不准掉队）——整理运动（跑完后回到班级方阵集结位置，原地踏步，约2分钟）。

学校集体口号如："山高我为峰，原阔任驰骋""海阔凭鱼跃，天高任鸟飞"等。

各班口号如："激情澎湃，深藏不露，斗志昂扬，一班最强""竞速时代，团结友爱，永不言败，二班最帅""三班三班，奋勇拼搏，青春如火，超越自我""青春如火，超越自我，四班拼搏，唯旗是夺"。

结束阶段：集体小结（约2分钟）——各班小结（约2分钟）——解散。

40分钟的励志跑操是一项集体活动，对提高班级凝聚力，提高班级的战斗力有不可估量的作用。每次跑操都是一次班集体的竞赛和展示，大家奋勇争先，斗志昂扬，比集合速度、比整齐、比口号响亮、比士气高昂。同学们集体跑操体现的是一种团结，是一种合力。通过跑操训练，同学们的文明素质、组织纪律性、团结协作精神有了明显的提高，集体荣誉感明显增强，意志更是得到了磨炼。

此外，学校一年中分别组织春季和冬季两次小"马拉松"长跑比赛，全校学生全部参加。初一、初二学生跑4千米，初三、初四学生跑6千米。以级部为单位，设团体奖和个人奖，奖励团体总分优秀的班集体，个人奖项设一二三等奖，奖励到近一半的学生。组织长跑比赛是在励志跑操基础上的一个总结与提升，考验学生面对"漫漫人生"征途的忍耐力与意志力，考验学生在痛苦和坚持之间的抉择，考验学生为团队争光的坚持不懈和责任担当。

（5）25千米远足

2014年起，每年4月份的最后一周，学校都定期组织开展以"挑战、历练、团队、访古、家国、赏美"为主题的25千米"远足"活动，目的就是为更好地锻炼学生的坚强意志和团结精神，同时将环保、乡土文化、家国情怀、踏青融入其中。

我们学校所在的泰山景区大津口乡是泰安市与济南市接界的乡镇，我们乡最北边与济南临界处有个自然的药乡森林公园，森林茂密，最北边的山顶上至今依稀可见齐鲁古长城遗址，断瓦残石，东西连绵逶迤。以北为古代的齐国界，以南为古代的鲁国界。泰安属于古代的鲁国，济南属于古代的齐国。

我们远足的目的地及折返点就设在药乡森林公园北山上齐鲁古长城遗址处。因此，学校远足的集体口号定为："流血流汗不流泪，不到长城非好汉。"

我们带领着学生在口号和阵阵歌声中远足，彩旗飘飘，步伐坚定，队列整齐，穿过村庄；在沟壑幽深、山高林密、郁郁葱葱、流水潺潺的锦绣谷景区游走，这里有古传孙思邈采药处，有巧夺天工的自然景观，有泉水叮咚，有幽香的槐花，更有嗡嗡的蜜蜂……同学们回归了自然，放飞了心情，欢快的歌声此起彼伏，休整时同学们捡拾河道垃圾，爱护家乡山山水水，确保了下游饮用水源地的洁净。

上午在历经了四个小时的跋涉后，全体师生到达了上午的终点——齐鲁古长城遗址处。学子们欢呼雀跃，因为他们登上了长城，成为"好汉"，他们沉浸在阶段性胜利的喜悦中。短暂的吃饭休整之后，聆听历史老师在这里开讲：药乡公园得名的来历，齐鲁古长城的历史，孔子周游列国在这里停留讲学的遗址——讲书堂，隋末起义军领袖窦建德在这里行军打仗的故事，泰山儿女的抗日烽火……将家乡的文化，历史的文化，传承给学生。而后，各班依次展示了才艺，组织了集体宣誓，学生在自己班级的横幅、帽子上签字留念，然后拍起班级的"全家福"，以不同的方式记录着一幕幕的美好瞬间。

上午终点的休整，学生补充了体力，了解了家乡的古今，信心倍增。临走时自觉清理了现场的垃圾，整个休息区没有留下一片碎纸，体现了大津口

中学人绿色环保的理念和追求，展示了大津口中学人的良好素质。

　　远足队伍开始下午的行程，走的是另一条路，走出森林，下午的阳光炙烤大地，学生尽管面露疲惫，可是脚底不停；尽管吃苦流汗，仍旧毅然前行；尽管充满艰辛，却收获了很多。很多同学虽然脚底起泡，但依旧没有停下步伐，大家相互搀扶，彼此激励，坚持前行，共同向终点迈进。

　　返程到学校门口，校长在搭建的凯旋门前热烈欢迎大家返程，并给每一位远足师生发放"大津口中学第 × 届远足纪念章"。

　　25 千米远足活动总共历时 9 个小时，早上 7：30 出发，下午 4：30 返校，在同学们的欢声笑语中顺利结束，孩子们用自己的脚步丈量了前程，用凯旋证明自己羽翼的成长。

　　远足是播种季，留下了我们师生挑战的脚印，播种了希望；远足是历练，挥动激情，挑战自我，突破极限，奋勇拼搏；为我们的师生创造终生难忘的记忆。（附录2：《"脚踏实地，勇于攀登，团结互助，挑战自我"——大津口中学第六届（2017 级）25 千米远足励志活动实施方案》）

　　目前我校推行的特色励志教育仍在如火如荼地进行着，梦想滋养心灵，励志照亮人生。学生精神面貌有了更多惊喜的转变，学生上课认真听讲、积极参与课堂活动，动手训练的越来越多了；德育教育也增加了许多出乎意料的收获，各班级的纪律和卫生状况有了明显的好转；校园里，餐厅里，宿舍里，讲文明、懂礼貌的学生越来越多。

　　学生在一系列的励志教育活动中，不断改善不良的学习生活习惯和行为习惯，端正生活和学习态度，学会换位思考，从而做出正确的选择，规划未来的人生。

　　在这里，通过励志教育，我们全校师生共同拥有一个心灵沟通的平台；在这里，我们的激情得以释放，思想境界得以提升，学生正确的人生价值得以确立，励志为实现我们中华民族的伟大复兴不断努力拼搏！学生人生有方向，奋斗有力量！

　　梦想是风，行动是帆，我们坚信在大津口中学这片洋溢着青春和朝气的沃土上，凭借励志之翼，砥砺前行！

附录：励志教育系列活动

1. 大津口中学 2019 年军训方案

　　为全面推进素质教育，强化励志教育，增强中学生的国防观念和国家安全意识，强化爱国主义和集体主义观念；加强中学生的组织性和纪律性，培养吃苦耐劳和艰苦朴素的作风，提高学生的综合素质，锻炼学生意志，增强爱国主义、集体主义意识，以创优良学风、校风。学校决定于 2019 年 8 月 25 日至 29 日对 2019 级新生开展为期 5 天的军训活动。现将有关活动安排如下：

一、军训对象

2019 级六年级新生（泰安市义务教育实施的是五四制）。

二、军训地点

学校操场、篮球场、宿舍周围。

三、承接单位

华军军训研学公司。

四、军训内容

国防知识学习、集体主义教育、校纪校规学习、队列训练等。

五、军训领导小组

组长：分管副校长。

副组长：政教主任。

组员：初一班主任、体育教师、任课教师。

六、各部门职责

1. 政教处：

a. 负责军训工作具体组织协调，与班主任、教官一起实施军训教学计划，主持开展开训式、闭训式。

b. 负责检查落实军训值班落实情况，包括值班在岗在位情况，履行职责情况。

c. 负责学生军训前身体状况调查、摸底，确定学生参训资格。

d. 制订应急处理方案。

e. 制定急救物品、药品的计划和筹措。

f. 落实军训安全工作领导小组交给的各项事宜。

g. 确保学生的安全、纪律。

2. 总务处：保证学生就餐卫生健康，并提供军训物资保证和环境条件保证，同时落实军训工作领导小组交给的其他事宜。

3. 校医务室：为军训学生、教官提供必需的药品，并为在军训中需要救助的学生提供服务。

4. 六年级班主任：要在军训前排查本班学生身体状况，对于不适合参加军训的学生要及时与家长联系并做好学生思想工作（必要时可考虑观摩），同时在军训过程中要提高认识，加强领导，以身作则，坚守岗位，积极配合教官组织学生出色完成各项军训活动和任务。注意培养学生的集体荣誉感和良好的自律习惯，形成坚强的班集体团队和良好的班风、学风。在军训过程中注意了解学生的思想、心理动态，教育学生做文明学生，主动帮助学生解决军训、学习、生活中遇到的困难和问题。有计划地按主题认真组织好每天休息时间的新生教育活动，组织本班学生认真学习中学生守则、中学生日常行为规范、校学生违纪处分条例等学校规章制度，帮助学生尽快进入初中生的角色。

七、纪律要求

1.2019级全体新生必须参加军训（身体原因等特殊情况除外），并且一切行动听从指挥、服从命令。

2.因特殊原因不能参训的学员须家长申请、班主任审批，同时全程观摩训练。

3.2019级全体班主任和体育教师全程观摩训练，并做好观摩记录，掌握学生情况。年级组牵头、班主任参与，切实做好后勤服务。

4.尊重教官，服从管理和指挥。

5.参训学员必须严格遵守军训作息制度，因故请假必须事先向班主任和教官报告。

6.振奋精神，保持高昂的士气和斗志。

7.同学之间相互帮助、团结友爱，争创优秀学员。

8.禁止携带以下物品参加军训：手机等通信工具；扑克、象棋、随身听等娱乐工具；与学习、训练无关的书、杂志、零食等。

9.军训期间违纪学员，学校将依规从重处理。

八、军训日程安排

1.8月25日上午8：00进行军训开训仪式。

2.8月29日下午3：30进行闭训仪式。

3.平时作息安排：

　　7：10到教室里集中报到；

　　7：30—10：00训练；

　　10：20—11：20教室学习；

　　11：20中餐；

　　12：00—14：30教室午休、学习；

　　14：40—16：40训练。

学生午餐后至下午上课期间由班主任进行管理，教官、班主任的午餐由学校提供。学生每天军训结束后到教室集中，由班主任统一放学，放学时间下午5：00。

九、考核评比

设队列汇操集体奖、班级优秀学员奖两项。队列汇操集体奖设一等奖1名、二等奖2名、三等奖3名，班级优秀学员奖每班3名，队列汇操评比由部队教官和学校领导担任评委，优秀学员奖由教官根据平时训练表现协同班主任确定名单并报校军训领导小组，对获奖的班级、学员在闭训式上进行表彰奖励，考核结果纳入新学期先进班集体评比范围。

十、对学员温馨提示

1.保持积极乐观的心态去迎接、接受军训。心理疲惫是导致身体疲劳的根本原因。

2.军训过程中，如觉身体不适或状态不佳，应及时向班主任或教官提出，保证必要休息。

3.注意防暑。穿浅色易活动衣、裤；穿运动鞋最好，鞋子里面最好垫一块软鞋垫；休息时减少追逐、跑、跳，以防止产生热量过多。

4.学生自己备足饮用水，以淡盐水为佳，不要拼命喝白开水，当心水质性中毒。

5.注意饮食和作息。军训体力消耗极大，早餐一定要吃饱，午餐、晚餐要适当补充营养。

2."脚踏实地，勇于攀登，团结互助，挑战自我"

——大津口中学第六届（2017级）25千米远足励志活动实施方案

一、活动目的

大津口中学25千米远足励志活动，旨在对学生进行爱国主义教育、环保教育、家国情怀教育、集体主义教育和励志教育，使学生亲近自然，热爱家乡，热爱泰山，培养学生的爱国意识、环保意识、集体协作的团队意识和敢于挑战、顽强不屈的毅力。同时增强学生的实践能力，弘扬和践行新时代泰山挑山工精神。本次远足研学活动是我校组织的第六届（2017级）。在前五届成功举办的基础上，我们继续认真组织，不断创新，确保活动圆满成功。

远足活动主题为：脚踏实地，勇于攀登，团结互助，挑战自我。

远足活动总口号：流血流汗不流泪，不到长城非好汉。

二、活动组织领导机构

总指挥：张鹏霄。

职责：引导学生安全前进，下达休营、行进、暂停、加快等命令，对应急突发事件做指示。

副总指挥：谭会文、吴乃杭、王树刚。

职责：前后队伍安全，总体前进与休整安排。及时掌握学生安全前进与行进距离，休息时间掌握和队伍速度控制。

张校长在队伍最前，下达命令。吴校长在队伍最后，兼顾初二（3）班。

谭校长在队伍中间，兼顾初二（2）班。张书记在机动位置，兼顾初二（1）班。

活动分班、跟班管理名单

班级	班主任	跟班人员
初二（1）	陈春苗	张亮　张宝国　张莹莹　家长志愿者孔庆代
初二（2）	张新	谭会文　贾刚峰　张金朋　殷丽君　家长志愿者国殿华
初二（3）	刘勇	吴乃杭　董传明　姜风强　吕心荣　家长志愿者范克荣

注：每班至少四名老师和一名家长志愿者跟班，全力确保安全。

各班班主任安排好家长志愿者1名（步行），家长车辆1辆。

远足活动办公室设在政教处团委。

主任：张宝国（协调与督查）、郭建华（准备与安排）。

下设以下机构：

1. 组织与督查组

具体负责路线（路面状况、厕所、休息场所等）考察、制定远足路线，制订远足活动实施方案；负责有关具体事宜的安排落实，编写好远足活动宣誓誓词，组织好远足誓师大会、齐长城励志会、返校总结会；向教育主管部门写好远足活动申请报告，整理学生感言集成册，制作纪念画册等工作；负责目的地各班具体位置的引领；负责远足途中班距协调工作；负责对照学校纪律要求，检查参加班级学生远足活动中违纪等情况；负责检查所跟班级学生远足途中及休营地、目的地的遵规守纪等情况；负责休营目的地各班学生丢弃垃圾的检查及组织清捡，并将情况纳入班级行为量化，并进行量化打分；从服装整洁、队伍整齐、克服困难、讲文明、讲卫生、口号响亮、听从指挥等方面制作量化细则，评选优秀班级，纳入本学期班主任考核。

2. 引导与保障组

引领家长志愿者负责车队，活动横幅、班旗准备及制作，重点负责远足途中车辆的调度（栗杭接送车辆、锦绣谷接送车辆、药乡接送车辆、牛山口接送车辆、藕池接送车辆和随队车辆）；负责休息营地的管理；负责保管、寄放有关物品（工作人员的工作用具、不便携带的物品等），准备所需的音响、充电设备、口哨等；组织掉队学生上车并做好登记，保管、寄放、登记因病情严重而送往医院学生的物品。

3. 安保与应急组

负责道路路口交通疏导；负责学生远足路途中的安全（协助交警管理交通安全、纪律安全、掉队学生安全等）；向有关部门上交安全应急预案、请示报告；协同引导与保障组负责学生到达目的地时各班具体休息营地的管理；预防各种意外情况的发生，对安全工作时刻保持警惕，并做出提示。

4. 环保与协调组

负责提示：科学饮水用餐、收拾好并打包带走产生的垃圾放到垃圾桶（库）内、爱护环境卫生、行速要适度、队伍紧凑等；出现特殊情况、意外情况，要在第一时间上报总指挥；负责传达、落实总指挥的指令（休营、行进、暂停、加快等）；负责协助相关班主任处理远足过程中出现的严重违纪学生、特殊情况；协助相关班主任做好学生远足途中及宿营地的安全工作；协助相关班主任处理好远足途中学生的意外情况；要走动在远足队伍中间，及时发现、教育与处理行进途中出现和存在问题并及时上报总指挥。

5. 宣传报道组

负责学校电子屏标语、组织成立报道小组，文字编辑，报道先进事迹，鼓舞学生士气；组织学生志愿者做好服务工作；组织学生唱健康向上歌曲，喊口号；负责远足途中精彩场面的照相、录像、照片上传、刻录光盘、协助录像师全程录像等。

6. 医务救护组

学校邀请大津口乡卫生院专业大夫2人全程跟随，负责准备医治、抢救患病学生所需的药品和器械；负责远足途中患病学生的医治、抢救工作以及疾病预防工作；负责登记收容并护送确实不能坚持的病情学生返校（交家长接回）、严重病号直接护送至医院，负责处理因病回家、因病情严重去医院医治学生的善后工作（与家长联系、交接；和医院联系与医治等）。

注：张亮主任同时负责远足师生午餐和教师家长途中能量补充。

7. 公路安全保障与疏导组

由学校邀请景区交警大队大津口乡交警中队安排。

三、参加班级、时间、准备活动与具体活动安排和行动路线

1. 参加人员

初二学生、初二班主任、初二科任老师及部分家长志愿者。

要求：坚持师生平等，自带少量食物、水等必需品。（午饭由学校统一安排，因此师生所携带的背包不宜过沉）一律步行，背背包，必须统一服从学校管理。

2. 时间

2019年4月30日（早7：00集合开始至16：30）。

3. 准备活动

（1）活动办公室准备《参加远足活动队员告家长书》和《队员承诺签名书》。

（2）活动办公室准备好《中日夏令营的较量》和《远足活动方案》下发至初二各班，各班及时安排宣读学习，鼓舞士气，做好前期准备工作。

（3）各班主任要在4月29日召开班会时，对学生进行宣传鼓励，各班准备好励志歌曲、节目和3—5句口号，各班把需要准备的歌曲、伴奏等提前告知远足办公室，并对具体事项进行安排和布置。强化安全和纪律教育，要指导学生迎接各种较量和挑战，激发学生亮剑精神和昂扬斗志。

（4）班主任将同意参加活动的学生名单登记造册（含家长联系方式），交远足研学办公室。组织学生在承诺书上写出自己的誓言，郑重签下自己的名字。协调好家长志愿者、协同带队老师要准备好相机、录像机等，以便为队员照相、录像。

（5）各班选出男女队长各一名，远足途中协助班主任和跟班老师维持行进秩序、纪律和活动安排，协助班主任在行进过程和休息结束后及时整队、清点人数，并第一时间向班主任报告实有和应到人数，各班选出一名环保卫士，及时监督卫生；各班选出一名安全卫士，对出现的安全隐患及时汇报。

（6）各班准备好垃圾袋，全程途中，垃圾不得随意乱扔。

4. 具体安排与行程路线

（1）开始前活动

早上7：00在教学楼前集合整队，召开励志远足研学誓师大会。

励志远足研学誓师大会

主持人：郭建华。

参加人员：参加远足人员，含交警、医生、家长代表。

议　程：首先宣布大津口中学第六届励志远足研学誓师大会开始。

第一项：齐唱国歌。

第二项：吴校长向交警中队和乡卫生院赠送证书或锦旗。

第三项：谭校长向家长志愿者、优秀学生发放荣誉证书。

第四项：全体学生宣誓。

第五项：远足学生代表发言。

第六项：带队教师和家长宣誓。

第七项：张校长向班级授旗，（各班秀出口号）并宣布励志远足研学活动开始。

（2）出发后行程路线安排

从学校出发，大津口转盘→栗杭水库西路→锦绣谷景区大门（休息10分钟，补充能量，上厕所）→进宫庄（休息并观看锦绣谷合唱才艺展示会，补充能量，上厕所）→进入药乡林场→药乡水库、药乡庄（短暂休整，上厕所，合影留念）→齐长城遗址（休整用餐，聆听教师报告，长城励志会宣誓、合影留念、用时约一小时）（约25华里）→沿环山路到达药乡林场西大门（休息10分钟，补充能量）→下坡→牛山口→藕池→藕池停车场→大津口中学→发放纪念章→集合召开"心灵成长"励志总结会，圆满结束（全程25千米左右）。

（3）中途活动安排

锦绣谷合唱才艺展示会。

主持人：张宝国。

参加人员：全体远足学生。

内容：首先宣布活动开始。

第一项：拉歌比赛。

第二项：各班合唱比赛。

第三项：学生才艺展示、演讲等。

第四项：小结、鼓励动员讲话，整队继续出发。

（4）半程、终点活动安排

齐长城励志教育与泰山、大津口知识报告会。

主持人：郭建华。

参加人员：全体远足学生。

内容：

第一项：集合，席地而坐。

第二项：郭主任介绍泰山、齐长城、药乡、大津口文化与历史。

第三项：各班举行拉歌、合唱、展示才艺。

第四项：各班发表感言、秀口号、宣誓。

第五项：与老师、家长和同学们合影留念。

第六项：就餐、休整，继续出发。

（5）返校活动安排

"心灵成长"励志会。

地点：学校孔子像前。

主持人：张宝国。

参加人员：全体远足学生、班主任。

内容：

第一项：集合，远足感言。

第二项：老师总结。

第三项：张校长做心理疏导与讲话。

第四项：表彰班级和个人。

注：给班级打分，选出优秀班级；每班选出十名标兵。升旗仪式时进行统一表彰。

四、纪律及其他要求

1. 学校安排家委会会议征求初二家委会委员意见，初二家委会同意后方可实施远足。学生身体条件要求：身体残疾或具有不宜参加体力活动疾病的（心脏病、心肌炎、哮喘、肾病、高烧等）、过于肥胖的、体弱多病身体不适的、摔伤扭伤等情况的，没有购买意外伤害保险及行为习惯差不听从管理的，不得参加远足活动。学生本人远足前，要认真考虑一下自己的身体条件，若身体状况良好，自愿要求参加远足活动，远足前统一向家长发放告家长书，家长同意签字后方可参加。对符合条件并经家长同意参加远足活动的，班主任要登记造册（含家长联系方式）并交团委政教处；对不符合条件的，班主任要通知家长，做好解释，让家长做好安排。

2. 统一穿校服、穿运动鞋（不穿高跟、硬底、薄底鞋），带好水等必需品和背包。在行进过程中（1）班在前，（2）班居中，（3）班最后；女生在前，男生在后；保持适当的班距；队伍要整齐，各班口号要响亮。

3. 注意安全，服从指挥。不准擅自行动，不得追逐打闹，行进途中不准脱离本班队伍单独游玩；学生在行进过程中特别是上山过程中不准随便拍照，行进中特别是在上坡进入景区时要特别注意脚下山路和山旁落石。整个远足过程队伍整齐，精神饱满，情绪高涨，不聊天、不掉队。沿途中保护生态环境，不乱扔废弃物，不损害群众利益；未经学校许可，严禁家长或他人接送。

4. 讲文明、树新风。远足活动中要保护环境，不攀折花草树木庄稼，不乱扔废弃物；注意泰山森林防火安全，严禁用明火；行进途中不准吃东西，休整时产生的废弃物要装袋随身带走或统一放入沿途垃圾箱（桶）中。

5. 参加远足的队员（含老师）一律步行，一般情况下不准上车、坐车；如因病确需上车的，要经过总指挥同意。远足途中如出现行走困难，同学之间要相互扶助，但要注意分寸。学校将对表现突出的先进班级和个人给予多种形式鼓励和表彰。

6. 班主任是各班远足活动的第一责任人，要做好安全、纪律、环保、自我保护、自立自强教育，特别要教育、告诫学生，远足活动是一项消耗体能、磨炼意志的实践活动，不是随随便便就可以完成好的，参加远足的每一名学生都要有战胜困难、挑战自我、超越自我的信心和勇气，做到"流血流汗不流泪，不到长城非好汉"，相互激励，顽强坚持，不发生偷懒耍滑的现象。并及时解决各种突发问题。

7. 班主任和跟队老师要认真做好本班队员的组织管理工作。各班要准备好口号、在宿营地的合唱赛歌与宣誓的内容，班主任要掌握好本班学生家长联系电话，做好学生的鼓动工作，充分发挥班、少先队和学生会干部的带动作用，弥补管理空白；带队老师要始终不得离开本班学生，要求学生做到的老师先做到，要在学生中起到表率模范带头作用；同时带队老师要积极主动地协助班主任做好所在班级学生的组织以及安全工作。

8. 活动结束后，以班为单位召开"远足活动主题班会"，所有参加远足的队员（包括班主任和带队老师）写好远足感想，以便学校编辑学生感言集和材料。

9. 本次远足活动是我校组织的第六届，前五届在全校共同努力下圆满完成。但是我们要清醒地意识到远足活动对学生来说是一件具有重大意义的教育实践活动，对于学校来讲也是一种带有风险的校外大型励志实践活动，但远足活动是我校四大教育之一——励志教育的重要内容，是我校深化"一二三四五六"育人模式的重要体现，不能因为有风险就止步不前，远足活动，只能成功，不能失败；必须确保安全，不出纰漏，要牢记"安全第一，预防为主"的意识。参加本届远足研学活动的所有人员对这次活动要有高度的、清醒的认识，要有强烈的责任意识、安全意识、主人翁意识，要履行好各自的职责，落实好各项纪律要求以及各项安全保障措施，要抓好细节，要精细化、网格化管理，要确保远足活动顺利圆满成功，要做到万无一失。

　　10.其他未尽事宜听从远足研学活动办公室安排。

泰山景区大津口中学

2019 年 4 月 20 日

附：活动具体安排表

部门	活动安排	备注
班主任	告知家长、学生动员会、学生承诺书、学生口号、励志歌曲、才艺准备、学生主题班会、家长志愿者和车辆安排等前期准备； 远足全程安全、记录、卫生教育、护林防火教育、活动组织； 远足结束后感言、学生教育和家校沟通等	涉及本班学生教育和家长沟通相关事宜
政教处团委	远足前的所有材料物品准备、家委会沟通、路线考察； 远足中三大会议主持； 纪律、卫生、安全督查； 远足后学生教育	远足活动总协调、总安排
工会总务处	电子显示屏字幕、照相、录像； 车辆安排协调、与景区沟通等	家长志愿者，协调车辆，协调总安排
办公室	远足所需物资、学生午饭安排	物资供应保障总负责
教导处	课程调整与安排	

第四节 开放教育

"开放教育"是我们学校推行的四大教育之一，是定位于我们山区学生实际的"狭义"的开放教育，是针对相对"封闭"的山区现状而开展的拓宽学生视野、打开学生的眼界、增加学生校外生活实践、逐渐形成学生开放及发散思维的教育探索活动。不让山村学生做"井底之蛙"，而是能够让他们具有开放的视野，就像站在家乡的泰山之巅"一览众山小"！

陶行知先生在《创造的儿童教育》提出了儿童的"六解放"：解放儿童的头脑，使他们能想；解放儿童的双手，使他们能干；解放儿童的眼睛，使他们能看；解放儿童的嘴，使他们能谈；解放儿童的时间，使他们多学一点感兴趣的东西，多干一点高兴干的事；解放儿童的空间，让他们到大自然、到社会上去扩大视野。这一理论不仅在当时具有划时代的意义，时至今日，仍具有极强的指导意义。这一理论也是我在学校推行的"开放教育"重要的理论依据之一。

一、学生现状及开展"开放教育"的必要性

随着我国经济的飞速发展及国家整体教育机制的完善，农村教育状况有了很大的改善，教育基础设施逐渐完备，基本达到了城乡均衡。

但城市的孩子，往往能够体验到最新的东西。闲暇之余，也能够到博物馆、海洋馆、科技馆等这些地方，增长见识。学校还会经常组织活动，让孩子们出去参观游览一些历史遗迹、科技基地、"未来田园"等，扩大孩子的眼界。所以，城市长大的孩子，看得多、见识得多，自信足，他们相信未来可期，对未来始终充满着渴望、憧憬与期待，发展的潜力更大。

农村的孩子呢？由于大部分农村地处偏僻，消息闭塞，因为环境的限制，特别是我们山区的学生很少与外界接触，孩子很少有机会接触到城市孩子接触的那些事物。虽然部分山村的学生家长也会带孩子旅游，增长眼界，但毕

竟是少数。长期以来形成的生活环境的影响，家庭文化的差距，加上农村家庭财力的缘故，注定不能经常走到更高档次的地方去见识新奇的东西，去体验丰富的课外生活。山区学生的视野得不到开拓，这种现象严重地影响着学生思维的发散以及对客观世界的认知。

当然，除了让学生走到外面去开阔眼界外，还可以通过阅读课外读物增长见识，但是当前山村图书馆的建立并不完善，甚至没有；学校图书室藏书量能够达标，但所存书籍也不能快速更新，学生仍然会产生视野受阻的现象。

同时，农村教育中对学生视野开阔方面的研究和推进举措，仍旧存在着一些不足，也正是由于这些不足，也导致类似于我们山村学校的学生在各方面发展都较为缓慢。

2013 年起，我作为山东省优秀农村校长、泰安市优秀校长，每年都有几次机会去上海、北京、无锡、苏州等地参加"省培""国培"。在培训期间，我用照片记录上海、北京等地的学习、参观过程，返校后和全校学生一起分享大都市的教育、国外的教育等。分享中，我重点讲了作为曾经"亚洲四小龙"之一的新加坡，每到暑假就安排学生去"开阔眼界"，新加坡学生享有长短不一的4个"暑假"，他们利用假期或出国游学开阔眼界，参加公益及文体活动，以此来了解社会、掌握技能等。通过分享发现，学生对外界明显充满了强烈的兴趣和渴望，从这一点也说明开阔学生眼界是当前我们农村教师必须做的事情，并启发我对学生"视野不开阔"导致的种种问题进行了研究。

二、目前农村学生"视野不开阔"方面存在的问题

（1）学生见识不多，制约学生处世能力的发展

我国古人是非常重视为人处世能力的。其实，为人处世的能力不仅在古代受到重视，当代人也非常重视，因为一个人的成功无论如何离不开为人处世的能力。在当今世界上，每天都会有人因为为人处世能力的欠缺而导致失败。著名的人际关系学专家阿尔伯特·爱德华·威根在他的研究报告《探索你的心理世界》一书中就曾指出："在一年内失业的4000名职工当中，其实只有10%的人是因能力不够、无法胜任工作而被解雇，其余90%的人全部是因为不能娴熟地处理人际关系而被开除的。"

相对于城市学生来说，我们山村的孩子不可能及时地去认识各种新生事

物,不会经常参加各种综合实践活动。他们缺少在各种活动中逐渐形成的包容、合作、谦逊、负责任、耐挫折等品质,同时,受农村思想层面的影响,孩子在为人处世方面表现的不尽人意。有时候,我们会从德育的角度去评判一个孩子是不是优秀,是不是懂礼貌,却恰恰忽略了孩子的德育素养并不是单单靠书本获得的,而是要通过开阔眼界以及社会实践来培养的。

（2）学生见识不多,导致学科教学难以顺利进行

教材的不断更新,总是符合时代潮流的。课本中提到的一些在城市中觉得习以为常的事物,有时候恰恰是农村孩子没有见过的,大城市的"磁悬浮列车"、新农业实验区的"无土栽培"、纳米材料与3D打印等等,虽然可以通过书本了解,但却是"知其然,而不知其所以然"。

许多新上任的老师,初次接触到我们山村学生后,总会觉得学生为什么连基本的常识都不会,想象与现实之间差距很大,严重影响了师生之间的沟通和教学的进度,待和学生经过长期的磨合后就会发现,并不是学生不认真学,而是因为学生接触面太小,视野不够开阔,才出现了"曲高和寡"的现象。

（3）见识不多,写作表达能力受限

学生从小学三年级开始就要学作文写作,到了初中,从初中低年级起,作文字数要求500字至800字。我是教初中语文的,我们山村的初中生,每当交回文章时,字数基本靠凑,学生的文章总是缺乏一些"光鲜亮丽"的东西,我们不能说这样的文章没有优点,最起码是朴实的、真切的。但新课程标准对于语文写作能力培养的要求,警示教师在作文教学中力戒"千篇一律",要充分发展学生的个性。但由于山村学生每天所处的环境都是固定的、闭塞的、单调的,所以很难让学生通过大量实践产生联想,创造出富有个性的文章。

（4）见识不多,导致上升后劲不足

这种结论来源于我们对升入普通高中的我校毕业生多年的跟踪调查,我们所在的泰山景区由于历史原因没有县域高中,学校的学生对口录取的高中都是市直属普通高中,当我们的学生进入城区高中时才发现自己真的是孤陋寡闻,类似于"磁悬浮""黑洞""纳米""世界新格局"等各方面的认知都是空白,对于教师上课时旁征博引的各种信息和案例更是感到不知所云。今天,我们教育者深知:高中的知识的获得更多是靠能力分析与探究得来,这种能力需要前期在各种探究与实践基础上总结提升而达到的触类旁通。如

果说优等生在初中是凭勤奋，那么在高中更多的是凭智慧和眼界！我们学校出去的毕业生在高中的表现是后劲不足，整体呈逐渐下滑趋势，优秀者少有。

三、贯彻落实"开放教育"的有效举措

1. 发挥教师的主体作用

（1）理念先行，教师先"开放"

要想一起干点事业，需要同行的人志同道合、理念相同。教师的素质，教师的理念，决定着学校的发展。我安排教师们依次阅读了杜威的《学校与社会》《明日之学校》《民主主义与教育》，霍华德·加德纳的《多元智能新视野》，苏霍姆林斯基的《帕夫雷什学校》等书籍。开宗明义，重点是解放教师思想，拓展教师的视野，形成现代化的理念，让广大的教师逐渐跳出课本的框架，能在更广大的范围内育人。同时，我们学校要求教师加强现代教育理论的学习，新课程理论的研究，在积极参与新课程改革中，建设一支高素质、专业化、团结奋进的教职工队伍，为推进包括"开放教育"在内的学校各项改革打好基础。

（2）教师结合自身经历，帮助学生拓宽视野

2014年11月，我参加"国培"计划学习后，让我充分地认识到了教师应该成为学生望向世界的"眼睛"。我要求教师可以结合自己的成长、学习、培训、生活经历，定期通过分享、报告、专题讲座等为全校学生来拓宽视野。通过照片、视频等影像资料，让学生了解一些他们从未见过和接触过的"新鲜事物"。每年50位教师每个人至少一场报告，这些年累积下来也有了400多场，这对学生树立正确的人生观和价值观也是具有很大帮助的。

（3）利用网络优势，筛选优质资源

2014年9月，学校已经实现了班班通、校校通，但学生平时只是在信息技术课上才能够接触网络，所以，网络的运用在当时我们山村学生中还是有局限性的。这时候，我就安排教师利用网络资源，帮助学生筛选一些可以拓宽视野的优质资源，在班内进行播放。例如每天中午饭后20分钟的"午间新闻"、CCTV-10科教频道、中文国际等，让学生放眼国内外；下午自习课定期播放旅游、科普节目如《航拍中国》《探索发现》《自然传奇》《地理中国》等，让"足不出户"的学生，可以坐在教室里游览祖国大好河山；还安排教

师搜集一些符合青少年心理特征的名家讲座，定时播放，帮助孩子了解自己的成长过程，梳理自己，健康成长。

（4）多元解读教材，拓展教学空间

新课程理念的更新，带来了课堂教学方式的变化，教学的过程，是教师、文本、学生之间的对话过程。在这种对话的过程中，广大教师应该追求文本的多元解读，追求"用教材教"，而不是"教教材"，追求"创造性地使用教材"。课本已不是课堂的根本，教材不仅仅是知识，教材也不再是教学的主宰，是引导学生认知发展、学习生活、人格建构的一种范例，它是学生发展的"文化中介"，是师生对话的主题。因此，在与教材对话时，要求教师们深究教材，将教材内容进行多元化的解读和拓展，帮助学生利用教材进行视野开阔。

（5）在教师主导并主推的其他教育活动中兼容渗透"开放教育"

学校的任何教育活动都不是孤立的，相互之间有兼容又互相促进，是相互融合的共同体。

本书前面部分关于"三大工程"之一的"书香校园工程"，就是在教师的大力推进中，开阔学生视野的最主要的途径之一。所谓"开卷有益"，只要学生读，就一定会有收获。一个学生的成长离不开课外阅读。健康、有效的课外阅读，它不仅能弥补课堂教学的不足，更能拓宽学生眼界，让学生享受阅读的乐趣，使学生终身受益。我们全体教师共同参与推动"书香校园工程"，目的就是将阅读真正落到实处。实践证明，只要教师把课外阅读抓到实处，就能激发学生的学习兴趣，培养他们良好的阅读习惯，并且也能使阅读教学朝着良性化的轨道发展。具体举措前面已阐述较详，此处不再赘述。

同样，在前面部分我所梳理的"三大工程"之一"课程选修工程"的探索实践，也是开阔学生视野的最主要的途径之一。由全校教师全部参与开发建设，形成了不同种类的校本选修课程。经过几年的筛选修改逐渐确立了如《我来看世界》《走遍美国》《趣味化学》《西餐礼仪》《军事与科技》《解读红楼梦》等四十余门课程，由学校按计划、按年级分步实施。我在学校提出课程选修时，最初的意图是：一方面丰富学校课程体系；另一方面是通过让我们山区的学生选修由我校40多名教师结合自身特长开发的一系列校本课程，能够在闭塞的山区环境里，打开学生的眼界、拓展学生的知识技能、发展学生的兴趣和特长、培养学生的个性。经过8年实践，这一效果基本达到了。

教师围绕课堂践行"开放教育"。目前全校正在主推的"全面发展、整体提高、六步教学"课堂改革行动，目的就是解放课堂、解放学生，让学生从传统"满堂灌"式的课堂中解放出来，成为课堂的主人。如果说原先的课堂是封闭、单一的接受，现在推进的"六步教学"则是解放、开放的课堂。这样课堂的教学结构包含6个部分即"六步流程"：导、学、作、展、点、测。立足课堂让学生"解放"，课堂不仅仅是教会学生学会知识，还要培养他们更多的一生受益的能力，课堂的"学、作、展"几个环节培养学生学会学习、学会合作、学会评价、学会交往、学会展示等能力，锻炼了学生的语言能力、心理承受能力、正确面对困难与挫折的能力等，这样的课堂适应新时代，培养学生现代化的素养，这样课堂培养出来的孩子才更自信、更开放。关于"课堂六步教学"的内容，本书在后面有重点阐述，此处一笔带过。

2. 借助《泰安日报》驻大津口中学小记者站"做文章"

泰安日报社最早推进与学校合作，并在部分学校建立小记者站举措时，主要将小记者站设立在城区学校，《泰安日报》报纸专门设有小记者专刊发表学生采访稿或感想体会。从专刊上我看到，在报社联系带领下，学生们可以到企业、博物馆、基地等参观报道，这正是我们学校"开放教育"最需要的。我最初考虑：如果我们也能争取建立小记者站，一方面可以利用报社具有捕

捉最前沿信息的先天优势，能使我们山村学生了解泰安市各方面最新的发展情况，也能捕捉泰安市发展的脉搏，学生眼界与时俱进；二是可以利用这一平台加强对学生的写作指导，提高学生写作水平，通过在报刊发表文章激发学生写作积极性和自信。我设法通过多种渠道积极争取，以泰山的影响力为理由，以泰山是泰安市的窗口力争，终于获得泰安日报社同意，最终作为当时泰山景区教育系统第一个小记者站落户大津口中学。2014年3月，成立了《泰安日报》驻大津口中学小记者站，成员122人，占全校人数的小1/3，成员集中在初一年级至初三年级，初四年级因备战中考不再参加。

（1）"常规文章"做精彩

社会是一个大舞台，是学生得到历练的好场所。我校小记者们走出大山，走向泰安的工厂、科技馆、规划馆、绿色科技园、旅游新项目等实践活动场所，社会实践丰富有意义，开阔了同学们的眼界，提高了同学们的社会活动能力。在外出实践活动中培养了学生采编、采访、主持、写作、摄影、创造等各方面的能力，学生在这些方面能力均逐年大幅提升！

八年来，在各级领导的关怀和支持下，我校小记者站取得了多方面的佳绩，受到了社会各界的好评。小记者在《泰安日报》累计发表文章388篇，教师发表51篇。由于小记者成员开阔了眼界，丰富了生活，锻炼了写作能力，因此大津口中学师生在《中学生作文报》等各类报刊上累计发表文章120篇、图片156组。泰安电视台对我校小记者站的活动进行了7次专门报道，我校学生小记者的素质稳步提高。

八年来，学校小记者站在学校创办了《校园风采》《社会调查》《影像园地》《心雨之声》《生活感悟》《热点焦点》《智慧开门》等十多个栏目，充分培养了同学们多方面的才能。累计有85位同学被《泰安日报》授予"优秀小记者"的称号，学校的小记者站6次被评为"泰安市优秀小记者站"。

（2）创建"名家大讲堂"

"名家大讲堂"是我们的一个创新，创建"名家大讲堂"缘起于泰安日报社每年都要安排人员到学校对小记者进行专题培训，有时日报社也会邀请知名作家、学者来作个报告。我感觉，如果仅仅给小记者培训和报告，不能够做到将外来资源利用最大化，于是我们便将培训地点设到学校的大阶梯教室，安排全校学生500多人都能接受来自外面的、开放的、正能量的报告。

而且毕竟自愿参加小记者团并经常走出大山的学生，最多时仅占学校学生的1/3，其他2/3的学生可能由于家庭财力和其他原因无法外出开阔眼界。为解决这个问题，我们把外面大量信息和各种正能量资源引入校园。受此启发，我便成立了大津口中学"名家大讲堂"，展开了各种主题的讲座、报告，让大津口中学的学子"大开眼界"。

我们在开展"名家大讲堂"前三四年，广泛发动全体教师、家委会，学校积极对上争取、对外寻求支援等，利用一切可以利用的关系邀请社会各界成功人士、学者、教授、专家、致富能手、艺术表演者、音乐达人等进校展示他们对艺术、对学术、对人生、对历史、对科学、对理想等方方面面的思考与造诣，内容虽达不到"海纳百川"，但报告和讲座也可以说是"兼容并包，杂取种种"。每一位来过大津口中学大讲堂的人士，在这里得到学生发自内心的欢迎与尊重：学生献花，认真地聆听，问答环节时争先恐后地提问，跟优秀学生合影留念，每年得到学生的自制贺年卡等。他们来过这里，从此他们的人物事迹就悬挂在了我们大讲堂墙壁上，同时，由于受到感召，他们还会积极地将这种爱心事业传递和发扬出去，利用他们的资源又给我们带来更多的报告和讲座。

只要是"爱和善"的事业总会被人认可和发扬！再后来，学校渐渐地与学校其他主题教育相融合形成主题化讲座，围绕理想、励志、文化、科学、艺术、生活、写作、演讲等主题，越走越明晰，每年安排8—10场，专人负责，提前做计划，有条不紊！

时至今日，"名家大讲堂"已经累计邀请报告72场，成为大津口中学学生了解山外世界、科技动态、人生百态的窗口，也成为山区学生眺望世界、放眼山外、立志高飞的引擎和火把，"山外如此精彩，世界如此突变，人生需要改变，我们来了"（学生语）。

（3）组织主题鲜明的"研学活动"

泰安日报社有自己的旅行社，同时由于是传媒行业，对外联系密切，他们一直想积极拓展"小记者外出研学"这一业务。报社小记者部多次组织不同规模的外出研学团队，活动效果较好，这是带有半商业、半公益的项目，比小记者团在泰安的活动区域可能走得稍远一些，需要适当收取合理的费用，但至少要比商业化的旅行社费用低，而且依然坚持参观、学习、采访的目的。

"花盆里长不出参天树，庭院里练不出千里马"，我一直认为：加强实事、新闻的阅读交流，开展社会热点话题的讨论，让学生充分认识社会，为他们融入社会，为未来推动社会发展打好基础。我们便利用泰安日报小记者研学团队这个平台，逐渐开始了带学生外出进行主题研学的探索。因为这一平台不同于营利的旅行社，因为其半公益的性质，很多地方在面对小记者的身份时，给予门票免费或优惠。

最初受学生家庭经济条件的限制，我们主要组织在省内研学。如组织到济宁市"孔孟之乡"开展传统文化主题研学，组织到枣庄市的台儿庄进行红色主题研学，组织到山东兰陵国家农业科技园开展科技农业主题研学，组织到山东科技馆、博物馆进行触摸现代与历史主题研学，组织到省植物园、动物园开展自然主题的研学……

学生出去的地方多了，眼界宽了，视野打开了，作文内容充实了。为了珍惜和争取更多的机会外出，让家长继续支持自己外出研学，回到学校的山村少年们会更加努力地学习，回报家长和老师。学生研学之后的可喜变化让

家长也是始料未及。以后，但凡学校组织外出研学，只要能够承担得起，家长就是在经济上"紧紧自己"也支持学生外出，他们越来越认可"行万里路"的成效。后来我们带领学生逐渐走出山东省，去北京看故宫、八达岭长城、国家科技馆、国家博物馆，走进清华、北大校园聆听天之骄子的演讲，走进上海去感受经济大都市的繁华与现代，走进江浙地区去感受小桥流水及南方园林的婉约与秀雅……

3. 借助省级乡村少年宫建设项目"做文章"

（1）打造家门口的综合活动基地

乡村学校少年宫，是指依托农村中小学校现有场地、教室和设施，进行修缮并配备必要的设备器材，依靠教师和志愿者进行管理，在课余时间和节假日组织开展普及性课外活动的公益性活动场所。乡村学校少年宫的开放时间为平日放学后、节假日和寒暑假，开放对象主要为所依托学校的在校学生。鼓励具备条件的乡村学校少年宫面向周边中小学校学生开放。乡村学校少年宫项目主要由中央专项彩票公益基金通过中央文明办组织省市级文明办逐级安排实施，主要用于脱贫县新建乡村学校少年宫修缮装备补助以及运转补助。分为中央级、省级、市级的乡村少年宫，对应着不同的建设标准及补助资金。

我在2015年得到这个消息后，认为大津口中学符合各项政策条件，由于前期我们开展并组织了各种丰富多彩的教育活动，并在道德培育、文体娱乐、劳动实践等活动方面初步具备了一定的基础，经过我校积极申报，10月份大津口中学被批准成为泰安市省级乡村学校少年宫。前后省市级配套拨款20万元，有力地改善了学校各项活动室，并增添了部分必要的活动器材，如我们先后创立并改善的功能室有"3D科创室""放映室""阅览室""器乐排练室""刺绣室"等，为各项活动的开展奠定了良好的基础。

大津口中学乡村少年宫以社会主义核心价值观为引领，以促进农村孩子"德智体美劳"全面发展为出发点，连续举办校园科技节、体育节、读书节等活动，设有科技、体育、文艺、书画、综合等五大类培训项目，建立了百尺舞龙、京剧、舞蹈、经典诵读等10个社团组织，并依据学生兴趣爱好，确立活动主题，不断调整活动内容。

在课余时间及节假日期间，常态化地为学校及周边中小学农村学生免费提供服务，聘请社会艺人、"五老"人员、大学生等，有针对性地策划开设了"非遗传承""实践赋能""美德弘扬""科学普及""文化传播"等主题课程。特别是在寒暑假，以篮球、跳绳、器乐、书法、科技等主题的少年宫活动，有效丰富了农村学生的假期生活。学校乡村少年宫积极挖掘当地泰山资源优势，打造了"泰山石刻""泰山园艺""泰山诗词"等亮点课程，让学生有兴趣、有惊喜。学校乡村少年宫建立了一支责任心强、才华横溢的乡村学校少年宫辅导员队伍，在平时和假期都开展了农民画、毛衫贴画、十字绣、烘焙、劳技小制作等主题兴趣班，让学生们在学习之余，充分享受快乐的课余生活，在实践中增长了见识。

让农村孩子与"外面的世界"零距离，这是我们学校推行了乡村学校少年宫后取得的良好效果。"把孩子放在'乡村少年宫'，我们家长非常放心。孩子在这里可以交朋友、学知识、长见识。"看到孩子们收获满满，学生不出远门还能开阔眼界，学了东西，家长们对大津口中学村少年宫赞不绝口。

大津口中学乡村学校少年宫投入少、受益人数多、项目绩效高、社会效益好，得到了师生家长和社会各界的广泛认可，成为泰山景区远近闻名的未成年人思想道德建设工作的响亮品牌，成为学生受益、家长放心、群众满意的育人工程、民心工程。

（2）"科技馆"进校园

依托省级乡村少年宫项目，我们积极与市科技馆对接并达成共建协议，除了定期组织学生免费到科技馆参观、参加实践活动外，在学校科技节期间，市科技馆每年至少组织一次"科技进校园"活动。

"菲涅耳透镜""旋转马戏""和自己握手"……这些平时只能在城市科技馆看到的新鲜玩意儿，被搬进了乡村大津口中学。学生有的戴上双色3D眼镜，看到图片上的神奇生物在眼前"复活"了；有的和伙伴们热烈探讨一些简单的科学原理，激发了他们的好奇心。

科技馆巡展进校活动中，市科技馆辅导员有时还会集中为师生们带来"激情世界杯""龙宫奇事""糖丸爷爷"等精彩的科学实验和科学表演，通过寓教于乐的方式，让学生们深切感受到科学的神奇魅力。活动现场互动热烈，掌声、欢呼声此起彼伏。

市科技馆进校巡展活动为我校500多名中学生及周边600余名小学生献上了别有风味的"科普大餐"，让农村学校的孩子们也能近距离感受压力发电、磁感线等科普装置，培养他们爱科学、学科学、用科学的兴趣。

4. 借助"大手拉小手"加强与城市学校交流

为了促进我校学生了解生长在城市中同龄人的学习与生活，寻找差距，看清现实，我们通过市教育局积极对接城区优秀初中学校，建立学校间"城乡结对子"活动。我校是山区薄弱学校，市、区教育局给我校遴选的城区学校都是城区优秀的学校，我们先后与"泰安六中""泰山学院附属中学""东岳中学"结为友好学校，城区学校无论是师资还是理念，无论是硬件还是软件，无论是学生还是家长，都不是我们能企及的。人家为大，我们为小。这些友好学校对我们学校的师资培训、教研指导、业务提升上都给予帮助和指导，我们称之为"大手拉小手"。

这些城区的学校也需要在学生管理上做一些有益的探索，他们需要学生了解乡村学生的状态，教育城区学生珍惜优越的条件，激励他们的学习动力。因此，借助"大手拉小手"活动，在城乡学生之间我们定期开展了系列交流活动。

"乡村生活体验活动"。为期一周，每次城区学校选派50名学生代表到大津口中学随班就读，学生之间结对子，随结对学生入住农家同吃同住，而且还要共同做家务、干农活，零距离体验乡村生活。令城区学校的学生十分感慨的是：这里农村的孩子放学后很勤快，自己的衣服自己洗，还要帮大人做家务、干农活。参加"乡村生活体验活动"的城区学生在他们一周体验总结中这样描写道："农村的同学们虽然条件差一些，但他们勤劳朴素，学习认真而且特别刻苦，值得自己学习。"联想到自己回到家里基本不做家务，连自己的衣服都是父母代洗，他们表示今后自己要热爱劳动，艰苦朴素，主动分担父母的负担。

"入城就读开眼界活动"。为期两周，每次我校选派 40 名优秀学生到城区学校随班就读，第一周主要吃住在城区学校，第二周安排 3 天时间进住结对学生家庭吃住，体验城区生活气息。周六、周日城区结对学生家长带领我校结对学生去公园、去听音乐会、去做公益活动等，让我们的学生了解到，原来人生也可以这样过！我们的学生感触是：城区家长的素质很高，能够给予学生及时的学习辅导；城区学生的家长也一样很辛苦，有着生活和工作的压力；城区学生特别自信、侃侃而谈、视野面广，城区学生多才多艺、琴棋书画都有涉猎；城区学生学习压力同样很大，而且拼得比乡村学生都狠！我校的学生在返回大津口中学后，体会到了我们与城区的差距，与同学分享收获，明确未来奋斗方向，他们学习的拼劲就更足了。

"城乡教育联盟"成立。为进一步发挥城区优质教育资源的辐射和带动作用，促进农村薄弱学校建设，推进城乡教育均衡发展，2019 年起，以泰山学院附属中学为核心，包括大津口中学在内的共计 7 所学校组成的"城乡教育联盟"正式成立，成为泰安市教育系统"城乡学校共同体"之一，本共同体更加顺理成章地将市区优质教育资源拓展到我们这样的山村中学，激发了我校办学活力，提升了学校师资、管理、质量、文化等整体水平，着力破解义务教育在均衡、优质方面"乡村弱"的突出问题，同时在城乡学生交流上更加的广泛，更加的有效，对城乡学生之间相互激励、相互帮助有了更大的促进！在这一方面我们又走到了全市的前面。

学校所推进的"三大工程""四大教育"之间都是相互补充、相互渗透的，他们不是单一孤立的。如在感恩教育、文明教育和励志教育中的许多实践活动也是对学生思维、眼界的一种开放教育；课程选修和书香校园工程，更是为了扩展学生的眼界、增加他们的知识积累、培养他们的综合能力，也是一种开放教育；本章节的开放教育则是对开放作了更为系统、全面的阐述与汇总，

未来可期

对于如何改进闭塞的山区教育，如何培养走出农村能迅速融入现代社会的当代中学生，做了有益的探索与尝试，并取得了可喜的成效！

第五章 "五育并举"

培养什么人、怎样培养人、为谁培养人，是教育的根本问题。而培养什么人，更是教育的首要问题。教育是国之大计、党之大计。教育，关乎个人的发展，关乎家庭的幸福，关乎民族的未来。作为学校应全面贯彻党的教育方针，落实立德树人根本任务，培养德智体美劳全面发展的社会主义建设者和接班人。

我们学校围绕"培养具有现代素养的农村中学生"为育人目标，在探索推进"一二三四五六"育人模式中落实了"五育并举"，努力做到"五育融合"和"五育互育"，坚持"要让每个人都有人生出彩的机会"的教育观，坚持立德树人，让学生扣好人生的第一粒扣子；立足"五育"，坚持全面发展，努力让每一个教育行动都成为学生发展的精神引擎和动力源泉，发扬校训"攀登"之精神，充分激发学生"怀高远志向，做未来主人"的成才豪情。

下面是我对"五育并举"的思考以及在学校的实践探索，且行且完善。

一、"五育并举"的内涵及教育功能

在我国教育体系中，德育是解决世界观、人生观问题的，体现"善"的要求；智育开发智能，体现"真"的要求；体育促进身体发育和机能发展，体现"健"的要求；美育陶冶情操，塑造心灵，体现"美"的要求；劳动教育培养劳动观念，检验动手能力，体现"实"的要求。在今天建立和发展新时代社会主义市场经济的过程中，"实"的要求越加突出，"扎实工作""讲求实效""创造实绩"绝不是一般性的号召，对于学生而言，作为全面发展的社会主义事业的建设者和接班人，必须具有真实的劳动观念、实际的动手能力。因此，"五育"的关系也就可以从真、善、美、健、实这五个字的内在联系来说明。它们既有自身的规律和特点，又互相渗透，互相制约，互为条件。正如苏霍姆林斯基所说："没有单独的智育，也没有单独的德育，也没有单独的劳动教育。""五育"都有其自身的特点和教育功能，各部分都不可能相互孤立地对学生发生作用。这就要求在教育实践过程中，要把德智体美劳作为一个整体予以考虑，把握好"五育"的内在联系与相互融合、相互促进的发展规律。

从教育的功能上来说，我们做的是对人的全面发展的教育，从内容上来看，可以理解为身心和谐的教育。身体的教育就是体育，而心的教育就是知、情、意相对应的智育、美育和德育，这就形成了德育、智育、美育、体育"四育"并举的思想。劳动教育是另一类教育，它是身心和谐发展教育的实现途径和手段，是"四育"的基础。它既渗透于学校教育之中，又超越学校教育的范围，扩展到、渗透到整个的社会教育之中。体为载体，给人以精力；德为载气，给人以动力；智为载才，给人以实力；美为载格，给人以魅力。在整个德智体美劳教育中，劳动教育是一切教育的基础，而美育则是一切教育的最高境界。

二、"五育并举"的时代意义

1. 实现立德树人根本任务的需要

"五育并举"不是一个新话题，现代教育家蔡元培于 1912 年 2 月间发表了著名的教育论文《对于新教育之意见》，是第一位主张"五育并举"教育方针的人，《对于新教育之意见》是我国近代对"德智体美劳"和谐发展教育方针最全面论述的文章。

新时代重提"五育并举"，并且赋予了新的内涵，是新时代的新任务、新使命。2018 年 9 月，习近平总书记在全国教育大会上强调，培养德智体美劳全面发展的社会主义建设者和接班人，加快推进教育现代化、建设教育强国、办好人民满意的教育。

2019 年，中共中央、国务院印发《关于深化教育教学改革全面提高义务教育质量的意见》，提出：坚持"五育并举"，全面发展素质教育，"突出德育实效""提升智育水平""强化体育锻炼""增强美育熏陶""加强劳动教育"。

2020 年，中共中央办公厅、国务院办公厅印发《关于全面加强和改进新时代学校体育工作的意见》《关于全面加强和改进新时代学校美育工作的意见》，意见要求：进一步完善全面培养、全面评价的教育体系，加强学校体育和美育工作，加强劳动教育，是落实"五育并举"的关键环节，有利于解决长期以来教育领域存在的"长于智、疏于德、弱于体美、缺于劳"的问题，是补齐当下教育短板，增强学生文明素养、社会责任意识、实践本领、身体素质、审美素养和心理健康的重要举措。

《中国教育现代化 2035》指出，"注重全面发展""大力发展素质教育，促进德育、智育、体育、美育和劳动教育有机融合"。因此，"五育并举"、融合推进成为我国教育教学改革的基本方向。坚持"五育并举"，落实"五育融合"，是教育教学工作必须紧紧把握的基本原则。

2. 满足社会发展和办人民满意教育的需要

在全球化、信息化背景下，以人工智能为代表的新技术革命推动社会转型升级，社会对人才的需求也越来越高。国家综合国力的竞争关键在科技，实质是人才，基础在教育。教育要想顺应社会变革需求，满足人民群众对优质教育的需求和期盼，培养学生适应未来竞争需要的关键能力和必备品格，必须贯彻党的教育方针，落实"五育并举"，转变育人方式，提升学生的创新精神和实践能力。

3. 实现人的全面发展的需要

马克思关于人的全面发展理论指出："任何人的职责、使命、任务就是全面地发展自己的一切能力。"人的全面发展是人的内在发展需要，是具有主体性的人的主动发展，人的全面发展理论为推进"五育并举"提供了必要性回答。教育的根本目的是育人，是培养全面而又个性发展的人。因此，学校教育必须落实"五育并举"，培养社会需要的人，指向人的全面发展。"五育"的全面发展就是素质教育的本质体现：以德育为首，且起导向和保障作用；智育是全面发展的基础，为其他各"育"提供智力支持；体育为实施其他各"育"提供身体保证；美育是全面教育的深化；劳育是全面发展的手段。我们教育工作者只有正确理解和把握"五育"之间的辩证关系，才能使学生全面发展。

三、"五育并举"的现实偏差

1. "五育"不平衡

教育的目标是指向人的全面发展，学校应以培养德智体美劳全面发展的人为己任。学校和教师也认识到立德树人和"五育并举"的重要性，但长期以来由于"应试教育"的生态和评价标准的缺失，导致"五育"不平衡。在实际办学实践中主要表现为：偏于智、疏于德、弱于体、抑于美、缺于劳，而"智育"领域，也多侧重于对书本知识的获得和围绕考试重点进行的机械训练，对"智育"的重视多体现在时间、精力的消耗上，对分数和升学的追求"绑架"了学生、家长、教师、学校，使其接受和认同高分数、高升学率是优质教育的核心标尺的价值取向，把"刷题"作为初高中主要学习方式，种种"异化"，直接导致育人方式关键环节的弱化。"五育"失衡的教育现状应该归咎于整个社会所奉行的功利主义教育价值观，许多家长从学前教育阶段开始就不想让自己的孩子输在起跑线上，于是孩子被迫参与了一场场永远没有终点的"智育领跑"马拉松，幼儿园"小学化"、小学"中学化"、中学"高考化"，教育忽视了人的全面发展，违背了教育的本质。

2. "五育"不充分

从全面发展到关注"五育"的某一方面来看，德育也好，智育也好，有些方面没有得到充分发展，需要我们更为深入系统地思考、研究和落实。以德育为例，从人员角度看，常把德育看成党团组织、班主任的工作，全员育人不到位；从学科角度看，常把德育看成思政课教师的工作，学科育人功能没有发挥，全方位育人落实不到位；从合力角度看，大多数人常把德育看成学校的工作，忽视家庭和社会的育人功能，全过程育人不到位。再比如，我们培养出来的有些人有知识没文化、有个性没品行。我们对"五育"认识的偏差以及体系的缺失导致实效性较差，"五育"不充分。

3. "五育"不融合

教育的目标是培养德智体美劳全面发展的人，"五育"是一个整体，是相互促进、共同提高、协同发展的共同体。"五育"之间本来是关系密切、彼此共存的状态，但在实际教育工作中常把"五育"相互割裂、互不联系、相互独立、各成体系，影响了"五育并举"的推进，影响了育人效果。正如我们的教学是分科教学一样，但是学科与学科之间的联系在我们的教育当中恰恰被忽略了。分析其主要原因：一是学习不到位，中央关于教育教学改革、教育评价、育人方式、德育、美育、劳动教育等方面的文件，都在围绕融合做文章，整体育人、全面发展是核心。但是基层学校的领导和教师，依然围绕学生学习作为考核方向，认为中央的要求距离太远，对中央文件精神的学习停留在表面，落实敷衍；二是认识不到位，往往以学科思维为主导，淡化、弱化了学科综合活动和跨学科教学，导致"五育"不融合；三是理解不到位，弱化学科功能。以体育为例，体育除强壮体魄外，还能培养学生团结合作、规则意识、坚毅品质和拼搏精神，对德智美劳的培养是有很好的促进作用，但是现实中大多数人依然看不起体育学科。

从本质上说，"五育并举"是一个整体。各方面之间是"你中有我、我中有你"的关系，甚至是"我中有你们、你们中有我"的联系。没有单独的德育，没有单独的智育，教育本身就是整体发生的，人也是作为一个整体而存在的，所以我们在理解"五育并举"的时候，需要真正将"五育"作为一个融合的整体来看待。

四、"五育并举"实施中遵循的原则

1. 全面发展的原则

从马克思提出"人的全面发展理论"到近代教育家蔡元培提出的"军国民教育、实利主义教育、公民道德教育、世界观教育和美感教育"，再到中国学生核心素养发展报告中提出的"人文底蕴、科学精神、学会学习、健康生活、责任担当、实践创新"六大素养，都涵盖了不同时代人的发展所必须具备的道德、身体、技能等方面的素质，核心是培养全面发展的人。进入新时代，习近平总书记在全国教育大会上提出，要"培养德智体美劳全面发展的社会主义建设者和接班人"，强调要"突出德育实效""提升智育水平""强化体育锻炼""增强美育熏陶""加强劳动教育"。作为教育工作者，必须大力推进"五育"并举，使学生得到全面发展。

2. 充分发展的原则

从马克思关于人的个性发展理论提出的"具有个性的人才是完整的人"到心理学家霍华德·加德纳（Howard Gardner）的多元智能理论提出的人有七种以上智能，每个人的各种智能在认识活动中有差异，大多数人有几种较强智能，也有几种较弱智能；再到中国历代教育家提到的"因材施教"，都强调人各有差异，要尊重人的特点和差异，使每个人每个方面都得到充分发展。《中国教育现代化 2035》和山东省课程改革目标都提到要实现学生全面而有个性的发展。因此在推进"五育并举"时，在保证学生全面发展基础上，要尊重学生个性差异，激发每个学生潜能，使每个学生在原有基础上"五育"都得到充分发展，并实现高水平发展。

3. 融合发展的原则

人本主义学者提出的"全人教育学说"，强调要秉持整体的世界观，强调教育要作为整体来培养人和促进人的全面发展。2019 年 2 月，中共中央、国务院印发的《中国教育现代化 2035》提出"更加注重学生全面发展，大力发展素质教育，促进德育、智育、体育、美育和劳动教育的有机融合"。2019 年 6 月，中共中央、国务院印发的《关于深化教育教学改革全面提高义务教育质量的意见》提出了要坚持"五育并举"。作为每一名教育工作者，要充分认识到"五育"不是独立存在的，也不是简单叠加，"五育"是相互渗透、相互促进的，是一个整体。

"五育并举"的关键在融合。千万不要以为开齐上足"五育"方面的各个学科就是做到了"五育并举"，这绝不是1+1+1+1+1单独罗列的过程。所以，未来"五育并举"的关键在于融合，达到相互贯通和融通的状态，甚至要达到"五育"互育的状态。每个人、每个方面，只有放在一个整体之中才可能构成一个完全的状态，而每个人、每个方面只有相互协同、彼此协调才能促进整体发展。单独的某一方面可能是一个非常优秀的存在，但是能否真正达到一种相互之间的融合，达到一种相互之间的彼此支持，这才是我们对未来"五育并举"理解的关键。

作为学校管理者要运用好系统思维，整合校内各学科教师力量，发挥好课程育人功能；要带领广大教师整合好学校、社会、家庭力量，发挥好共同育人的功能；要借助各级党委政府力量，发挥好评价导向功能，营造共同推进 "五育并举"的氛围。

五、"五育并举"推进的举措

"五育并举"的灵魂是育人。我国教育现代化的核心体现在人的现代化上，教育要培养出现代的人，从学校走出去的人要具有现代人应该有的理想信念、必备品格和关键能力。我们大津口中学的育人目标就是"培养具有现代素养的农村中学生"，在教育过程中，我们要培养的是适应未来的现代化的合格建设者和可靠接班人，但首先应该具备最基本的爱心、责任、担当、身心和谐发展的人。在本书前面章节中的"三大工程"（星卡激励、书香校园、课程选修工程）"四大教育"（感恩、励志、开放、文明教育）以及后面的"六步教学法"相关章节都是对"五育"的具体探索和落实。如何具体突出"五育"重点、做好"五育"融合，我们学校做了如下尝试：

1. 推进学校领导的管理转型

学校的领导，首先是思想领导，其次才是行政领导。为什么要关注思想的领导？在办学过程中，校长作为学校的领导者是否具有正确的思想，是否能顺应教育基本规律，是否能关注学生身心发展特点，这些成为我们办学的重要指导。因此，我们学校管理层认真学习新时代教育指导方针和要求，面对未来的学校变革，首先要关注正确的、适合的、创新的教育思想的指导，并基于这样一种思想来改变我们的教育教学和管理工作。新时代我们既要关注实践方面的探索，更要关注实践探索背后的指导思想，关注是否真正按照"五育并举"的要求来办学。

要推进"五育"，培养全面发展的人，必须转变育人方式和管理改革，坚持正确的价值导向。因此作为校长，我正确定位：一是思想领导。校长对学校的领导首先是思想的领导，校长办学治校必须符合党的教育方针，顺应教育规律，当前主要任务是推进"五育并举"，校长要学习、掌握正确先进的思想，只有校长具备了先进的思想，才能领导好学校并落实好党的教育方针，培养德智体美劳全面发展的建设者和接班人；二是愿景引导。教育的根本任务是为党育人，为国育才，校长必须把握党的教育方针、学校办学实际和学生现状，确定学校办学目标和培养目标，回答好培养什么人、怎样培养人、为谁培养人这三个问题，引导全校教职工形成共同价值追求，落实立德树人任务；三是管理指导。有了正确办学治校理念和办学愿景后，校长要实现管理转型，向指导型管理转变，指导教职工完善课程体系、教学体系、评价体系、家校合作体系等，落实"五育并举"要求。

2. 同步推进"五育并举"

（1）以"德"培根，铸人以魂

大津口中学把社会主义核心价值观作为学校德育首要的价值追求，从大处着眼，从小处入手，结合学校推行的"四大教育"之中的"文明教育""感恩教育"让"行为有范、举止有格"成为每一个"学子"的自觉行动。

第一，学校建立了"三人"德育三维架构。"入形"，即让学生在原生态的生活环境中，去践行、感悟、体验，为健康行为的养成、品质意志的锤炼、社会情感的升华奠定基础；"入心"，即对社会认知、社会体悟的入脑、入心；"入神"，即形成人的精神品格、意识形态、价值观念。

第二，进一步完善学校德育工作体系，认真制定实施《学校德育工作实施方案》，深化课程育人、文化育人、活动育人、实践育人、管理育人、协同育人。大力开展理想信念、社会主义核心价值观、中华优秀传统文化、生态文明和心理健康教育。加强爱国主义、集体主义、社会主义教育，引导学

生听党话、跟党走。加强品德修养教育，强化学生良好行为习惯和法治意识养成。利用学校"名家大讲堂"打造"国学堂"，全面实施爱国主义、中华优秀传统文化教育。广泛开展先进典型、英雄模范学习宣传活动，讲好新时代"大津口中学故事"，积极创建省级文明校园，助力泰安市创建全国文明城市。配足丰富寓教于乐的校级优秀少年文化精品资源库，强化对网络游戏、微视频等的价值引领与管控，创造绿色健康网上空间。突出政治启蒙和价值观塑造，充分发挥共青团、少先队等群团组织育人作用。

第三，开设德育课程，课程育人是落实立德树人的主要途径之一。在开齐上足国家课程的基础上，开设校本课程会让德育工作更接地气、更加丰富多彩，如通过开设《社会主义核心价值观解读》《美丽中国》《时事风云》《生涯体验》《泰山文化》等系列德育校本课程，让学生心怀天下，努力做有家国情怀的人；心存敬畏，做行有所止的人；意志坚韧，做积极进取的人；心胸开阔，做阳光大度的人；心存感恩，做知恩图报的人；心存善意，做助人为乐的人。

（2）以"智"固本，育人以灵

学校进一步提升智育水平，着力培养认知能力，促进思维发展，激发创新意识。

首先，打造高效课堂。我们严格按照国家课程方案和课程标准实施教学，确保学生达到国家规定学业质量标准，充分发挥教师主导作用，继续深入探索实施"六步教学法"，即"导学做展点测"高效课堂教学模式，引导教师深入理解学科特点、知识结构、思想方法，科学把握学生认知规律，上好每一堂课。课堂上突出学生主体地位，注重保护学生好奇心、想象力、求知欲，激发了学生的学习兴趣，提高了学生的学习能力。

其次，学校构建了具有鲜明特色的动态式、多样化校本课程体系。目前，学校推进的"三大工程"之一的"课程选修"工程，已研发40门具有学校特色的拓展课程，加强了益智教育、科学教育和实验教学；借助学校"三大工程"之一的"书香校园"工程，广泛开展多种形式的系列读书活动，为学生的个性化发展提供了多样化路径。

最后，创新评价方式。在"办理想的学校，做温暖的教育"的共同愿景下，学校提出"让孩子拥有一个喜欢学校的理由、给孩子创设一个调控学习的机会、帮孩子找到一个发展自我的支点"的评价理念。结合我们学校推行的"三大工程"之一的"星卡激励"工程，围绕着促进学生智育方面的评价做了重点研究和实践，学校创新评价方式，将过程、情境以及学生表现融为一体，关注学生学习方式、思维逻辑、人际交往等多个维度，激励学生。

（3）以"美"化人，让人有情

学校将艺术教育作为素质教育的重要内容，进一步增强美育熏陶，实施学校美育提升行动，提出"发展个性，学艺交融"的艺术教育理念。学校倡导多元的校园文化，尊重个性差异，尽最大努力调动学生的主体性、能动性、创造性，为学生的个性发展创设空间。

学校举办了丰富多彩的艺术活动，班级常规活动开设有"班班有歌声""啪啦啪啦舞""器乐进课堂"等，学校每年定期举办校园艺术节活动。每年的12月份是学校艺术节的举办月份，艺术节内容丰富，有以班级为单位全员参与的爱国歌曲合唱比赛，有琳琅满目的书法摄影展，有充满智慧的巧手小制作，有载歌载舞的文艺汇演，有师生动漫作品展，师生同台献艺，精彩纷呈；"校园十佳歌手""十佳器乐能手""十佳舞蹈新苗""十佳主持人"等校园赛事，都见证了师生在美育中成长的经历。艺术节是我们学校"艺术素养"的集中展示活动，贯彻了我们学校"让艺术成就学生别样人生"的育人理念。

　　学校严格落实音乐、美术、书法等课程，结合泰安市地方文化，借助学校"三大工程"之一的"课程选修"工程和学校第二课堂活动，学校设立了剪纸、皮影、泥塑、石刻、陶艺等艺术特色课程。广泛开展校园艺术活动，帮助每位学生学会 1—2 项艺术技能、会唱《社会主义核心价值观组歌》《我和我的祖国》等主旋律歌曲；引导学生了解世界优秀艺术，增强文化理解；组建了学校合唱团等特色艺术团队，积极参加省市中小学生艺术展演，积极争创省市"中华优秀传统文化艺术传承学校"。结合泰安市推出的课后服务，我们鼓励并吸引专业艺术人才和有艺术功底的"五老"人士到学校兼职任教，丰富了学校的艺术资源。我们跟泰山学院的艺术学院建立了合作关系，大津口中学成为艺术学院的实习基地和对口支援基地，美丽的大津口乡也成为他们的写生基地。

（4）以"体"强身，教人向上

强化体育，打牢身体根基。学校体育是全面发展的重要组成部分，是培养社会所需人才的重要内容。体育和教育都是人类社会的文化现象，随着人类社会的产生而产生，随着人类社会的发展而发展。我们学校坚持健康第一，进一步强化体育锻炼，实施学校体育固本行动。

我们学校严格执行学生体质健康合格标准，健全并执行国家监测制度。除体育免修学生外，未达体质健康合格标准的，不得发放毕业证书。我校开齐开足体育课，科学安排体育课运动负荷，开展好快乐足球、花式篮球、中长跑等学校特色体育项目，大力发展校园足球，让每位在校学生掌握1—2项运动技能。大津口中学作为泰安市体育传统项目学校、泰安市体育特色学校，大力倡导"以体育人"，在泰安市教学效果显著。

学校树立"健康第一"的教育理念，积极开展了"阳光体育大课间"活动。我们开设了《军训》《自卫防身术》《我是路人王——篮球》《炫舞啦啦操》《抖空竹》《网球》《拔河》《跳绳》等系列体育校本课程，把学生吸引到体育场、大自然中去强健体魄，让学生享受体育带来的乐趣。我们学校除常

规体育活动和课程外，学校还开展菜单式体育服务项目，丰富学生的运动生活，在增强学生体质的同时，健全学生的人格，培养和锻炼学生的意志。

学校组织体育节系列活动。学校最早安排的是：上学期有春季运动会，下学期有秋季运动会。后来，由学生备战运动会的月份逐渐丰富、推广变成了体育节，每学期一届体育节，上学期是 4 月份，下学期为 11 月份。我们邀请家长、社会知名人士参与体育节，共建了协同育人机制。体育节期间强健了学生体魄，开放了校园，促进了家校共建的效果。

（5）以"劳"夯基，培育尊严

在新时代的素质教育中，"劳"是指创造力、动手能力。"教育必须与生产劳动相结合"，这是学校教育的一项基本原则。为进一步加强劳动教育，充分发挥劳动综合育人功能，我们学校制定并实施了《学校劳动教育指导纲要》，加强了学生生活实践、劳动技术等教育，优化了综合实践活动课程结构，确保了劳动教育课时的数量。

我们学校还制订了劳动教育课程规划，开设了比如《学烧家常菜》《校园保洁与管理》《校园绿化》等系列劳动校本课程，确定课程目标、学习方式与课程内容，开辟了校内外劳动教育实践基地，开展家务劳动技能比拼，让学生真正懂得"劳动最光荣、最崇高、最美丽"的道理，让学生在劳动实践中获得体验、感悟与才干。

①坚持学生值日制度，组织学生参加校园劳动

学校合理安排了卫生清洁劳动。结合学校具体情况，组织学生打扫教学楼、食堂餐厅、宿舍楼、厕所、校园公共区域的卫生，政教处统一安排出各班劳动值日表和分包区域，让学生自己动手来打扫，体验劳动的艰辛，共同维护校园卫生。

开展校内绿植建设活动。在校内开辟的4亩实验农田里，由生物教师安排、班主任组织，带领学生种植一些花卉、蔬菜、果树，让学生在亲身实践中认识各种植物。收获时节，我们利用自己种植的蔬菜在我们学校餐厅里让学生自己动手做饭，学生择菜切菜炒菜，用双手劳动体验丰收的喜悦，让他们体会到"流自己的汗吃自己的饭才是最幸福"的道理。学校落实了提升学生生产性劳动技能的要求，传承了勤俭持家的传统美德，牢记幸福是靠双手劳动奋斗出来的。这样既提升了学生对生物课的兴趣，也加深了其对劳动意义的认识。

上好通用技术课，培养创造能力。通用技术课程已经列入初中选修课程，我们充分技术课程，安排学生到通用技术教室，在专业教师的指导下，学会使用钳子、锯、电钻等基本工具来进行简单的维修，并联系附近的泰安高职学院到他们实习车间进行了模型、模具的创造实践性体验学习，培养了学生的工匠意识和创造性劳动意识。在我们学校例行的每月一次的课桌凳检查维修活动中，学生们周六、周日自愿参加班集体及全校课桌椅的维修，增强了学生们自豪感和主人翁意识。

②积极开展校外劳动实践及劳动研学等活动

走进农田农家，抓实劳动体验课。我们农村地区是开展劳动教育的广阔平台，地理优势也是教学工作开展的一块宝地。办好新时代下的劳动教育，我们因地制宜，开展了一系列具有乡土味的劳动教育。结合我们农村周边有大量的农田、果园、茶园这一实际情况，在每年麦熟、秋收时节，学校组织学生走进农田，走进农家割麦子、收玉米、摘水果、采茶等。让孩子们亲近乡土、体悟乡情、传承乡风。

学校加强对外联系，组织各种形式的"劳动"研学教育活动。学校与一批校外劳动教育实验区及新型农场建立合作关系，如泰安市的"青青农场""药

乡林场""山水田园""友邦田园""泰顶青生态茶叶场"等，学校利用他们相应的田地、山林、草场等作为学农实践基地，定期到这些基地组织劳动研学活动，为学生参加农业生产、工业体验、商业和服务业实践等提供保障。学校组织并开展的各种形式的"劳动"研学教育活动，教会学生掌握了学习技巧，学会生存，学会了做人做事。

　　大津口中学依托校内劳动基地和校外社会实践课程，让学生在学习文化知识之外，有目的、有计划地参加了日常生活劳动、生产劳动和公益性劳动，同时引导家长给孩子安排力所能及的家务劳动等，让学生动手实践、出力流汗，帮助其树立了积极的生活态度，培养其创造美好生活的能力。

六、探索"五育"融合

"五育"中的"德智体美劳"就像我们的五个手指头，不能轻易地将它们分开割裂、划清界限。"五育融合"语境下的德、智、体、美、劳五育之间的联系规律：德育是方向、灵魂，对其他各育起着导向和推动的作用；智育是前提，为其他各育提供认知基础；体育是基础，为其他各育提供物质保障；美育和劳动技术教育渗透到全面发展的各方面，起到辅德、益智、促体的作用。

"五育"融合不是"德智体美劳"的简单拼凑和叠加。"五育"融合是"五育并举"下的又一个发展进程，是一个更高的发展阶段，是新时代教育发展的里程碑。2019 年 2 月，中共中央、国务院印发的《中国教育现代化 2035》提出"更加注重学生全面发展，大力发展素质教育，促进德育、智育、体育、美育和劳动教育的有机融合"。"五育"之间既独立又统一，既是手段，又是目的。最终的目的就是通过"五育"之间的有机融合，达到"五育"共通、"五育"共赢、休戚与共、和谐发展的一个状态。教育是一个系统工程，只有将德智体美劳"五育"完美融合，才能真正达到育人的目的。

我们学校尝试在四个"依托"中推进"五育"融合：

1. 依托课堂阵地，学科落实"五育融合"

约瑟夫·施瓦布曾指出："实践是教育的真正语言。""五育融合"是一项"择宜"的实践艺术。课堂始终是"五育融合"的主渠道、主阵地。

首先，使教师充分认识到"五育"的目的是培养"三观"正确、行为规范、品德良好的好少年。教师要充分利用课堂，使课堂成为践行"五育"的舞台，使课堂既有爱的温度，又有育人的深度。例如，我们学校李艳梅教师根据语文学科的特点，要求学生收集生活中的废旧物品，联合美术教师共同指导学生充分发挥想象，将其改造成有创意的艺术作品，然后将设计思路创新点与其他同学分享。李艳梅教师一边倾听学生的心声，一边结合本学科特点开展"五育"，引导学生在日常生活中要养成勤俭节约、旧物回收、循环利用等环保意识。学生分享自己的创作心得，这既让学生体验了创新的成就感，又激发了学生自我表现和表达的欲望，这种实践活动使学生间相互学习、相互借鉴，成果展示有助于学生顿悟美、欣赏美、感知美，提升自我创新的能力和审美意识，实现了"五育"的融合。

其次，"五育"的关键在于帮助学生树立正确的价值观，深刻理解"五育并举"的价值含义，知其意，明其情，晓其理，明白"五育"实践活动对自我人生轨迹的影响。正如著名教育家张伯苓先生曾说："作为一个教育者，我们不仅要教会学生知识，教会学生锻炼身体，更重要的是教会学生如何做人。"又如我校郭建华教师在上综合实践课时，为了让教学富有浓情、彰显亲情、流露温情，他在教学实践活动开展之前，先利用典型事例进行情感教育，感染学生、激励学生，直击学生内心深处，使学生精神层面受到一次洗礼。随后基于学科特点，组织学生到乡敬老院开展亲情关爱活动，女同学给孤寡老人打扫卫生、整理内务等，男同学清理社区垃圾、修剪绿篱、收拾草坪等，课堂上共鸣，课堂外体验践行。教师将每一个学生辛勤劳动、爱心奉献的场面制作成美篇发布到微信家校群，家长、教师纷纷点赞。

最后，就教学目标而言，"五育融合"更适合情感类教学目标。教学作为传授知识的活动，其本身具有双重目标：一是智力层面的知识类目标，它强调的是向学生传授知识和技能，实现对于知识内容的掌握；二是情感类目标，它强调的是感化学生的心灵，从而丰富学生的精神世界。正如"现代教育学之父"赫尔巴特所言，教学"不仅丰富着对别人的情感产生的同情，而且使自己的情感在别人心中增殖起来，以使这种情感强有力地、纯洁地反馈给我们自己"。教学中"五育融合"要求的是对各育教学内容间的融通、渗透和整合，其核心特质在于渗透。它强调的是"各育"之间的彼此交融，是一种"你"中有"我们""我"中有"你们"的状态。

例如，语文课上，学习《邓稼先》这篇文章之后，我们可以顺势从网上搜集一些关于邓稼先的感人事迹推送给学生，比如他放弃美国的丰厚待遇，费尽周折回到祖国，领导组员成功设计出中国本土的原子弹和氢弹，使我国国防自卫武器达到世界水平。通过阅读材料，不用老师讲解，学生就能受到精神的洗礼，他们会被邓稼先这种以学报国、以身许国的奉献精神所感动。此时可以趁热打铁，引导学生写出读后感，将真情实感流露于笔端。又如八年级教材中有一篇朱德的《回忆我的母亲》，作者在文中阐述了从小参加劳动对他终生的影响巨大。九年级教材中，《范进中举》则是从反面告诫学生四体不勤，鄙视劳动，导致不会营生的悲剧。我们可以依托文本，将劳动的概念深植于学生内心。

在学科教学中，有意识地以"五育"的某个维度为主，兼以其他维度的穿插。比如，在物理学科教学中，以智育为主，融入爱国主义教育、科学精神等德育内容，再根据实际情况穿插体育原理、劳动知识、美学鉴赏等内容。"五育融合"式教学更多讲求的是让学生通过直接的体验和感受来获得知识、产生相应的情感体验，各育间的融合渗透正好能够为培养学生不同方面的情感提供可能。

此外，在课堂推进中，一方面，教师可以根据实际的教学情况安排融合的进度，"五育融合"式教学并不意味着每堂课都需要融合"五育"的内容，而是要在恰当的时机促进学生五育的全面发展。事实上，育人不仅仅局限于某一学科，某一学科也不一定非要包含各育的内容。另一方面，教师可以根据学生的实际学习需要调整"五育融合"的程度与水平，理想的"五育融合"式教学应既能够寻求到不同学科"五育融合"的独特逻辑，又能够发挥各育在学科教学中的真正价值。

2. 依托第二课堂，巧妙渗透"五育融合"

学校在推进"五育融合"的过程中，遵循"对师生的可持续发展负责，为师生展示才华搭建舞台"的办学理念，坚持"一个都不能少，每个人都很重要"的价值理念，本着"学生喜欢 + 提供平台 + 自主选择"的服务宗旨，把每周三下午第三、第四节课的课后服务统一定为第二课堂活动，由学校教务处牵头，建立以社团、兴趣小组为单位的课程实施模式，结合学校"三大工程"之一的"课程选修工程"，开设了绘画、书法、声乐、机器人、航模、动漫、剪纸、烹饪、摄影、陶艺、棋类、球类和健身操等 30 多个社团和兴趣小组，引导学生根据自身个性需求和特长，自主选择适合自己的特长项目，助力学生个性成长、可持续发展。

学校依托第二课堂，要求所有社团和兴趣小组的指导教师，结合所开展的活动项目，制订好活动计划、确定好活动主题、设定好活动目标，适时有机渗透"五育"。在丰富多彩的活动中，学生的自立能力、团队协作能力、吃苦耐劳精神和综合素质得到了显著提高。教务处每半学期召集社团和兴趣小组的指导教师围绕"五育融合"话题展开讨论，就各自负责的社团和兴趣小组渗透"五育交流"做法，分享可借鉴的经验，做到过程有跟进、有小结、有反馈、有改进、有分享。每学期，学校召开第二课堂的总结、反馈会，对优秀的社团活动案例形成课例集，供本校和兄弟校交流、借鉴。同时，学校针对第二课堂"五育融合"所取得的成效，每学年评选若干名优秀指导教师。被评为优秀指导教师的，视同校级先进班主任，以此激发社团和兴趣小组指导教师的积极性和主动性。

3. 依托综合实践，活动中促"五育融合"

学校作为我们泰山景区优秀"综合实践"品牌校，坚持以"主题化"实践活动为抓手，促进学生全面、可持续发展。尤其近年来，我们通过精心设计活动方案，融入"五育"元素，力求在活动中促"五育融合"，使"主题"实践活动发挥更大的育人作用。

一是立足校园科技节、艺术节、体育节等节庆活动，为学生展示才华搭建舞台。学校通过开展各项科技创新、文艺汇演、体育运动会和学科竞赛等活动，集中展示学生才艺和风采。例如，文艺汇演不但展示了学生的才艺，而且让学生深切地感受到党和伟大祖国的辉煌成就；革命历史文物展带着学生回顾祖国红色记忆；爱心美食义卖让学生体验劳动与奉献的快乐；体育运动会既展示了学生的竞技水平，又提高了他们的团队配合精神。

二是立足研学活动，补充"五育"元素。结合我校"四大教育"之一"开放教育"中的研学活动，如组织到济宁市"孔孟之乡"开展传统文化主题研学，组织到枣庄市的台儿庄进行红色主题研学，组织到山东兰陵国家农业科技园

开展科技农业主题研学，组织到山东科技馆、博物馆进行触摸现代与历史主题研学，组织到山东省植物园、动物园开展自然主题的研学，去北京看长城、故宫、八达岭、国家科技馆、国家博物馆，走进清华北大校园聆听天之骄子的演讲，走进上海去感受经济大都市的繁华与现代，走进江浙去感受小桥流水及南方园林的婉约与秀雅……红色和传统文化研学让学生尊重祖国历史、传承红色基因，科技与时代主题研学激发学生的学习动力，走进自然与人工园林会培养学生的审美意识和生态文明价值理念。

三是立足综合实践活动，培养学生"五自能力"。"五自能力"，即自我管理、自我服务、自我监督、自我教育、自我发展能力。每年九月、十月份，学校分四个时段组织全校四个年级（初一至初四）的学生到山东省学生社会实践基地——"山青世界"，开展军事训练、内务训练、野外拉练、法制教育、国防教育以及素质拓展、劳动体验、生活体验、感恩教育等"菜单式"综合实践，不仅帮助学生规范个人行为、强健体魄、学会劳动，还培养了学生顽强的意志、吃苦的精神、团结的作风等，在活动中提高学生的"五自能力"，也促进了"五育融合"。

4. 依托多元评价，促"五育融合"

评价是导向，是引领，评价要关注生命本身的成长。每个孩子的成长节律是不同的，潜在的优势领域也是有差异的。我们要引导孩子全面发展，也要让他们发挥个性特长，要对他们当下的发展做出评价、反馈，也要引导他们积极向上、不断完善。

我校近年来不断改革，探索多元评价方式，学生的成长档案以"卡"记录，用"证"说话，以"星"树形。结合前面描述的学校推进的"三大工程"之一的"星卡激励工程"，我校开发了"积分争卡、争当'五星'学生"的特色评价体系，基于中国学生核心素养培育，从"必备品格"和"关键能力"两个维度进行设计，覆盖德智体美劳五方面。

学校组织评选星级学生，指向必备品格的成长星有：礼仪星、感恩星、劳动星、自律星、友善星、自治星等，指向关键能力的成长星有：探索星、学问星、好学星、健康星、艺术星等。通过"以积分争'绿卡'，'绿卡'以换金卡""以卡兑换奖品""五星级少年评选"等方式，激励学生全面发展，成为更好的自己。同时，我校积极探索实行阳光体育证书、艺术素养证书、学生志愿服务卡和社会实践卡等制度，客观记录了学生参与活动的情况。学校坚持积分制度建设，把积分作为评价的尺子，还建立了学生个人积分、学习小组积分和文明班级积分等分级积分制度，尽量真实地反映学生的综合表现，引导学生全面发展。

学校制定了《大津口中学学生综合素质评定实施细则》（见附录2）《大津口中学学生综合素质评价表》（见附录3）促进学生"五育并举"，全面发展。我校也是泰安市第一个打破在传统"三好学生"评价体系基础上，拓展升级为以"五育"为标准的"五好学生"评价体系的学校，我校学生评价体系被市教育局建议全市推广。

5. 学校推进"五育融合"中存在的问题和打算

目前，我们对"五育融合"理解还不够全面深入，在推进"五育融合"的过程中还不够系统、科学，针对教师推进落实"五育融合"工作的评价体系还未全面系统地建立，很多探索还在路上。

未来我校需要聚焦"五育融合"，围绕育人主题，进行系统规划，构建融通的课程体系。通过选择性拓展课程、综合实践性课程、家校共育课程、地方课程等培育学生核心素养，使他们成为人格完整、身心健康、全面而有个性的人。

一是优化学校整体的课程结构，将"五育并举、融合育人"的理念贯注其中，一方面突出并举之"全面"，另一方面以丰富的校本课程体现发展之"自由"。

二是精心设计"五育"课程，创造性研制"五育"各自的课程规划，每一类课程规划都有主阵地、主体活动、相互渗透三个板块，形成"大德育、大智育、大体育、大美育、大劳育"的教育新视域。

三是制订学科课程规划，各学科依据"五育并举、融合育人"的思路，制订四年一贯的课程规划，内容包括指导思想、课程性质、课程理念、课程目标、课程内容、实施策略、学习评价等七个方面。从四个层级的课程规划引导"五育并举、融合育人"的理念切切实实地落地生长。

四是建立促进教师落实"五育融合"的评价体系，确保教师学深悟透，认真执行，将国家的教育方针贯彻落实到位。

持续完善以德育立人、以智育赋能、以体育健体、以美育怡情、以劳动养性的"五育并举"育人新模式，让我们的乡村教育提质量、见成效，让乡村学生留得住、学得好，让每个孩子都能得到充分的个性化发展，让教育回归本真，这是我们这些农村、山区教育工作者在新时代的职责与使命。

　　"路漫漫其修远兮，吾将上下而求索"，"五育并举"的内涵将随着时代的发展不断丰富，与之相关的办学理念与实践必将有创新也有坚守。教育的拓疆之路，也需要大家携手，共思共进，共享共襄。大津口中学探索的"三大工程""四大教育""六步教学法"都是"五育并举"内容之一，我们将坚持以立德树人为根本，不断探索"五育并举"新举措，实施新路径，全面施教，广育英才，努力在初中教育阶段"让每个人都有人生出彩的机会"，让山区孩子们的未来有更多出彩的机会。

附录：

1. 泰山景区大津口中学劳动教育活动课程设计 [1]

张鹏霄

为贯彻落实 2020 年 3 月 26 日中共中央、国务院发布《关于全面加强新时代大中小学劳动教育的意见》，更好地培养学生的劳动兴趣、磨炼意志品质、激发创造力、促进学生身心健康和全面发展。努力把学生培养成热爱劳动、勤于劳动、善于劳动的高素质劳动者。结合我校山区学生实际，研发设计并推进实施了部分劳动课程，情况如下：

一、课程设计指导思想、意义

加强中小学劳动教育是全面贯彻党的教育方针的基本要求，是实施素质教育的重要内容，是培育和践行社会主义核心价值观的有效途径，是培养广大青少年的社会责任感、创新精神和实践能力的重要方式。

我校劳动课程将以课堂教学改革为突破口，加强劳动基地建设，以"实践育人"为基本途径。坚持有计划、有组织、有目的地组织学生参加丰富多彩的劳动实践活动，积极探索劳动教育在素质教育中的作用，增强学生的劳动观念，培养学生的生活、生存技能，在动手动脑中培养学生创新意识和实践能力，促使学生全面发展。

二、劳动教育课程工作领导小组

组长：张鹏霄（校长）
副组长：谭会文（副校长）吴乃杭（副校长）朱佑利（副校长）
成员：
郭建华（学生发展中心主任）
张新（课程与教学中心主任）

---

1 我设计的劳动课程案例，该案例于 2020 年获"山东省中小学劳动教育典型案例一等奖"。

张保国（团委书记）

董传明（总务主任）

张亮（保障中心主任）

活动下设办公室，具体负责推进各项工作，办公室设在学生发展中心，郭建华同志任办公室主任。

三、劳动教育课程原则、目标任务

（一）课程实施原则

1. 坚持思想引领。劳动课程既要让学生学习必要的劳动知识和技能，更要通过劳动帮助学生形成健全人格和良好的思想道德品质，劳动教育也是德育教育的载体之一。

2. 坚持有机融入。要有效发挥学科教学、社会实践、校园文化、家庭教育、社会教育的劳动教育功能，让学生在日常学习生活中形成劳动光荣、劳动伟大的正确观念。

3. 坚持实际体验。要让学生直接参与劳动过程，增强劳动感受，体会劳动艰辛，分享劳动喜悦，掌握劳动技能，养成劳动习惯，提高动手能力和发现问题、解决问题的能力。

4. 坚持适当适度。要根据学生年龄特征、性别差异、身体状况等特点，选择合适的劳动项目和内容，安排适度的劳动时间和强度，做好劳动保护，确保学生人身安全。

（二）目标任务

1. 通过丰富多彩的劳动课程，提高学生的劳动素养，促进学生形成良好的劳动习惯和积极的劳动态度，使他们"崇尚劳动、尊重劳动，懂得劳动最光荣、劳动最崇高、劳动最伟大、劳动最美丽的道理"，培养他们勤奋学习、自觉劳动、勇于创造的精神，为学生终身发展和人生幸福奠定基础。

2. 多渠道宣传，提高认识，形成良好的劳动教育氛围。教育与生产劳动相结合，是我国教育方针的重要内容，是培养二十一世纪建设人才必须遵循的守则。对学生加强劳动观点和劳动技能的教育，是实现学校培养目标的重要途径和内容，是学校教育的重要教学任务。

四、劳动课程种类及设计

（一）国家与地方劳动课程。

依据上级要求，在正常教育教学中严格开展好国家规定的劳动综合实践活动课程，同时要求教师在其他学科教育中有效渗透劳动观念、劳动态度、劳动美德、劳动技术的教育。要结合综合实践课有机地融入劳动教育内容，在各学科教学中加大劳动观念和态度的培养。（课程与教学发展中心负责）

（二）校本劳动课程

1. 校内常规性劳动课程。学校常规工作中要渗透劳动教育，组织学生做好卫生劳动值日，认真清扫校园，增强责任感和主人翁意识。开展结合学生实际的劳动竞赛活动，提高学生劳动意识和劳动技能；开展与劳动有关的兴趣小组、社团活动，进行手工制作、室内装饰、班务整理等实践活动。（学生发展中心负责）

2. 以"爱学校"为主题的劳动实践课程。促进学生在为集体、为他人劳动服务的过程中让学生体验劳动的快乐，培养学生尊重劳动、热爱劳动的信念，珍惜劳动成果，树立以劳动为荣的观念和态度，培养责任感。

课程1：组织学生参与绿化美化。普及校园种植与管理，让班级、学生认领绿植或"责任田"，除草、修剪，予以精心呵护。（总务处负责）

课程2：参与学校厕所保洁活动。每班分组全部参加厕所保洁活动，每班为期一周，全校循环，保证厕所干净、无异味，展开小组、班级之间竞赛评比活动。（总务处负责）

课程3：参与班级财物保护、修缮活动。"班级是我家，爱护靠大家"，利用周六、周日或节假日参与学校"每月一检修"活动，学生及家长志愿者，针对班级桌凳、窗帘、照明灯等开展集中维修、清洗等活动，表彰先进学生及家长。（总务处负责）

课程4：参与学校食堂餐饮服务活动。全校各班全体同学，每班每学期安排三次，每次一天，组织全班同学在食堂老师的指导下，全时段参与饭菜制作、清洗餐具等过程，包括：择菜、清洗蔬菜、切菜、做面食、盛饭菜、清洗食盒、餐厅卫生整理等，活动设有个人评价、班级评比。（保障中心负责）

3. 以"爱父母"为主题的劳动实践课程。开展"做爸妈的帮手"活动。

要求学生周六、周日、节假日坚持帮助家长干一些力所能及的家务劳动，如扫地、洗衣、叠被，农忙时参与收栗子、核桃等秋收劳动，利用节假日帮父母参加其他农业生产劳动，感恩父母，珍惜生活，锻炼学生的生活自理能力和劳动能力，增强劳动意识。（学生发展中心负责）

4.以"爱社会"为主题的公益性劳动实践课程。学校加强劳动教育与社区教育之间的联系，充分发挥社区的作用，给孩子积极参与并实践劳动技能提供更广阔的空间与平台，组织学生参加各种有益的社会实践活动，如定期到乡驻地敬老院进行的卫生整理等敬老爱老活动，为保护泰安城市饮水工程参与保护水源地而进行的清理河道、捡拾垃圾等活动，让学生感受劳动的快乐与光荣。（学生发展中心负责）

（三）校外研学劳动课程

学校利用社会劳动教育实践基地、综合实践基地和其他社会资源，结合研学旅行、团日队日活动和社会实践活动，开展劳动研学体验。（学生发展中心负责）

1.定期组织学生走进如"花样年华""青青农场""农业博览园"等劳动教育场馆开展农业生产、农具使用等农业基本知识方面的普及教育。组织学生走进蔬菜水果种植、畜牧养殖、城市绿化等现代农业基地、生态庄园体验感受现代农业的魅力；组织学生走进农业生产基地、工厂车间、制造基地、商业企业等；打开学生视野，感受劳动创造美好生活的视觉感受。

2.组织学生到劳动实践研学基地中体验。学生在"山青世界""泰安友邦田园"亲身种玉米、收土豆、蒸馒头等，通过"种—赏—收—品"为劳动活动主线，以"品"贯穿整个活动过程，品"种"的辛苦，品"赏"的乐趣，品"收"的喜悦。学生通过观察去发现，通过进行种植去实践和体验，增强他们的农业科普知识，通过写观察日记和科普作文，提高了他们的观察能力和写作水平。让学生在基地劳动实践活动中学习劳动本领，做未来生活的主人。

五、学校劳动课程实施推进与保障

（一）充分准备

1.加强宣传，营造氛围。要把劳动教育课程作为德育工作的一项重要内容，保证劳动教育的实效性和多样性。通过家长会、家访等形式对学生家长进行劳动教育重要性的宣传，引导家长认识劳动对培养学生优秀的思想品质、养成良好行为习惯的作用，使家长能积极主动地配合各项校内外教育活动。

2. 学校要重视劳动教育，成立学校劳动教育课程领导小组，把劳动教育作为德育工作的重要内容，保证劳动教育的实效性和多样性。

3. 制定措施，提高认识。制定切合本校实际的劳动教育课程实施细则、课程内容，组织教师学习，使全体教师明确人人都是劳动教育的参与者、组织者、引领者。

4. 加强校内劳动教育基地和场所建设，加强与校外劳动研学基地的合作。将学校劳动课程与研学基地课程有机融合，体现学校劳动教育的日的。

5. 加强劳动课程的经费投入和人员配备。

（二）有序推进

1. 加强师资队伍建设。积极组织相关教师参加各级各类劳动教育培训，积极开展教学研究活动，通过活动促进教师劳动专业教学能力的提高。

2. 利用多种途径与载体。通过家长学校，指导家长重视孩子家务劳动意识的培养；通过校本课程，传授家务劳动方法，掌握家务劳动技能；通过不同形式的校园社团活动，加强学生家务劳动习惯的培养；通过学校开展的各种主题活动，形成自己的事情自己做，家里的事情主动做的正向引领。

3. 课程整合与渗透。利用学校各级课程进行整合与有效渗透，利用有利资源，丰富劳动教育内容。

4. 加强督导评价。建立学生劳动评价制度，评价内容包含参加劳动次数、劳动态度、实际操作、劳动成果等方面，突出家务劳动评价，形成劳动教育评价体系。把具体的劳动情况和相关材料计入学生综合素质档案，可作为评选"劳动小能手""五好学生"等的依据之一。

（三）总结梳理

定期对各班劳动教育课程开展情况进行总结交流。做好劳动教育成果的积累（如汇总劳动日记，劳动的感受体会，家庭成员对孩子家务劳动的评价感受等）。同时要做好相关资料的整理存档工作，并上报学生发展中心，届时学校将根据活动开展情况对评选出的家务劳动小能手、劳动好少年等进行表彰；对承担课程的教师进行多角度评价，列入学校对教师考核；对目前实施的劳动课程进行梳理、修改、完善、提升，为后期更有效地推进做好铺垫。

附：（一）学生劳动图片

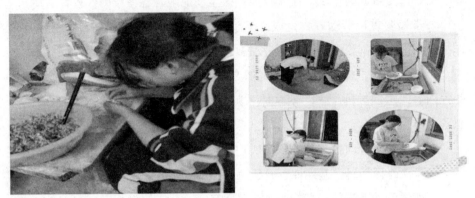

1.学生参与家务劳动图片之做饭、整理家务卫生等

2.学生参与学校劳动图片之食堂劳动实践

3.学生参与学校劳动图片之厕所保洁实践

4.学生参与学校环境劳动之清理杂草、浇树等

5.学生参与公益劳动活动图片之敬老院劳动、清理河道垃圾

6.学生研学基地劳动活动图片之农场劳动

7.部分学生家长在学生感召下积极参与班级劳动清洗窗帘

附：学生参加劳动评价样表

1. 学生劳动评价——厕所保洁

班级 _____ 日期 _____

姓名	遵规守纪 (20分)		吃苦耐劳 (20分)		不怕脏、累 (20分)		班主任评价 (40分)	总分
	自评	组评	自评	组评	自评	组评		

2. 学生劳动评价——食堂全流程劳动体验

景区大津口中学食堂活动评价标准（学生）
本标准由班主任负责评价实施
班级：　　　　　日期：
评价细则： 一、服从管理，积极体验（0—5分） 1.服从班主任、指导老师以及组长安排调度，指哪打哪，不带情绪 2.积极参与劳动，主动体验，不懒散，不躲闪 二、团结配合，安静有序（0—5分） 1.小组内积极配合，高效达成任务目标 2.整个过程不喧哗、不打闹，安安静静地完成体验任务 三、安全操作，验收过关（0—5分） 1.体验期间，注意安全操作，不出现安全事故 2.任务完成后，经指导老师验收后合格 四、保持卫生，规范操作（0—5分） 1.整个体验过程，注意个人卫生保持；注意防疫要求 2.操作规范，按程序一步步完成任务 五、班主任评价（20分） 结合学生整体表现，打分 评分计分要求： 1.评价一至四项各5分，合计20分。每一项分自评与互评，自评0—5分，组评0—5分，评完后自评与组评合计除以2，计入总分；自评由学生本人自己评价，组评由组长评价 2.班主任评价20分，计入总分 3.体验作文，共10分，分为四等，计分分别为10、8、6、4 4.如出现重复计分，取平均分

姓名（分小组）	服从管理积极体验		团结配合安静有序		安全操作验收过关		保持卫生规范操作		班主任评价	体验作文（10分）	总分（50分）
	自评	组评	自评	组评	自评	组评	自评	组评			

3. 学生劳动评价—— 研学劳动基地评价样表

班级 _____   组员姓名 _____

	评价内容	自评20分	组评30分	师评50分	总分	备注
劳动态度	是否认真参加劳动					
	是否积极动手动脑					
	是否想办法克服困难					
	是否按时完成劳动任务					
合作意识	是否积极参加小组劳动					
	是否帮助别人完成劳动任务					
	是否接受别人的建议、批评					
	是否与人分享劳动成果					
实践能力	劳动中发扬了哪些优点					
	劳动中解决了哪些问题					
	劳动中是否有收获					
	劳动中是否创造了成果					
其他						

2. 大津口中学学生综合素质评定实施细则

第一条 为加强学校对学生评价工作的管理，规范初中生综合素质评定工作的行为，根据市教育局《初中生综合素质评价方案（修订稿）》，为进一步促进学生"五育并举"，特制定本实施细则。

第二条 成立学校综合素质评定工作领导小组。学校领导小组负责修订本校学生综合素质评价实施细则，具体组织实施评价工作，审定评价结果，受理咨询、申诉和复议申请。

班级评定小组成员由班主任、任课教师代表、学生代表7人组成，负责对班级中每个学生进行综合素质的评定工作。由班主任担任班级评定小组组长。

第三条 初中生综合素质评定必须遵循导向性、可操作性、公平性和发展性原则。

第四条 初中生综合素质评定的内容依据泰安市教育局《初中生综合素质评价方案（修订稿）》确定："道德品质、公民素养、学习能力、交流与合作、劳动与技能、运动与健康、审美与表现"七个方面，各方面的评估要素由学校综合素质评定工作小组组织制定（见初中生综合素质评价记录表）。

第五条 初中生综合素质评定采取学生自评、同学互评、班主任和任课教师参评、领导小组审评相结合的方式。班主任应为每位学生建立"综合素质发展记录"，注意及时采集信息，做好资料的积累工作。

第六条 评定

1.道德品质、公民素养、交流与合作三方面的评定，凡符合基本标准者，可评为合格。凡有突出问题，不符合基本标准，可暂不列等级，但要将突出问题如实记载。

有见义勇为等行为得到省市有关部门表彰；在关心集体、爱护国家和集体财产、保护环境、积极参加公益活动等方面有突出表现并得到省市有关部门嘉奖的，将具体内容填写在相应评价项目的"突出表现"栏中。

2.学习能力、劳动与技能、运动与健康、审美与表现四方面的评定等级分A、B、C、D四级。凡符合基本标准者,视情况可得B或得C;不符合基本要求者,得D;凡符合标准并有突出表现,且有详细、明确证据的(以附件形式提供),经学校综合素质工作领导小组审定确认,可得A。凡得A等级的学生,必须有突出表现的有效记载,否则视为无效。

有下列情况之一者,可在学习能力方面得A:①研究性学习成绩显著,得到社会的公认或权威部门的认可;②学习主动积极,各科成绩一贯优秀,在校期间有两年被学校评为三好标兵、五好学生,在校期间获省市优秀学生干部;③小创造、小发明经过专业评价机构认证或者在省市组织的相关活动中获奖;④在省级以上报纸、杂志发表论文、文学艺术作品;⑤在省级及以上教育行政部门批准的竞赛活动中获得等级奖;⑥其他经市、区教育局认可的表现。

有以下情况者,可在劳动与技能方面得A:①掌握与年段相应的劳动知识和劳动技能,能够使用基本的劳动工具,认真积极参加集体和家务劳动,在劳动过程中善于发现问题与解决问题,积极参与社会劳动实践与志愿服务;②严肃遵守劳动纪律,认真完成劳动任务,劳动中不拈轻怕重,勤俭节约、反对浪费、珍惜劳动成果,大胆劳动、勇于探究、敢于尝试;③尊重和热爱劳动人民,具有强烈的劳动荣誉感,懂得劳动最光荣、劳动最崇高、劳动最伟大、劳动最美丽的道理。

有下列情况之一者,可在运动与健康方面得A:①达到《国家学生体质健康标准》优秀等级者;②国家三级以上运动员;③参加省教育行政部门组织或认可的体育竞赛活动获单项前六名或集体比赛前六名主力队员、市教育行政部门组织或认可的体育竞赛活动获单项前四名或集体比赛前四名主力队员;④参加区教育行政部门组织或认可的体育竞赛活动获单项前两名或集体比赛前两名主力队员。

有下列情况之一者,可在审美与表现方面得A:①在校内外大型文艺活动中有突出表现;②参加省教育行政部门组织或认可的音乐、美术等比赛中获二等奖以上的(含集体项目,合唱除外);③参加市教育行政部门组织或认可的各项音乐、美术等比赛中获一等奖的(含集体项目,合唱除外);④其他经市、区教育局认可的表现。

第七条 评定结果必须提交学校综合素质评定工作领导小组审查、认定。

在学年末至毕业前，学校应以书面形式将评价结果通知学生本人及其家长。各项目评价得 A 等级的学生名单在校园内公示一周。如果学生、家长对评价结果有异议，应当以书面形式向学校评定工作领导小组提出申诉或复议，一周内予以答复。

第八条 学生的综合素质评价工作每学年进行一次，初一、初二、初三年级于当年的六月底前完成，初四年级的评价工作于中考报名前完成。每学年的记录表都必须经学生本人、班主任、校长签名或盖章确认，并加盖学校印章。

3. 大津口中学学生综合素质评价表

评价内容	评价标准	自评	互评	师评
道德品质	1. 尊敬师长，关心父母，正确对待师长的教育			
	2. 真诚待人，有责任心，勇于纠正自己的错误			
	3. 积极参加力所能及的劳动，尊重他人劳动			
	4. 有明确的目标，并有实现目标的恒心和毅力			
	5. 不做损人利己的事，不作弊，拾金不昧，助人为乐			
公民素质	1. 升国旗、奏国歌时立正敬礼			
	2. 自觉遵守法纪和《中小学生日常行为规范》			
	3. 自觉维护公共卫生和公共设施，爱护公物			
	4. 有较强的合作意识，主动与他人交流和分享			
	5. 关爱集体，积极参加班集体活动，维护集体利益			
学习能力	1. 主动学习的愿望与兴趣，有强烈学习的求知欲和好奇心			
	2. 能制订有效的学习计划和策略			
	3. 按时、认真、独立地完成各项学习任务			
	4. 自主学习，善于反思和总结，不断提高学习水平			
	5. 认真对待每一次考试，在月考激励工程中表现突出			
综合实践能力	1. 有强烈的探究学习愿望，积极参加研究性学习			
	2. 对他人有爱心，形成较强的社会责任感和义务感			
	3. 爱劳动，积极参加各种集体活动和劳动			
	4. 积极参加社会实践活动，献爱心并为社会做力所能及的事			
运动与健康	1. 身体健康，体能水平能够达到学校体育教学要求			
	2. 无不良嗜好，讲究卫生习惯，保持乐观心情和进取精神			
	3. 积极参加学校的长跑活动和体育艺术节的各项体育活动			
	4. 积极参加运动会，为学校运动会做力所能及的事情			
	5. 积极参加学校组织的其他体育活动如励志远足等			
审美与表现	1. 正确对待每一节音乐、美术课和其他课程，尊重老师			
	2. 能积极参加体育艺术节的各项文艺科技艺术活动			
	3. 能掌握1-2项艺术方面（音乐、美术、科技等）的技能			
	4. 积极参加学校组织的其他文艺活动如课程选修等			
劳动与技术	1. 认真参加校内劳动、种植活动、掌握简单手工操作技能			
	2. 搞好个人家务整理，卫生保洁，积极参加家庭劳动等			
	3. 参加公益劳动、社区服务，弘扬环保意识，争当志愿者			
其他方面	1. 了解一二三四五六育人模式，积极参与三大工程四大教育活动			
	2. 积极参与学校活动，如演讲征文等比赛并取得优异成绩			
	3. 本学期至少能获得过一项校级以上荣誉（含月考激励工程）			
所获荣誉				

备注：

1. 所获荣誉为校级及以上（主要有学校政教处团委、教导处、总务处工会、大津口中学、乡教育团总支、乡教委办、大津口乡、泰山景区各部门、泰山区、泰安市、山东省等教育或其他上级部门颁布）的表彰，同时要将表彰证书复印件装入档案袋。

2. 学生完成自评，互评由班级选出的考评小组完成，班主任完成师评，并完成综合性评语。

3. 所有内容完成后，学生签字，并拿回家由家长签字，入档。

4. 此评价表作为初四毕业报告和中考录取指标生资格的重要参考，并计入档案。

5. 各项评价等级和总等级：分为ABCD，分别对应优、良、一般、差。

第六章　　六步教学法

第一节　为什么要探索六步教学法

我们学校是一所山区教学薄弱学校，非寄宿制。近几年学校所在乡镇大量学生随父母务工进城就读，城市化进程的不断推进，新一代有能力的年轻人进城居住生活、不再返乡，都让我们学校生源流失严重。入我校就读的学生，学习基础普遍较差，绝大多数家长根本无能力、也无精力辅导学生，学生学习指导依靠的主要是学校和教师。

我们学校教师 40 余名，中青年教师居多，至今已经十几年未进新教师，教师流动性停滞。很多科目如理化生、政史地几乎仅有 1—2 名教师，形成不了教研团队，学校没有很好的教学研究环境和很强的教研能力，教师的科研水平总体偏低。有教学新思想、新理念、敢探索实践的教师原本就不多，时间久了就被因循守旧的老教师给同化了，他们感觉还是传统"讲授"的教学方式、教学方法来得舒服而且省劲。于是课堂上演的是教师的"独角戏"，教师口讲、手板书，学生耳听、手记录，教师目标不明地教着书，学生消极被动地学着习。

目前，我们大多数的学生家长都以外出打工作为获取经济收入的主要方式，大多数的学生是留守学生，在没有了直系监护人父母的积极督促监督下，我们这些原本就没有预习和复习习惯的农村学生就跟不上教师教学的进度，厌学思想非常严重，学生在教师上课时：有睡觉的，有调皮捣乱的，课堂教学效果不好。

教师为了提高成绩，更多是"掩耳盗铃"地布置大量作业，或让学生购买各种复习资料来刷题，一半以上的学生要么抄袭或敷衍教师乱做一通，要么干脆一点儿不做。教师又不能体罚学生或采用其他过激的行为，教师感觉好心没好报，很痛苦！学生感觉作业负担重，家长对购买资料不满意，教师、学生、家长之间时有矛盾与冲突发生。

为什么会这样？归根结底是教师偏离了教育教学的主阵地：课堂！抓住

了课堂就抓住了解决这些问题的牛鼻子！教师们应立足课堂做文章，立足课堂寻突破！

我在 2013 年 8 月上任校长，初期，我推进的学校第一项改革却并不是课堂改革，之所以不敢贸然先从课堂改革入手，就是源于当时各方面的条件都不成熟。因此，先放一放课堂改革，而是最先启动的我校"一二三四五六"育人模式中的"二三四五"四项，即"两个驱动力"（教师专业化成长、家校共建）"三大工程"（星卡激励、书香校园、课程选修）"四大教育"（感恩、励志、文明、开放）"五育并举"（德智体美劳），这些教育的探索从外到内，帮助学生树立了理想、激发了学生学习的动力、扩大眼界，已经点燃了学生积极上进、努力奋发的火焰。这些举措大多数表面看似与课堂教学并没有直接关系，实际上，这些举措已经为课改在学生层面做了大量的工作，为推进课改奠定了良好的基础。我选择从学生入手、从家长入手、从教师入手，让外围条件初步成熟，基础稳定，而后逐步向课堂改革推进。所有的改革都是为了促进学生的发展与提高，而改革的主阵地在课堂，"课改的深水区就是课堂"（《教育导报》2018 年第 84 期）。

从 2018 年起，我校围绕课堂做文章、围绕校内做文章，将改革的重点聚焦在高效课堂上。在这期间，我们带领大部分教师分批次前往衡水中学、洋思中学、永威学校、杜郎口中学等学校去考察学习、借鉴，而后创新，主要借鉴的是杜郎口中学和洋思中学的课堂模式。

洋思中学给我们的启迪：在教学中采用"先学后教、当堂训练"的教学模式，课堂上是教师先提出学习内容和要求，限定时间让学生自学教材，再做课本上的练习题；教师当堂布置作业，当堂检查，课后不留作业。"先学后教"的"教"字，不是教师真正意义上的教，而是老师对学生做的练习题做出评判，个别不会做的由教师指导。这种教学模式很好地培养了学生的自学能力，减轻了学生的负担，解决了后进生的问题，全校学生每门课的考试成绩都是优秀。

杜郎口中学给我们的启迪：杜郎口中学探索的是"三、三、六"自主学习模式。"三、三、六"自主学习模式的前"三"为"立体式、大容量、快节奏"整体性教学；后"三"为自主学习的"三大模块"即"预习—展示—反馈"；"六"，即展示"六大环节"模块，分别是：预习交流、明确目标、分组合作、展现提升、穿插巩固、达标测评。预习、展示、反馈三大模块贯穿在一起，就构成了杜郎口中学的自主学习模式的主体。与我们通常的理解不同的是，其课堂教学预习、展示、反馈模块都是占用正式课时的，有时是一节课，有时是两节，也有时是十几分钟，具体时间根据学生的学习进展情况而定，但这些环节是必不可少的。而且这些模块的教学组织形式都主要以小组活动和学生自学为主，也是以学生为主体的课堂。

我们学校改革前的状况和最初的洋思中学、杜郎口中学有相似之处：农村薄弱学校，学生学习基础弱，生源较差，教师教研水平整体偏低，学校整体办学水平处于所在区域下游。

不同之处：我校是非寄宿制学校，他们是寄宿制学校，他们学校能够利用住校的时间在教师的指导下系统地预习、复习等，可以开展一系列相关的教学辅助性活动，他们的课堂改革开展得系统而彻底。

在多次外出考察学习基础上，我们组织教师不断地总结、研讨、论证，针对我校课堂教学实际、学生实际，先模仿，再修改，再尝试，学校经过四年多的探索，初步形成了适合我校实际的特色课堂教学法——"全面发展 整体提高"高效课堂六步教学法，"六步教学法"，又称之为课堂教学六环节。我们学校探索形成的"全面发展 整体提高"高效课堂六步教学法，聚焦于课堂，围绕提升课堂效率做文章，因为提升了课堂效率，教师布置的作业量减少了，也就做到了减轻学生课下作业负担，但教学质量做到了稳中提升，真正实现了减负不减质的教学效果和课堂的提质增效。

2021年教育部发布了《关于进一步减轻义务教育阶段学生作业负担和校外培训负担的意见》（以下简称"双减"），"双减"主要内容在于减轻义务教育学生作业负担和校外培训负担。"双减"是攸关整个教育的改革，也是面向教师的变革。当教育在"双减"的助推下朝着教育本位回归，教师如何答好"双减"必答题，也就成了绕不开的议题。"双减"对于学生来说是减轻课业与经济负担，对于学校、对于教师则是挑战。

我们四年前就开始探索的课堂改革，时至今天看来，我们走对了，我们学校的"全面发展 整体提高"高效课堂六步教学法，将"提质"的重心放到了课堂，减轻了学生课下作业负担，贯彻了教育部的"双减"政策的精神，做到"减量而不减质"，凸显了较好的效果。

第二节　高效课堂六步教学法简述

陶行知说："好的先生不是教书，不是教学生，而是教学生学。"这就要求我们必须更新教学理念，改变现行的"教师滔滔讲课，学生默默聆听"的教学模式，把时间还给学生，把课堂还给学生，向"高效课堂"要质量。我们的"高效课堂六步教学法"就是体现了这一理念。

美国学者、著名的学习专家爱德加·戴尔 1946 年首先发现并提出的现代学习方式"学习金字塔"理论。在塔尖，第一种学习方式"听讲"，也就是老师在上面说，学生在下面听，这种我们最熟悉最常用的方式，学习效果却是最低的，两周以后学习的内容只能留下 5%；第二种，通过"阅读"方式学到的内容，可以保留 10%；第三种，用"声音、图片"的方式学习，可以达到 20%；第四种，是"示范"，采用这种学习方式，可以记住 30%；第五种，"小组讨论"，可以记住 50% 的内容；第六种，"做中学"或"实际演练"，可以达到 75%；最后一种在金字塔基座位置的学习方式，是"教别人"或者"马上应用"，可以记住 90% 的学习内容。爱德加·戴尔提出，学习效果在 30%以下的几种传统方式，都是个人学习或被动学习；而学习效果在 50% 以上的，都是团队学习、主动学习和参与式学习。

"学习金字塔"理论是我校推行"高效课堂六步教学法"的主要理论基础之一，也是主要导向。教师少讲、精讲，把大量时间还给学生，让学生亲自去参与，亲身去实践，强化团队合作。师生对话，让学生从自身参与和实践中得到新知识，然后及时检测，及时输出，这样就使我们的学生在课堂上学得更多，记得更准，记得更牢，真正打造了师生们共同的"高效课堂"。

"高效课堂六步教学法"，我们全称"全面发展，整体提高，高效课堂六步教学法"，是以"问题导学式"课堂模式为显著特点，以学案为载体，以问题为主线，以导学为方法，以发展为中心，教师的指导为主导，学生的自主学习为主体，师生共同参与完成学习任务的一种教学模式。"高效课堂六步教学法"下的课堂旨在要求教师要以疑导学，以疑激趣，以疑生疑，以疑引申，通过问题引领，使学生能真正走进文本，并从文本走出，引发更积极的思考。该模式要根据问题导学提示，找出疑难问题或学习的主要内容，采用自学、小组合作探究的方式来解答、参与、交流、展示，按照设定学习目标，各个击破。

"高效课堂六步教学法"下的课堂的六个特征：

一是参与度，即有学生的全面参与、全程参与和有效参与；

二是亲和度，即师生之间有愉快的情感沟通与智慧交流；

三是自由度，即自主地选择学习的方式方法等；

四是整合度，即整体地把握学科知识体系；

五是练习度，即学生在课堂上动脑动手动口的程度；

六是延展度，即在知识整合的基础上向广度和深度延展，从课堂教学向社会生活延伸。

"六步教学法"课堂框架及实施流程：

课堂教学框架包含六个部分也是课堂的六个环节，即：导、学、作、展、点、测。导（情景导入，目标定向）、学（学案引领，自主学习）、作（合作互助，讨论探究）、展（交流展示，补充质疑）、点（精讲点拨，归纳提升）、测（当堂检测，回扣目标）。六环节配合随堂导学案实施，导学案是指导学生课上学习的主要文本，导学案不让同学们在课下完成（部分学科课下设有预学案）。学生按照导学案要求在教师的指导下，完成自学、合作、展示、检测等环节，达到本节课学生要学会的学习目标。这六环节主要体现在新授课课堂上，其他如复习课、讲评课也依照这一思路，突出以"学"为主体，略有变化，主旨不变。

第三节　六步教学法在实践中的运用

一、新授课

第一环节：导。课堂的导课环节，教师通过设计适合本节课的导课内容切入本课，要求简洁明快。

在课堂教学起始环节中采用各种教学媒体和其他教学方式等，如"复习导入、情景导入、问题导入、视频导入、开门见山"等最适合的方式，切入本课，向学生引入新知识，是使学生迅速进入新课学习状态的活动方式。也就是说教师应在很短的时间内使学生迅速地集中注意力，全身心地投入学习，做到心动、脑思、口说、手写，时间一般在 1 分钟，最长不能超过 2 分钟；同时也能使学生明确学习目标和教学要求，并有意地建立起新旧知识之间的联系，从心理和知识上进入学习的良好准备状态，进而为教学的顺利进行创造有利条件。所有的课堂导入，采用何种导入方式要由教师的教学风格、教学内容、学生实际共同决定，总之，导入方式要服务学生，服务于教学质量，有利于提高课堂教学效率。

教师引入新课后，向学生说明当堂课的学习目标，可以口述，可以板书或多媒体展示，解读本节课在本章节的地位，让学生整体感知。学习目标是教师依据课程标准，由备课组所有教师共同研究制定的。在解读了学习目标、让学生自学之前，教师提出明确的导学问题和自学要求，既要告知学生自学什么内容，用多长时间，还要教给学生自学的方法。如看书是围绕思考题独立看书，还是边看书，边讨论，边解决疑难问题等。

教师：激情导入、感染学生、激发兴趣、解读目标

学生：迅速收心、紧跟情景、认真思考、清晰目标

第二环节：学。主要以学生自学（独学）、对学、群学为学习方式，时间一般控制在 15—20 分钟。教师结合学情、本节课教学目标、教材重难点，按照由浅入深、由易到难的原则设计学生学习内容，并以导学案的形式下发。

　　自学（独学）：一上课老师不要急于讲，学生依照老师提供的"导学案"自主学习。学生要深入研读文本，熟悉教材，对重点、难点、知识点进行深入探究。老师要提出明确的自学要求：明确时间、明确内容、明确方法、明确要求。只有做到了"四明确"，学生才能紧张而高效地学习。在这个过程中老师不要轻易地打断学生的自学，对于学生在自学中不会的问题也不要急于解答，可在下一个"合作交流"环节的过程中先通过学生之间的相互帮助来解决。这个过程的特点是每个学生都在动，每个学生都参与，或阅读，或思考，或记忆，或心悟，是全参与学习的一个重要环节。

　　"对学"是学习中需要小组中由两个同学构成的"对子组"（对子组一般是由学习水平一强一弱的同学互补组成）相互配合、相互协作、相互检查的学习形式；在学生独立完成自学内容后，对子之间互对答案，解答对子之间不会的问题，实现兵教兵，兵带兵。两人都不会的问题，做好备注，提交给小组交流解答疑难。有时也会打破一对一，会的给不会的讲，会出现一对一、一对二、一对三的情况。

　　"群学"则是需要全班范围内共同参与完成学习形式，如齐读、表演、群体实验等共同参与的学习活动。

在此环节中，学生将学习过程中遇到的困惑和疑点难点，自己解决不了的可以做好标记，准备在下一个环节解决。此环节教师主要是监控课堂、个别辅导等。

教师：调查学情、巡视指导、小组评价

学生：认真独学、解决问题、组群参与

第三环节：作，即合作。各学习小组将"学"环节中遇到的问题，先在学习小组内合作解决。此环节学生必须人人发言，组长要给每一个人分配任务。学习组长组织成员对照导学案开展有效的合作、探究、对子帮扶，真正实现兵教兵、兵练兵、兵强兵。小组内不能解决的问题准备提交到全班范围内讨论解决，解决不了的问题由组长写在本组黑板上。教师在此环节要关注每个小组的状态，抽查小组掌握情况，进行评价。各个小组把本组的问题写在黑板上，教师要迅速做出判断和进行二次备课，明确哪些问题需要学生先讲，哪些问题需要教师点拨精讲。

同时，教师在此环节要在导学案上设计难度较高的题目或综合性的学习内容让学生合作探究。此外，针对全班层面都不能解决的共性的问题教师做好准备或二次备课，要在下面"点拨"环节中解决。

本环节时间控制在 5 分钟左右。

教师：参与指导、检查督促、调控课堂

学生：积极参与、合作交流、解决疑难

第四环节：展，即展示。教师针对"学、作"环节中的学习内容，根据难易程度，组内安排或教师提问各小组中不同层次的学生来展示所学情况。

展示分小展示和大展示，无论是组内小展示还是班内大展示都要明确，展示是提升，绝不是各小组对导学案上问题答案的重复性讲解。小展示是由小组长组织的在组内进行的展示，目的是展示对学、群学的学习成果，暴露对学、群学中尚未解决的问题，并由学习组长将学习成果或暴露问题汇报给老师，便于教师把握学情，进行班内大展示。

每一学习小组一般由 4 人组成，个别小组有 5 人，根据学生学业水平划分为 3 个层次即：A、B、C。我们山东省是儒家文化的发源地，借助儒家做人的道德准则"仁义礼智信"，根据学生学业层次依次分别赋予组内每个同学一个称号：A—仁者、B—义者、C1—礼者、C2—智者等，取消原先以排名为序的1、2、3、4号称呼。

展示时小组选派代表在班内展示带有共性的问题，易错的问题。展示时一般由B层、C层同学展示，由A层同学负责点评或拓展。教师要适时追问、点拨、启发、引导学生，对课堂进行调控。点评时，点评的内容则应该是具有针对性、拓展补充性。教师对展示组的人员参与度、精彩度、准确度、团结协作等方面的优点与不足进行点评、打分，及时给予激励性的评价，记入学生课堂评价记录表。

对展示的几点补充：展示不是读题、念题而是讲题，应就题让学生表达出自己的心得和想法，总结出这一类题目的学习方法；在某个学生展示时，本小组成员应该能做适当的补充，让学生形成一定的小组凝聚力；其他小组学生应学会倾听学习，不应把别组同学的展示看成与自己无关；学生对展示小组及同学的评价应客观，不能针对展示人本身，而应就展示人展示的题目发表见解；在课堂上不能出现"人身攻击"，而应互相谦虚学习；学生应就学习内容各抒己见，真实客观地讨论，不能让学生在课堂上表现得"热热闹闹"，而学生并没有深入学习。

"展示"环节是对前面所学的一个诊断，同时也是对学生前面"学、作"环节中是否认真学习、积极讨论的一个促进和诊断。时间一般要求在10分钟以内。

教师：精心组织、随机应变、调控课堂

学生：大胆展示、勇于质疑、虚心接受

第五个环节：点，即点拨。一方面，教师针对学生"学、作、展"三个环节中遇到的问题、困难在此环节集中答疑解惑。另一方面，教师在此环节可以对本课的知识进行梳理、点拨做题思路、启迪思维方法等，时间控制在5—10分钟以内。

每个学科中都会存在一些既难理解又非常重要的知识，在解决这些问题的时候，教师应当精讲。有时候不但要精讲，还要深入浅出地分析，生动形象地对比，这样才能让学生真正明白这些问题。当学生的讨论交流偏离主题时，教师应适当点拨，把他们拉回主题。在小组进行讨论交流的时候，有个别小组会出现跑题的情况，应及时进行点拨，使小组很快回到正题上。在教师精讲点拨的全过程中，针对学生迫切需要解决的疑难点进行思路分析、技巧和方法的点拨是重点。针对在课堂上随机生成的一些带有启发性的、能够启迪学生思维的问题、能够辨明是非的问题，作为教师必须要快速确定讲的内容，抓住要害，讲清思路，明晰事理，并以问题为案例，由个别问题上升到一般规律，以起到触类旁通的教学效果，这个环节考验的是教师备课的广度与深度，考量的是教师的课堂智慧。因此，这样的课堂上表面看似教师很清闲，实则在教师的脑海中却不清闲、不平静，而是波澜翻涌。教师面对应急性、随机生成的课堂问题需要调动所有储备，需要纵横联想、旁征博引、归纳提升。"教师要给学生一滴水，教师要有长流水"应当是我们所有参与课改教师在课堂上的真实体会。

教师：精讲点拨、讲清思路、指导方法

学生：认真倾听、学会思考、掌握方法

第六环节：测，即诊断检测。教师针对本课重难点设计当堂检测内容，检测内容可以是跟教材同步下发的《配套训练》上的内容，可以是教材的课后题，可以是教师自行设计的内容等。

达标检测要与本节课学习目标一致，要保证题量和时间，时间不低于5分钟。检测就是考试，考什么？课堂目标中的基础知识、基本技能。达标测评题目的设计上要体现分层次的原则，按照基础题、提高题、拓展题，要简而精。达标测评题目要典型、适度和适量；要低起点，多层次，有必做题，有选做题，有时还有思考题；怎样考？合上课本，独立完成，正正规规考；考完后要马上判卷，或互换、或组长代批；试卷情况要马上反馈，不等到下一节课；如果出现共性问题，老师要拿出解决方案，个别学生的问题在课后要做好解答。

在这一环节要注意：针对不同层次的学生，测试内容要做好分层设计，做好明确要求。后进生要达到课标的最低要求，优等生可继续做选做题，并不会因为搞"堂堂清"而限制好学生的发展，力争做到满足不同层次学生的需求，达到"堂堂清"的真正目的。时间控制在5—10分钟内。

教师：严格监考、及时反馈、指导反思

学生：认真答题、及时补救、反思不足

注：一堂课根据需要可以六个环节一次性完成，学、作、展、点、测五

个环节也要根据问题进行几次小循环。

二、复习课

复习课我们也叫拓展课，它是以复习、巩固、拓展、提升为目的的课型，包括集中复习课和分散复习课。

集中复习课：该课型用于单元、章节复习教学，让学生对知识进行梳理、提升、拓展，也可以让学生充分体验学习的成功和愉悦，用于考前复习，则会实现最大限度个人成绩的提升，使每一个学生体验到学习的成功感。

六个环节：导、学（练）、展、点、画、测，即"情景导入，揭示目标——独立做题，以练代考——展示交流，碰撞启迪——点拨归纳，拓展提升——画树识记，形成网络——达标检测，反思提升"。

流程：独立做题，以练代考进行第一次测试，试题体现专题性；拓展提升，展示交流，教师点拨、拓展、补充综合性例题是第二次测试，试题体现层次性、拓展性和应用性；总结梳理，勾画知识树，达标检测，反思提升是第三次测试，试题体现全面性。

分散复习课：该模式是以练代讲。教师每节课根据知识目标和考点要求，设计三组练习，一上课就是练习，不回忆，让学生以练习代归纳，实现时间短、效率高的复习目的。具体流程是：

1. 教师要把当天复习的问题和考点编成基础练习题，使复习的问题习题化。一上课就让学生进入练习，要求优等生不能眼高手低，要做到快和准。在练习完成后，教师不讲，小组内互检互查，教师归纳知识点。

2. 教师把当天复习的几个考点放在整个初中知识体系中思考，横向纵向组合，选择题组进行知识网络化的练习设计。通过本组练习，让学生体会知识链、知识树，融会贯通，形成能力。

3. 教师把当天复习的几个考点和中考链接，设计练习让学生体会这些知识考点在中考中会怎么出现，要求教师在点拨时还应讲清楚这些知识点在考试中其他的出现方法。

每天通过对知识考点的基础练习、网络化练习和中考链接三组练习，使学生不但能夯实基础，而且有豁然开朗的感觉，能实现负担轻、质量高的目标。

三、讲评课

突出以试卷讲评为主的课堂，练习讲评在这基础上践行。

我们改革过去试卷讲评课的两种做法：一是从头到尾逐题讲解，没有重点；二是对、抄答案，就题论题，浅尝辄止。

新探索的讲评课要求：做到有的放矢，把试卷讲深讲透，举一反三。做好六个环节："学（纠）、作、展、点、变、测"，即"错题统计、自我纠正——合作探究、答疑解惑——展示思路、暴露问题——重点点拨、方法指导——变式训练、悟出规律——检测提升、二次达标"。

学，错题统计、自我纠正：每位学生自己纠正答题中的各种错误，要求学生根据答案，针对答错的题目写出对题目的正确理解、解答过程等。学生自己依然无法理解掌握的，做好标记，在下一环节中即组内或全班范围内合作讨论解决。同时做好试卷简要分析，分析本次考试的准备情况、答题情况、得分情况、出错原因，认清自己是识记不牢还是理解不到位，是表达不规范还是题干隐含意义挖掘不清，是教材知识迁移不够还是阅读思维方法欠缺，是思想上不够重视还是心理上过度紧张导致的临场发挥不佳，所得分是实力分还是运气分等。

作，合作探究、答疑解惑：将个人无法弄通弄懂的题目依靠小组、班集体的力量合作解决，可讨论、可辨析，全班同学都不会的题目写在小黑板上，准备在"点"的环节中解决。教师巡视课堂，注意倾听，针对共性问题做好解决预案，准备在点拨环节时给全班讲解，对于个别性问题及时为学生解疑。

展，展示思路、暴露问题：讲评试卷时可安排几道题由学生讲述答题思路，还原考试情境，甚至让他们提问、质疑，这样既能调动学生的积极性，也可使讲评更贴近学生心理。通过学生自己的讲解，教师会发现学生得了分的题目未必是因为知识学得扎实，有时属于歪打正着。只有充分发挥学生的主体作用，才能让讲评课取得最佳效果。

点，重点点拨、方法指导：讲评过程中，首先要解决学生共性的问题，而后教师要帮助学生借题发挥，类比延伸，调动已有的知识积累，理清相关的知识结构，使学生形成一个经纬交织、融会贯通的知识网络。教师精讲后以小组分组讲解。教师讲过了不等于学生会了，要以小组复述讲解和解决个性问题，把错误用红笔改在试卷上。

变，变式训练、悟出规律：教师针对学生在试卷中出现的知识漏洞，设计新题组练习，每组题教师要抓要害进行点评，使学生认识更清晰、更深刻，以检测自己是否真的明白了，掌握了。若又出错，仍要继续查找原因。再次让小组互讲，通过这一过程，达到难点突破，解决同类问题的思路基本形成。我们应让学生永远记住：能力的形成，是一个不断同错误进行斗争并战胜错误的螺旋式上升的渐进过程。

测，检测提升、二次达标：针对测试中出错多以及重难点问题，教师提前在试卷分析时找出原因，弥补漏洞，设计好强化试题，做到巩固与提升相结合，举一反三，分类分层设计，当堂测试，让学生二次达标。

四、为什么称之为"全面发展 整体提高"

学校所有的探索都是为了学生的发展，都是为了每一个学生全面的发展，都是为了全体学生的发展。

1. 学生成了课堂学习的主体与主人。在这样的课堂中，"学、作、展、测"都是学生在学、在讨论、在展示、在测试。学生相互帮助、相互激励、相互监督与评价。教师退而求其次，监控课堂、及时调整精讲的内容，有针对性地帮助学生，构建了最为和谐的课堂关系，体现了基础教育课程改革的要求。

2. 立足课堂让学生"全面"发展。课堂不仅仅是教会学生学会知识，还要培养他们更多受益一生的能力，课堂的"学、作、展"几个环节培养学生学会学习、学会合作、学会评价、学会交往、学会展示等能力，锻炼了学生的语言能力、心理承受能力、正确面对困难与挫折的能力等，学校课改立足课堂，让学生较"全面"的发展。

3.立足课堂"整体"提高。我校推行学生课堂评价制度，让处于同一层面的学生作为一个评价团队来设计评价激励机制，针对不同层面的学生都有激励性，促进不同层次的学生都能在"最近发展区"获得成就感。课堂上的教师评价、小组内的互相评价与监督，让睡觉的学生少了，学习的学生多了；调皮捣乱的少了，积极讨论的多了。在课堂学习中推进"对学、群学、小组合作"等这些"兵帮兵、兵教兵"学习方式，让不同层次的学生都有收获，学生友谊增深了，学生分化程度变小了，分化时间推迟了，全体学生的学习成绩整体提高了。

第四节 推进课堂改革的几项保障和辅助举措

一、管理与评价，为课改保驾护航

高效管理和评价犹如火车道的两条轨道，少了高效管理和评价，高效课堂将无法支撑"动车组课堂"高速前进。

1. 创建高效课堂管理框架

为了更好地打造高效课堂，我校管理方面由传统的一室三处（校长室、教务处、政教处、总务处）宝塔式的管理架构变成了"四横九纵一部一中心"的管理网络。四横：四个年级（初一至初四），每年级都有一个年级主任，年级主任由学校中层领导担任，实际上每个年级组就相当一个小学校。九纵：语、数、英、政、地、生、物、化九个文化学科，每个学科组设一名学科主任，学科主任由骨干教师担任。年级主任形成四条横向管理通道，学科主任形成九条纵向管理通道。一个部：教学改革发展部（为课堂改革成立，主要由教务处和政教处部分同志组成，后面简称"教改部"），他们的职责就是评价四个年级和九个学科组，他们每天对每个教师的课堂进行动态管理，并及时公布存在问题，客观公正地进行量化打分，可以说教改部是我校课堂改革最高权力机关。一个中心：校行政会，全面负责高效课堂的研究、创新、量化考核等相关高效课堂教学管理工作，负责组建学科组、年级组，设计可操作性强的评比方案。这样，所有管理层都指向课堂，形成了一个扁平式、联动式的捆绑管理模式。

2. 建设课堂学习组织和保障制度

为确保课堂改革环境的有效营造，确保课堂学习的高效管理，一方面我们制定出台了《大津口中学"六步教学法"课堂制度》（具体见附录1）《大津口中学学生学习行为规范》（具体见附录2）；另一方面我们对班级进行了学习小组建设，推出了《大津口中学课堂学习小组建设方案》（具体见附录3），下面仅仅简要介绍一下小组建设。

　　班级内学生学习小组建设。学习小组是高效课堂重要的学习组织，班内呈现的是小组合作的学习形式，根据学生综合成绩和学生个性特点，按照"组内异质，组间同质"的原则，以4—5人为单位组成学习小组。组内学生根据学业层次（分A、B、C三层）及特长个性依次赋予他们"仁、义、礼、智、信"等称号，分别给组内学生定标签：A—仁者、B—义者、C1—礼者、C2—智者等，取消最初以排名为序的1、2、3、4号称呼，而以"仁者""义者"等取代。因为现在的每一个称号都是褒义的，如"仁者"，孟子云"仁者爱人"，"仁者"是小组的组长，学习能力较强，我们要求他要有爱心、责任心，要担负起整个小组发展的责任；如组内排名第四的同学都可以称之为"智者"，赋予他是一个有智慧的人的称号，激励他努力做一个有智慧的人；我们还规范了学生的课堂用语，培养学生文明有礼的"展"讲用语，当学生被教师提问展示时，规定用语如"我是××组智者，下面由我来为大家展示""我的展示已完毕，请大家质疑或补充"。此外，组内每位同学都有分工，每一节课后，学生、科任教师都要及时、客观地对组内同学的课堂表现给以评价，评价结果计入学校"星卡激励工程"考核结果，与学生综合素质评价挂钩。

3.建立课堂改革评价体系

听课、查课是掌握教学情况的主要方式。听、查课既可以了解教师的教，也可以了解学生的学，可及时发现问题予以指导帮助；也可以发现好的经验方法在全校总结推广，利于及时调整教学管理措施。实行课堂开放、推门听课以及领导听课制度，通过推门听课、巡查听课、指导听课、解剖听课、诊断听课、教学效果检测听课等方式，加强课堂教学管理，提高课堂教学效率，保证课堂教学质量。因此，我们学校建立的课堂评价制度为"三查、六评、一比、二标"。

三查：教改部、年级组、学科组每天都要听课、查课，把检查结果公示在学校公示板上进行展评，打出分数，列出优缺点。要求教师要做到"三案统一"。三案即"导学案、教学案、课件"，上课前，学科组先行检查教师每节课的导学案、教学案、课件，合格过关后方可上课。课前先展示导学案，课堂上给学生下发导学案，教师要使用课件辅助推进教学，语数外教师根据课堂的难易度还会设计"预学案"，让学生提前预习，提高课堂的效率。教改部的职能是指导、督促检查、验评、评比各学科组、年级组、教师的全面教学工作，以教学为中心，以课堂为重点。学科组的职责是上下沟通的桥梁，根据学科特色制定学科组规范，并检查落实情况，听课、评课，对教师的所有工作行为都进行评比。年级组主管本年级各班的日常行为规范、课堂规范，以及班级文化布置等。

六评：每天有六个层面的检查直指课堂，学校领导、值日校长、教改部、年级组、学科组、值日班主任六个层面进行听课、查课、转课，做出各自的评判，打出分数，形成一个高密度的评价网络。

一比：进行每两周一次的综合评比，年级组、学科组评出名次，与绩效工资挂钩，与评优评先、评聘职称挂钩。这种评价机制让权力下放，管理责任上移，所有评价直指课堂。评价必须严格，严格是最大的关爱，也是对老师最大的负责，学校月月推出榜样，周周都有典型，一个不能少，一个不放过。

二标：一堂好课评价标准和学生课堂评价标准。

一堂好课评价标准。我们有六项措施来检查课堂，那么必须要有一个课堂评价标准。我们三次制定修改了《大津口中学高效课堂教学评价标准》。现在的评价标准，教师不用别人衡量，也能知道自己的课究竟上得怎么样。

这个标准包括五条，第一看学生学习的状态，第二看学生的参与度，第三看课堂流程，第四看课堂效果，第五还要看师德。评价标准引导教师规范课堂，对标研究，体现课堂改革的意图。

大津口中学"全面发展 整体提高"高效课堂评价表

教师＿＿＿＿＿ 科目＿＿＿＿＿ 时间＿＿＿＿＿ 第＿＿节

环节	要求		达标	得分
导3分	学习目标明确、恰当、具体，体现三维目标，体现学生学为主（2分）		0~2	
	导入自然与所学内容契合，能够激发学生学习兴趣（1分）		0~1	
学20分	按照学习要求，落实学生学习，尤其是自主学习探究	独学：针对学习目标搜寻信息，并形成自己的初步观点（15分）	0~15	
		能够求助或者与对子分享，完善自己的观点或者帮扶对子（5分）	0~5	
作20分	体现小组合作的流程：求助、帮助、合作、质疑、探究（5分）		0~5	
	体现共性问题的合作及评价（5分）		0~5	
	体现学习任务分层（5分）		0~5	
	体现教师穿插批阅、点拨（5分）		0~5	
展15分	展示形式多样：小组内展示、班级展示等（5分）		0~5	
	听展聚焦：展讲者声亮姿美，听讲者认真倾听、识记 教师注意培养习惯。（5分）		0~5	
	展讲注重知识、思维、方法（5分）		0~5	
点15分	点拨、归纳到位，有深度，点拨时机巧妙，连续讲解不超过10分钟（5分）		0~5	
	在课堂上有质疑、追问等		0~5	
	学生倾听后，自我反思，及时补救		0~5	
测7分	检测题按考试要求操作，要做到精选、适量、分层、限时（5分）		0~5	
	检测后要及时反馈，或点拨或辅导（2分）		0~2	
评15分	参与度：学生参与率达100%（5分）		0~5	
	达标率：及格率达80%，优秀率达30%。（5分）		0~5	
	测评、自评、互评、他评，同时德育教育，实施全员育人（5分）		0~5	
其他5分	师德表现、导学案设计科学合理、有操作性（3分）		0~3	
	使用多媒体辅助教学，并与学案一致（2分）		0~2	
课堂观察结论（点评及改进方式）			总分	

学生课堂评价标准。学校制定了学生课堂评价标准，实施《大津口中学学生课堂评价及其他有关学习奖惩积分管理办法》（具体见附录4），评价结果计入学校"星卡激励工程"考核结果，与学生综合素质评价挂钩。每周一小结，每月一大结，学期末总表彰。激励学生依托课堂主动学习、积极参与、全面发展。

大津口中学学习小组课堂评价表（每节课）

____组___月___日 星期___ 第___节___科 评价人_____

积极学习 自主思考			积极讨论 合作探究			积极指导 帮助他人			积极展示 补充质疑			平均	师评	总分
自评 2	互评 3	组长评 5	自评 2	互评 3	组长评 5	自评 2	互评 3	组长评 5	自评 2	互评 3	组长评 5			

注：每项做得非常好计满分，做得稍弱计2分，做到但不够好计1分，做不到计0分

大津口中学学习小组课堂评价积分登记表（每天）

日期：_____周___ 组名：_____（加分记"+"，减分记"-"）

标号	姓名	第一节	第二节	第三节	第四节	第五节	第六节	第七节	第八节	总分
仁者										
义者										
礼者										
智者										
教师签字										

二、立足备课与模式，为课改奠定基础

"六步教学法"是一种以学案为载体，以导学为方法，以教师指导为主导，学生的自主学习为主体，师生共同合作完成教学任务的一种教学模式。教师首先要指导学生明确学习目标，当学生明确了目标后，教师不是放任自由，而是要尽量帮助他们实现自己确定的目标，把大目标化为一个个小目标，把学习中的重、难点部分化解为自己跳一跳就能实现的小目标。因此，为了促进教师胜任课改，适应课改，主动地推进"六步教学法"，学校创立了"一一三六"教学管理模式。

1. 一次业务理论测试

每学期组织一次教师业务理论考试，主要考察课改理念、教材教法、中考内容等。目的是为了促进教师真正把握教材、把握大纲、把握标准，督促教师备课时结合中考导向研究设计导学案上的学习内容、测试内容，督促教师研究"六步教学法"，督促教师研究课改理念、教材教法、中考题目等；学校组织教师们先后阅读了《高效课堂》《打造高效课堂的有效策略》《高效课堂八讲》《魅力课堂》《问道课堂》等一系列高效课堂的书籍，引导教师提升专业知识，将提质放到课堂上，精讲精练。所有这些教师们为课改而

做的学习与准备，我们称之为"大备课"。学校实施以考促学，以考促"备"。

2.一项教学反思

"教师写教案，写一辈子也不一定成为名师，但是如果教师写反思，写三年可能就能成为名师"。所以，我们学校倡导反思文化，每天教师都要写一篇反思（字数不少于300字），每周教师在反思板上写上一周的反思和下周计划，并张贴公示。学校每月开展一次读书报告会，让全体教师学习交流，每周每个学科组都评选一篇优秀反思。我们提倡反思撰写从三个层面入手：一是课前研讨，反思自己独立备课的优点与不足，听取大家的意见和建议，完善自己的教学设计；二是课中应变，充分利用课堂生成资源，及时进行追问、引导、启发、点拨等，调整自己的课前预设问题或教学环节；三是课后反思，对课堂教学或课堂发生的有影响的事件进行反思，从"教学精彩片段"、"感受与体验"和"不足与改进"三个方面分析，形成文字。我们不仅要求教师写反思，而且也要求教会学生写反思，学生每周至少写一篇，总结学习经验与教训，总结学习方法与思路等。

3.三级备课制

即先由主备人"个备"，再返回备课组"群备"。主备人根据大家的建议进行完善、修订。任课教师拿到导学案后再根据本班具体学情进行"复备"，这样，导学案方可进入课堂使用。为促进更多的教师投入教改，研究"六步教学法"，我们就必须为教师打造相互交流学习的平台，我们要求教师不仅要备教材、备习题，而且要备学生、备学情、备学法，备教学环节、备预见性问题、备解决策略和办法，做到胸有成竹，方可进入课堂。

4.六步教学模式

即在课堂上严格落实"导、学、作、展、点、测"六步教学法，形成教学模式，随着探索实践的深入，在行进中不断修正完善。同时，我们倡导：所有的探索并不是一成不变的，要实事求是！因此，复习课和讲评课在流程上与新授课就略有不同，但核心不变——"学为主体，学为主导"。

三、注重课堂实效，为课改夯实双基

1.抓实三种课型

纵观全国高效课堂模式，我个人认为，课堂教学最大的价值就在于围绕学生发展为中心。我们的"六步教学法"核心就体现"学为主体，学为主导"，

学生是课堂的主人，以学生"学"为主导，我们抓住这一点进行了突破，形成"新授课""复习课""讲评课"三种课型。三种课型最大的优点是，能充分调动学生主动学习的积极性，解放了学生的思维，增强了学生的信心；但同时在最初探索尝试的时候，也存在弊端，如学习容易浮浅，表面的热闹可能会掩盖知识的夯实，最后导致教学效果不理想。为此，我们专门设置了"知识梳理"课，就是每单元或章节授课结束后，教师都要对本块知识结构做整体梳理，与学生一起利用1—2节课时间建立"知识树"，建立完整的知识体系，学生整理笔记。增加这一环节，就是要充分发挥教师的"精讲作用"，进行有效的"二次补充"，让学生有"豁然开朗"之感。

2. 坚持六项检查课

年级主任的反馈课。年级主任每周在本年级听课7节以上，把教师的课堂情况及时地反馈给班主任、学科主任。年级主任通过对教师课堂的评价，分别对班主任和任课教师进行量化考核，实施班级捆绑式管理，强化以班为单位的团体合作精神的形成。年终对班主任和教师的考核主要依据本班教师的教育教学工作表现。

学科主任的科研课。学科主任承担全校本学科的教学管理工作，学科每周例行3节公开课——优秀教师的示范课，一般教师的研究课，薄弱教师的提高课，除此之外，学科主任还主持三个方面的教研工作：一是学科内的业务论坛，针对共性问题，群策群力想办法找措施攻克；二是结合本科特点创新课堂，打造自己的特色课；三是做好帮扶工作，优弱结成对子，制订以周为单位的提高计划，选好突破口进行提升。

教改部的考核课。教改部成员，每天听评课在5人次以上，每两周听每位教师的一节完整课，利用每日的空余时间，及时反馈教师课堂情况，每周把教师的上课情况在年级、学科层面进行量化评比，后面附《大津口中学课改年级常态课检查评价表》（具体见附录5）、《大津口中学观评课表》（具体见附录6）。

学科组的同课异构课。每个学科组每月上一次同课异构课。"同课异构"是一种基于课例研究的行动模式，是校本教研的一种实证性研究手段，是教师利用新课程理念对课堂教学进行不同模式的建构，并加以分析与研究的一种行为方式。

联合检查组的常态课。每学期对每个教师进行两次常态课的检查，评审小组由高效课堂领导小组成员、学科主任代表、年级主任代表、教师代表和学生代表近十几人组成，提前不通知，课前 10 分钟抽签决定听课教师。这种检查最能评出课堂的真实性。

校级达标课。高效课堂领导小组根据《大津口中学高效课堂教学达标要求》和《大津口中学高效课堂教学评价表》，对参加者实施 1 次公开课考核及 2 次随堂课考核，公开课应达到良好及以上等级，随堂课均应达到合格及以上等级，才能确定为达标。

3. 严格落实一项控制

严格控制作业量。做好学生课下作业的"减法"是为了增加教师对课堂研究推进的"加法"，督促教师将目光和重心回归课堂。我校规定严格按照国家标准执行作业量，政史地生学科坚决不能布置课下书面作业，立足课堂上让学生学、读、思、议、练，"语数外物理化"作业适量，总作业用时不超过 1.5 小时。建立通报制度，学校通过学生问卷、作业抽查、家长调查等方式监控教师作业布置，严格落实，让教师聚焦课堂、研究课堂，在课堂上提质增效。

四、学生自主管理，为课改增添助力

1. 学生自主管理的"三驾马车"。学生会、团支部、大队部是学校学生自主管理的三个组织，我们称之为自主管理"三驾马车"。学生会是学生自主管理委员会，负责管理学校的全面工作，与学校校委会权力一样，全面参与学校的督查、考核、执勤等全方位工作。团支部、大队部负责组织和承办学校的各项活动。

2. 学生自我反思。学生的反思是学生自我管理的有效方法，正如前面我们在要求教师坚持每天写反思的同时也要求学生写反思。每节课的反思：我收获了什么，我是怎样收获的，我还有哪些问题等；每天的反思：我今天展示了吗，我今天质疑了吗，我今天进步了吗等；每周的反思：这一周我在哪些地方有进步，我是怎样做的，我在哪些地方还有欠缺，我应该怎样及时补救，我下一步的努力方向和目标是什么等。

第五节　推进高效课堂，初见成效

课堂改革一年来，我们惊喜地看到了学生的变化、教师的变化以及师生关系的变化。这种教学模式，让学生感受到了自主学习对自身成长的意义，尝到了成功的喜悦，从而激发了学生的学习兴趣。小组互助、团队评价增加了同学间的交流，融洽了同学间的关系。

成效一：改变了传统的师生关系，建立了新型的师生关系，促进了教师角色的转变。它使教师由原来的"知识权威"和知识的"讲授者"，变成了课堂的"引导者"、学生的"倾听者""帮助者"。在学习上，由原来的教师督促学生学习，变成学生带着问题寻求老师的帮助。课堂上，教学使用的导学案成为师生关系以及师生教学相长的促进剂，通过导学案的教学，学生的问题意识明显加强；通过导学案的引导，大多数同学都能够提出自己的问题，都能够找到自己还有疑惑的地方。导学案的实施也促进了教师的专业发展。导学案在实施过程中，从分析教材到三维目标的确定，从导学案的编制到预习效果的反馈，从课堂的设计到实施，每一步都与以前的教学方式不同，对教师的专业素养提出了更高的要求，教师也在导学案的实施过程中不断地学习，不断地交流，不断地进步，促进了教师的专业发展。

成效二：从学生来看，学生的学习主体地位得到真正的落实。教学模式的各个环节都站在学生学习的立场上设计活动，学生的学习活动占到了课堂教学绝大多数的时间，这充分体现出学生是学习的主人，教师是学生学习活动的组织者、引导者、参与者和服务者。学生的学习方式有了显著的改变，"课前预习""自主学习""合作探究""展示交流""当堂达标"等环节，展现了学生的自主学习方式，展现了学生合作、探究的多元互动。现在的课堂上，学生的全程学习活动是积极主动的，以往学生被动听讲、消极参与、呼呼大睡的现象不见了。学生的学习过程成为学会学习的过程，如自主梳理、质疑释疑、自主建构知识、自主总结方法、灵活运用知识、独立解决问题、自主解题、自评互评等学习活动，都是能够使学生学会学习的活动。学生在这样的课堂上，学会了学习，学会了合作，学会了解决问题，学会了寻求帮助，才能全面发展和终身发展，才能适应未来学习化社会的需要。

成效三：作业量减少了。由于教师立足于课堂，课堂目标清晰，针对性越来越强，定位于学生的学，追求课堂的高效，让学生在课堂上学、练、测，很多作业也变成了课堂上学的内容和变式检测内容，教师精讲精练，效果较好。教师布置作业，精心设计，以点带面，举一反三，作业数量合理，改变了过去机械性、重复性的作业布置方式，作业数量自然降了下来，但质量和效果上去了，贯彻落实了新时代教育部"双减"的要求。

成效四：课堂研究成果得以健康发展。我校以"六步教学法"推进的课堂改革被立项为省级科研课题，我校参评的本课题阶段性研究成果——《高效课堂六步教学模式》荣获省级科研成果一等奖；《"全面发展 整体提高"高效课堂六步教学法》被泰安市教科院定为全市特色教改先进经验，在全市教学工作会上被作为优秀特色案例，建议在全市学习推广。

四年的课堂改革历程，是艰辛的，困难重重，阻力重重，但目前的成效是可喜的。现在我们的课堂上已经杜绝了学生上课睡觉现象的发生，学生学习热情得到激发，学习效果明显改善，实现了课堂留人、课堂成就人、课堂发展人的改革愿景，通过课堂也增强了学校的吸引力。学生的学习也逐步延伸到能力和特长的发展上来，各种学习兴趣小组蓬勃开展，学生综合成绩稳步提高。当前，我们学校已经成为泰山景区课改的排头兵，成为远近闻名的泰安市农村优质示范校。

漫漫课改路上，我们一步一个脚印走来。在今后的教育教学工作中，大津口中学全体教师立足于山区学生实际，立足于校园，将全面贯彻教育方针，大力开展素质教育，立足于课堂做文章，努力创建高效课堂，不断地实践，不断地探索，不断地创新，不断地总结，为稳步提高教育教学质量，为学生的健康成长，为基础教育最底层的工作，做出不懈努力！

附录：

1. 大津口中学"六步教学法"课堂制度

一、德育贯穿，全程育人

（一）严格上下课仪式

1. 教师必须按时上课，不得提前或推迟。

2. 小预备铃一响（上课前2分钟），学生迅速走进教室，教师立即站到教室门口，确保室内安静，学生把课上使用的书本（合上）和文具一起放在课桌的左（右）上角，端正坐姿，集中精力，准备上课。

3. 上课铃一停，班长喊"起立"，教师精神抖擞地走上讲台亲切地招呼"同学们好！"同学们回答"老师好！"教师微笑着说"请坐下"后，学生轻轻坐下。

4. 下课铃响后，教师不拖堂，示意下课。班长喊"起立"，教师组织学生进行课堂评议，各小组评议完成教师签字后，要礼让教师先走出教室，而后学生迅速走出教室处理好个人事宜。

（二）教师做好楷模

教师必须带头做表率，坐立行读写姿势正确，处处给学生做好楷模，尤其要稳重、端庄，感情真挚、自然、大方，微笑亲切，不戴首饰，不穿背心、拖鞋，不带茶杯、手机进教室，不坐着上课，不抽烟，不做小动作（剪指甲、挖鼻孔、挠头摸耳），不用食指指向学生，不得讽刺、歧视、侮辱、虐待、伤害学生。

（三）学生规范行为

学生在课堂上严守行为规范，虚心接受思想政治教育，努力养成良好习惯，坐立行读写姿势正确，坚持不穿背心、拖鞋，不带手机进教室，坐姿端正、胸距桌一拳、眼距书本一尺，握笔姿势正确，不东张西望、不随便说话、不做小动作（转笔等）、不喝水、不吃零食、不晃腿、不打瞌睡、不擅自离开教室、不顶撞老师、不打人、不骂人。认真自学、积极讨论、大胆展示、帮助他人。

（四）课上不处理纠纷

如有学生违纪，教师示意或不点名制止；如无效，则点名制止；如仍无效，则在《课堂纪律记载簿》上记下，待课后处理，绝不能在课上纠缠，浪费时间，影响教学，造成不良后果。

（五）课下违纪学生处理程序

1. 会同班主任老师对该生进行谈话，该生认识到错误并愿意改正，给该生综合考核减 1 分。

2. 违纪学生在课堂上行为较为恶劣，与任课教师及班主任谈话后仍不思悔改，应提交学生发展中心进行诫勉谈话，执行《中小学生违规行为惩戒实施办法》，并给该生综合考核减 3 分。

3. 累计三次课堂违规或课堂违纪，行为极其恶劣、影响极坏的学生，除执行《中小学生违规行为惩戒实施办法》外，通知家长将其带回家，配合学校进行思想教育，直至完全改好为止，同时扣除该生综合考核 10 分。

注：对于违反第 2、第 3 条者，取消本学期评选文明学生以及与教学相关的任何奖项的资格。

二、严格"六步"，抓好评价

严格执行课堂"六步教学法"，从备课到上课，抓好对学生、对教师的评价。要求教师坚持做到：

1. 必备三案合一。教师在提前备课中，要做到导学案、教学案、课件三者合一，方能进入课堂，如有缺失，以 1 分 / 项扣减，累计一周缺失者，取消本年度业务荣誉评比，年度考核不能评为优秀。

2. 做到提前晒课。要求教师必须做到提前晒课，由教改部张新主任或杜淑超主任签字，方能上课。学校领导小组巡查，未及时晒导学案，以 1 分 / 次扣减，计入考核，按照学期末业务 20% 计入。

3. 课堂严格遵守"六步"教学。学校领导小组巡查，凡是上课期间未遵守"六步"教学流程的教师，以 1 分 / 次扣减，计入教师考核，按照学期末业务 30% 计入。

4. 课堂严格执行课堂学生评价。教师应指导学生认真完成自评、互评和组长评。每节课抽查 1—2 组评价表，查看是否认真评价、合理评价，不得敷衍，对于不认真评价的小组和学生给予批评指正。学校领导小组巡查教师执行情况，以 1 分 / 次扣减，计入教师考核，按照学期末业务 50% 折算计入。

注：以上问题一经查出，第一次通报批评，第二次停课一节，第三次校长诚勉谈话，三次以上（不包含三次）停课一周，并进行业务学习，学习合格者，方能进入课堂。

三、紧张学习，当堂达标

（一）教师引导、帮助发展

教师坚持讲究教学艺术，板书工整、漂亮，能讲好普通话、过渡语，声音洪亮，抑扬顿挫；善于组织、引导学生紧张、高效地看书、讨论、展示、检测、纠错，能正确点拨拓展。同时，积极做好学生德育教育，培养学生自律、互助、奋斗的意识，注重评价导向，通过运用课堂惩戒与课堂评价双机制促进学生积极学习、全面发展。

（二）学生紧张、高效学习

1.学生按照老师指导，专心看书，积极思考，圈画疑难，紧张、快速完成学习部分。

2.学生积极合作讨论，不会就问，问同学、问老师，解决疑难。

3.学生按照展示礼仪，大胆展示所学，进行学习分享和碰撞，锻炼语言表达及思维梳理能力。

4.学生课堂检测必须限时、独立、当堂完成，书写工整。对照公布的答案自评或相互评卷，针对错题，讨论"错在哪里""为什么错"，最后，专心听老师点拨，能够理解老师的话。

5.教师课下要教会学生存放导学案，并抽查 1—2 组学生的导学案，看其检测完成情况，结合学校全员育人要求，采取针对性的补救辅导措施和二次达标措施。

四、检查、考核

1.分管教学的校长、教改部主任等认真巡查、记录，如教师违反课堂规则而影响课堂纪律或者教师不使用《课堂纪律记录》，则列入教师业务考核。

2.学校安排教改部同志轮流在监控室抽查课堂情况，及时通报到上课教师情况和班级情况，抽查结果列入学校对各级部、各班级、各教师当月纪律、业务等评比。

大津口中学

2019 年 5 月

2. 大津口中学学生学习行为规范

一、课前准备

1. 环境准备：擦黑板，搞好卫生，物品摆放整齐。

2. 物质准备：备齐学习用品——按学科特点将上课所需要的所有用品如课本、练习册、导学案、预习本、笔记本、百宝箱（纠错本）、练习本、双色笔、铅笔、尺规、字词典（每四人学习小组至少备一本新版《现代汉语词典》和《英汉辞典》）等提前找好放在课桌的左上角，同时准备好《学习小组评价表》。

3. 知识准备：

（1）新知识准备，源于学生对新知识的预习，预习时能了解新课的知识系统，排除听新课的知识障碍。

（2）旧知识准备，源于学生对旧知识的复习，将学过的知识烂熟于胸。

4. 心理准备：

（1）端正学习态度，明确学习每一门学科的重要意义，以"需要"的姿态投入学习。

（2）理解、尊重老师，老师为了培养人才呕心沥血，付出了艰辛的劳动，应当感谢和配合。要正确对待老师对自己的批评和教育。

（3）振作精神，克服消极情绪和无所谓的态度，以青少年应有的朝气积极地迎接每一堂课。

5. 行为准备：

（1）预备铃打响后，学生迅速准备课前两分钟——内容为诵读课前积累、唱歌或其他。

（2）班内有专人负责组织课前两分钟，诵读整齐利落、声音洪亮，不拉长音；唱歌时，全班站立，整齐洪亮，唱出士气。

（3）诵读结束后，立刻调整好坐姿，头正、腰直、双臂于两肩自然下垂或双手搭膝。

（4）集中精力将视线放在教室的门口，等待老师的到来，准备迎接本节课对自己的挑战。

（5）起立迅速，问候老师声音整齐洪亮，落座迅速整齐、声音小。

二、导入环节

1. 聚焦教师，认真倾听，积极思考回答老师的问题。

2. 思路、情绪紧跟教师，借教师的导入燃起学习激情。

3. 明确老师的学习要求，熟知本节课学习目标。

三、学环节

1. 按老师要求或学案提示，迅速进入独学，注意时间限制，掌控好学习进程。

2. 坐姿要直，头要正，切忌伏桌书写，写姿严格落实"三个一"，即眼离书本一尺、胸离课桌一拳、手握笔处离纸面一寸。

3. 翻动书本、学案要轻，凳子尽量不要响动。

4. 独学过程不许借用东西，不许问问题和交头接耳。

5. 遇到与己无关情况不能分神，更不能抬头张望。

6. 学习时要认真独立思考，认真阅读教材和参考资料，独立学习、提出问题，全面完成习题，不能敷衍对待，更不能抄袭他人。

7. 学案的书写要字迹清晰、工整规范，行平列直，切忌潦草应付。

8. 学习过程中遇到的疑难要用双色笔进行重点标注。

四、合作环节

1. 把握好交流时机，小组长在观察各对子组交流后就立即组织小组交流。

2. 小组合作交流，按照由小到大的原则，即对子—分组—整组。

3. 交流时声音适度，以双方及组内听清为准，切忌大喊大叫，小组交流起立时，不要拥挤。

4. 学生交流离座，要把凳子轻轻放入桌下，便于交流活动的进行。

5.交流时,鼓励畅所欲言、神采飞扬、各抒己见的积极表现,反对缄默不语、麻木迟钝、人云亦云。

6.严禁假交流,随意交流,更不能借交流之机嬉戏、玩耍。

7.合作分工时具体明确,做到人人有事做,事事有人做,时时有事做,行动要迅速,切忌闲坐无事。小组长要安排好具体的学习任务、询问各组员学习收获和疑难,做好知识解答,安排好展示,纪律组长要做好学习状态监督和量化,记录员要记录好本节课的评价量化,所有组员要积极参与展示方案的设计、发表不同见解、上报学习疑难。

五、展、点环节

1. 展示

(1)展示者提前做好准备,移动要迅速,面向全体,讲解时可用手势、教棍等必要讲具,做好展示的导入,结语及组间过渡。

(2)展示者准备要充分,对展示内容要熟知,鼓励拓展性展示,不做无效展示,要把展示内容组织成展讲语,展示时尽量脱稿或半脱稿,切忌照念答案。

(3)展示者声音洪亮,语言流畅、规范,切忌啰唆,准确把握展讲时间,避免拖泥带水,浪费时间。

(4)展示者要充分运用展示艺术,善于运用肢体语言,根据学科特点,做到说、学、演、唱、书写、描绘淋漓尽致,达到既传授知识又感染人的效果。

(5)展示者书写要迅速、工整规范,合理运用双色笔,版面设计精彩、美观、规范、横平竖直、作图科学、重点突出、图文并茂。

2. 听展(师点拨)——做到三聚焦:身体聚焦、目光聚焦、心神聚焦

(1)听展者在移动时,要迅速有序,动腿不动口。

(2)听展者,站位合理,前后由低到高,保证全员观看、听展。

(3)听展者,坐要端正,不能伏案托腮;站要直立,不能抱膀搭肩,要做到拥而不挤——即身体聚焦。

(4)听展者,盯住展示者和板面认真倾听,不许左顾右盼,不许低头,不许玩笔、尺等各种小东西,更不许暗中做小动作——即目光聚焦。

(5)听展者,听展时要闭口,切忌中间插嘴,私下议论,嘲讽取笑。

（6）听展者，在展示讲解后根据实情要主动质疑、补充、点评。做到有争有让，彰显个性，语言规范、简明扼要，不做重复补充、评价，要积极发现优点，中肯指出不足。

（7）听展者在补充评价时，要用第二人称，要目视被评价者，切忌将征询的目光投向老师。

（8）听展者要根据展示及师生补充点拨随时记录，不放过每一个难点、疑点，做好即时性巩固及学案填补——即心神聚焦。

六、检测环节

1.检测题要独立、不查阅书籍等资料、不询问，在限时内完成。要严肃认真，保持绝对安静，真实反馈学情。

2.订正时要注意用红笔标记修改，及时整理笔记，并能落实到错题本上，做好积累。

3.订正后需要帮助时，组内要互帮互助，做到兵教兵、兵练兵、兵强兵，争取全面收获。

七、课堂评价

1.准备好小条评价表，如实自我评价，真实评价他人。

2.计算好平均分，汇入总分。

3.课堂中及时记录师评奖励积分。

八、课下学习

1.知识卡片、百宝箱（纠错本）随身携带，随时随地识记。

2.知识卡片须合格（学科知识，完整知识点），在早上到校、大课间等待时或者其他时间排队时必看。

九、课堂考勤

1.按时作息，不迟到早退；坚守学习岗位，尽量少请假或不请假。

2.班级设出勤记录员专门负责此项工作。

十、学习工具准备

主要是预习本、笔记本、百宝箱（纠错本）、双色笔。

1. 按老师要求和个人需要每节课记好笔记

2. 预习内容和疑难问题有条理、有重点地整理在预习本、预学案、需要预习的导学案上。

3. 按老师要求或个人习惯，可单独列笔记本、预习本，也可合二为一。

4. 百宝箱（纠错本）人手必备，典型错题及答案、好词、好句、好段及时收录在百宝箱（纠错本），原题目过大时可进行剪切粘贴，答案后可附出错原因分析，可罗列相关知识点。

5. 按老师要求，单科可备百宝箱（纠错本）。

6. 在使用预习本、笔记本、百宝箱（纠错本）、学案，进行展示板书、试卷修改等过程中均要合理使用双色笔。

7. 预习本、导学案、百宝箱（纠错本）每周检查一次，学科代表收齐上交老师查阅。

十一、作业要求

1. 各种作业要认真独立按时完成，作业书写要工整清楚。

2. 学案使用：每份导学案都要及时认真完成；因管理不善造成导学案丢失的，学生须自行买纸抄写。

3. 重视写作，按老师要求写好日记、周记、作文等。

4. 积极参加各种学科竞赛。

十二、考试

1. 按规定时间、场次准时参加考试。

2. 每科开考十五分钟后不得入场，不得提前交卷。考试时间内非特殊情况不允许上厕所。

3. 卷 I 要求用2B铅笔答卷，卷II要求用书写黑颜色的签字笔答卷；此外，除有关科目必备的直尺、圆规、三角板、橡皮外，其他任何物品不准带入考场，书包要整齐摆放在教室走廊等地方。

4. 考生对号入座。只能在答卷纸、答题卡规定的地方填写或涂黑自己的姓名、准考证号、考试科目等，不得在答卷、答题卡其他地方做任何标记。

5. 开考信号发出后才能开始答题。

6. 在答卷纸的密封线外或答题卡规定的地方答题。

7. 在考场内须保持安静，不准喧哗，保持正常坐姿，不得趴桌子、睡觉，不得敲打桌子等。

8. 考试中，不准交头接耳、左顾右盼、打手势、做暗号，不准夹带、偷看、抄袭或有意让他人抄袭，不准传抄答案或交换试卷、答题卡。

9. 考生提问，先举手，得到允许后，可提出有关试卷字迹不清、卷面损缺、污染等问题。

10. 考试终了信号发出后，考生须立即停笔、将答卷按规定的顺序反扣桌上，两臂下垂将手置于桌下，待监考教师将答卷、答题卡等收齐后，起立，依次退出考场，不准在考场内逗留。

大津口中学教学改革部

2020 年 3 月

3. 大津口中学课堂学习小组建设方案

一、小组划分原则

划分小组的总体原则：组内异质，组间同质。即每个学习互助小组都必须由好、中、弱三类学生组成，组长必须是成绩、能力最强的。

根据学生各自不同的学业成绩、心理特征、性格特点、兴趣爱好、学习能力、家庭情况等方面组成学习能力相当的学习小组，一般以异质为主，使小组成员之间具有一定的互补性和个性化。同时保持组与组之间的同质，以便促进组内合作与组间竞争。

（1）男女比例分配要适中

有的老师分配小组只是简单地按成绩划分，没有结合班级内学生的性别比例进行合理搭配，这是非常不科学的，要想让小组的效益最大化，还必须注意小组内成员的性别搭配，也就是男女生比例要合理调配好。这样做有几点好处：

一是便于劳动时合理分工。我们学校没有专门的清洁工，卫生都是由学生亲自去打扫，打扫范围包括宿舍、餐厅、卫生区、教室，如果男女同学比例不均衡，有时打扫卫生就成问题。

二是思维的互补性。一般情况下，男同学抽象思维较好，敢想敢做，思维跳跃性大；女同学形象思维较好；男同学粗心大意，女同学细心认真。这样的男女同学搭配，会让他们在各方面的工作中都有一个很好的互补。

三是便于竞争。小组学习既竞争又合作，如果男女比例搭配合适，老师可以在小组评比的基础上再开展男女生比赛，以此来最大限度地激发调动学生的积极主动性

（2）学生性格搭配要互补

无论是在分班还是在分组时，老师应该注意学生性格的差异，尤其是开

放性的课堂，如果不把外向、内向性格的同学搭配好，那么小组的同学在课堂上便不能很好地配合，使各小组都能抢到展示的机会。所以老师必须把外向的同学平均分配到各个小组中，只有这样才能让外向的同学带动内向的同学，从而得到更好的提升。作为老师，更应该不断对同学进行指导，让他们在课堂中能够充分地展示自己，把自己亮丽的一面显示出来，只有展示才会有提升，因为这样，学生才能不断地完善。

（3）优势学科与弱势学科要结合好

小组互助式教学，有助于同学间的互帮互助。那么，作为班主任在排位时更应该注意，在同一个小组内，应该让数学、英语、物理、化学等各科都有带头人，不能都偏某一学科，否则容易造成交流时无人交流，帮扶时没有优生可进行指导。老师应该结合学生的学科成绩，把各小组的同学根据学科的优势和劣势进行合理的微调，这样更便于帮扶与交流。

（4）座位的安排要合理

兵练兵、兵教兵、兵强兵是学生合作学习最好的效果，作为班主任应该为同学们创设这样的机会，因此在座位的安排上应该有所规划，便于优生可以相互探讨，后进生也可以非常容易地请教优等生。可采取两种方式：一是座位的排布是优等生面对面坐，中等生和后进生坐在两边；二是优等生在中间并排坐，后进生坐两边，这样优等生与优等生可以随时交流，优等生与后进生也可以随时进行交流。

（5）阶段性随机调整

小组内成员固定好后，并不是一劳永逸、一成不变的，经过一段时间的观察、评比，也许会因为当初小组初建时无法预设的情况，小组成员之间的配合、小组之间的实力出现一些问题，这时，老师就应该及时地进行调整。该协调的协调，如果协调还不行，就应该考虑对座位进行调整。绝不能怕麻烦，任其自由发展下去。

（6）学习（成绩）的互补

根据各科总成绩综合权衡，每个小组按照学生成绩强弱进行搭配组合。

二、小组实际划分方式

1. 按照总成绩进行划分。

2.40个学生，每4人一个小组，可分成10个小组。怎么分？按总分排名分，从1到40，S型分配，他们的分组如下：

第一组：1、19、20、40

第二组：2、18、21、39

第三组：3、17、22、38

第四组：4、16、23、37

第五组：5、15、24、36

第六组：6、14、25、35

第七组：7、13、26、34

第八组：8、12、27、33

第九组：9、11、28、32

第十组：10、29、30、31

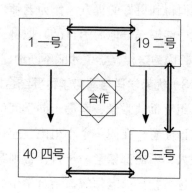

这样分，可以保证每个组有一名优生，一名后进生，两名中等生。如果全班性别是平均的，则每个组微调为两名男生、两名女生。

3.分组后，注意各学科成绩，本组的学习组长一定是能兼顾各学科学习的学生，如果另一名学生某学科优秀，也可任命为某学科的副组长，在这一科学习中由他负责组织。原则上由第一名至第十名的学生担任组长，若组织能力较弱则换为小组内排第二名的学生任组长。

4.各学科教师可依据自己科目，根据学生能力大小，重新排号，尽量不动班主任排好的号码；也可根据本科目学生能力的大小，进行排号。

三、组员分工

1.组内根据需要，一般设立组长、学科负责人，实行分工管理。开始的时候，小组长一般要选择有较强组织能力、责任心强的学生担任，一段时间后则应让组员轮流担任。

班主任和任课教师要经常指导学生既要积极承担个人责任，又要相互支持，密切配合，发挥团队精神，有效地完成小组学习任务。

同时，注意职责双岗轮换：各种职务可以轮换。职责轮换有利于培养每个学生的责任感和合作意识，改变学生在小组中长期形成的地位，即改变有的学生始终处于控制地位，有的学生始终处于从属地位的情况，给每个学生提供发展的机会，提高合作兴趣，用责任感促进全体学生的成长。

2. 四人分工，组内每位同学根据分组都有一个称号。

第一：1 号为学习组长，负责全面工作；2 号为纪律卫生组长；3 号为学分记录组长；4 号为收发作业组长；

第二：一对三辅导（一号对三位组员辅导），二对二辅导（二号对 3、4 号辅导），三对一辅导（1 号对 3 号，2 号对 4 号辅导）等

第三：3 号为中心发言人，4 号为补充发言人，1 号为拓展纠错人，2 号达标检测批阅人，同时为二次达标检查人。（根据科目难易和时间实行轮换）

学校最初以综合成绩排名为序，给予每个组内同学的 1234 号称呼，容易给学生不舒服感，特别是 3 号 4 号心理最容易受伤害。因为山东是儒家文化的发源地，于是我们借助儒家做人的道德准则"仁义礼智信"，取代了 1234 号称呼。依次对应分别赋予组内每个同学一个称号：1—仁者、2—义者、3—礼者、4—智者等称号，现在的每一个称号都是褒义的，如"仁者"，孟子云"仁者爱人"，"仁者"一般是小组的组长，学习能力较强，我们要求他要有爱心、责任心，要担负起整个小组发展的责任；如组内排名第四的同学都可以称之为"智者"，赋予他是一个有智慧的人的称号，激励他努力做一个有智慧的人。

四、小组长选拔

小组因课堂学习而组建，小组分组完成后，小组长的选拔和培养尤为重要，他们是各学习小组的核心，选拔如下：

1. 学习成绩要优秀

小组长是一个学习管理者，无论是在学习方面还是在生活方面的作用都很关键。小组长在各方面必须能够起到带头引领作用。小组长的选拔必须要考虑他的学习成绩，如果学习成绩不好，即使再负责任，也不会被同学信服。小组长不一定是学习成绩最好的，但必须是小组内学习方面的佼佼者，只有这样才能服众，他的话组内同学才会听，自己在小组管理方面才会有号召力，才能把整个小组管理好。

2. 性格应外向

小组长不但学习成绩要好，而且性格应外向一些。作为老师应挑选外向的同学做小组长，如果小组长性格内向的话，那么他在很多方面都起不到带

头引领作用，如在课堂展示中不会积极主动地进行展示，那么其他的组员也不会太积极主动。想让组内同学主动展示，积极参与，小组长必须率先垂范、作好表率。

3. 责任心、组织管理能力要强

一个优秀的小组必然有一个责任心很强、组织管理能力较强的小组长。如果小组成员学习不投入、不认真，课堂展示中不参与，小组长应该及时发现及时进行整改，否则，学生的学习效果不会好。所以老师在选小组长时，必须挑选责任心强的同学，至于组织管理能力，老师可以在以后的工作中对小组长进行专门培训，通过后天的培养锻炼，小组长的管理能力会得到一定程度的提高。

4. 自身标准要高

一头狮子带领的绵羊会很勇敢，一只绵羊带领的狮子绝对强不了。小组长要管理好自己的小组，必须要以身作则，在平时的学习中投入度高，在课堂中积极参与，勇于展示，做事严谨认真，要做到自身标准要高。小组长标准高了，才能发现小组内同学的不到位，才能及时整改。

5. 选拔方式要多样

可老师指定、可自荐、也可组员评选。

（1）教师指定。评选小组长的方式也很重要，一般情况下，老师经常指定小组长，自己感觉谁可以就让谁当，但是当管理中出现问题被老师批评时，他会感到委屈，甚至产生不愿再做小组长的念头。毕竟承担责任是要付出一定代价的，同学的不理解，老师的批评指责会让他感到处处不如意，所以我们在选拔小组长时可以多种方式进行。

（2）毛遂自荐。除了老师指定，还可以让学生毛遂自荐。老师在评选小组长前，先给同学们做好思想动员工作，引导学生认识到当小组长的好处，如当小组长可以锻炼自己的语言表达能力、组织管理能力、能增强自己的责任意识，可以锻炼自己的胆量。现在社会上缺乏的不是纯知识性的人才，而是具有管理能力的综合性人才，而当小组长恰恰能够培养自己这些能力。然后再让学生毛遂自荐，自己乐于做的事情做起来才会心甘情愿，即使被同学误解、老师批评，也会感觉没什么大不了。虽然只是一个评选方式的改变，但是意义却不一样，人的心理感受也不一样，工作效果也不一样。

（3）组员民主推选。群众路线同样适用于班级管理，放手发动学生民主推举胜任的同学担任小组长更便于管理。自己推选的带头人更具有感召力，同学们更乐于服从管理，因此这种选拔组长的方式是最民主的。在初一新生刚入学时，可以先通过一系列活动选择合适的小组长。

五、小组长的作用

1. 小组长的带动作用

学习中积极主动，课堂中积极参与，勇于展示，敢于点评，善于补充，做学生学习的榜样，更好地带动同学们去展示。榜样的力量是无穷的，有榜样的引领，我们还愁其他同学的积极性得不到提升吗？

2. 小组长的组织管理作用

每个小组都是一个固定的学习组织，组长要充分发挥其组织管理的作用，带领学生遵守班规和组规，按规定完成各项学习任务，课前组织好导学案和课本的预习，课中组织好各个环节的学习和活动管理，课后跟踪各项作业的完成情况。

（1）课前准备：要起到提醒、督促作用。提醒组员及时就位、摆放好学习用品、清理好桌面、等待上课。

（2）管理好本组的学科代表、学习对子、师徒关系。要组织、督促他们各司其职。

（3）理解、熟悉课堂各个环节的要求，并切实组织好课堂上的各个环节。

（4）关注组员状态、落实对组员的过关检测和帮扶措施。

3. 小组长的帮扶作用

在小组排位时，小组长和自己组内的后进生是帮扶小对子，这样便于进行兵帮兵，兵强兵。自己学习好不是真正的好，只有让组内的每位同学因自己的努力而有所进步和提高，让班级因自己的努力而有所进步，这才是真正的好。树立小组长的集体责任心，为小组、为班级添光彩这是我们教育的最高境界。老师个人的力量毕竟有限，如果说班长是联系老师与同学的纽带，那么小组长就是联系组员与老师的纽带和桥梁。如果一个班级能充分利用好小组长，那么我相信这个班级一定会成为全校最优秀的班级。

4. 组长的检查、评比作用

作为小组长，应对组员的学习过程及时进行检查评价，课堂中组内同学能否全身心地投入学习、学习的效果如何、配合程度如何、参与性如何……课堂中要发动小组长去检查学习效果，这样在同一时间内，有小组长的帮助对组内所有成员进行检测，单位时间内效果落实的效率会提高很多。

5. 小组长的跟踪反馈作用

老师不可能时时对学生的学习效果进行跟踪反馈，但是如果善于发动小组长的话，让他们随时随地对本小组的同学上节、上周、上月的学习效果及导学案的完成情况进行抽查，那么对于老师来说复杂难办的事情会变得非常简单。

6. 与组员及时进行思想沟通

小组长每天都与组内同学交流，共同评议在课堂中谁最积极主动，谁的学习效果好，谁能主动进行点评、质疑，谁不太投入，谁的积极性差，并且共同约定下一节课的改进计划，不达标的、不发言的同学有时也会做出保证。作为小组长应该及时和组员进行沟通，特别是组内特殊的同学，从而让小组内的每一个成员都能够非常积极主动地参与课堂。

六、小组长的培训

1. 培训方式：班主任定期培训、科任老师定期培训、科任老师课前简短培训。

2. 培训内容：课堂的流程、组织管理的方式方法、导学案的检查批改等。

3. 定期召开小组长座谈会——每班每周至少组织一次小组长会议。

在开学之初、在新组建班级之初，班主任每天都要对小组长的管理工作进行关注，抽时间与小组长进行座谈，了解他们在管理小组中的困惑，指导他们管理小组的方式、方法，帮助他们增强小组的荣辱感，交给他们如何对组内特殊同学进行帮扶，为他们在管理中遇到的困难扫清道路。给小组长创设交流经验的平台，及时将自己遇到的困惑说出来，发挥集体的优势，共同想办法去解决问题，增加小组长的管理经验。比如说，在交流时，有的同学就曾提出作为小组长应多对小组成员进行鼓励、赞赏，少进行批评指责，并且当组内同学遇到不懂的问题时，组长应该有耐心地进行讲解，绝不能因问题简单而露出不屑的神情，否则会影响组员学习的热情。通过召开小组长座谈会，小组长的能力提升很快，过一段时间，座谈会就不用这么频繁了，可以让小组长根据情况不定时自发主动地进行交流。

4. 每周评选优秀小组长。

每周班主任应结合任课老师的意见，结合同学们的评价，结合平时的各项工作选出优秀的小组长进行表彰，学校层面每学期末组织全校优秀小组长评选表彰，优秀组长优先参评学校学习之星等评选活动。可以从物质精神两方面进行奖励，让小组长因自己的努力而有所收获、得到认可，从而都能对自己分担的管理工作保持高度的热情。作为班主任，要想培养好小组长，不但要有方式方法上的指导，也要采取各种措施不断地进行激励，让同学们都能很快地得到提升。

七、小组文化建设

（一）小组文化有两种形式：有形文化、无形文化

小组有形文化：展讲棍、粉笔盒、粉笔擦、组内课桌上的摆放、学案的整理等；

无形文化：指做不出来的，通过长时间培养、认识的提高而形成的一种文化，如小组目标、组规、小组集体荣誉感、组内风气、组内人际关系、组长威信等。

两种文化的区别和联系：有形文化是表象，可临时建设，可强制强定；无形文化本质上需长期过程的积累才能形成，可以感化人、感染人。有形文化是无形文化的反映，并且促进无形文化的完善，无形文化通过有形文化才能表现出来。

（二）小组文化建设的步骤

1. 小组长带领组员定组名、组号、组歌、组牌、组誓词等，"小组的组训"是小组文化的内核，像校训一样重要。"小组的组徽"在设计时要体现组名、组训，像商标一样美观。"小组的组歌"要体现小组的精神，可以自己创作，也可选小组4名成员都能唱准的歌，像校歌、国歌一样。"小组的公约"是用来约束小组成员的学习行为的，是每个小组成员都必须遵守的。条数不宜过多，一般三至五条即可，可以涉及课堂内自学、互学、展学及课外完成作

业的约定。

组织小组文化展示活动。安排所有小组依次上讲台展示本小组的组名、组训、组徽（解释为什么这样设计）、组歌（合唱）、组公约（齐声朗读，犹如宣誓）。某一小组在展示时，观众要以掌声鼓励！课余可给展示小组修改建议，确定之后，每个小组的"五项内容"做成座牌，贴在班级的显眼位置。小组成员合作完成小组"座牌"的设计、展示，是一次真正的小组合作学习。以后课堂上老师反复规范小组行为，坚持一段时间就能养成小组习惯。

特别值得一提的是，学习小组在课堂上有精彩表现，优先奖励小组，淡化对个人的奖励。

2.由正副组长带领组员依据老师指导，制定详细的组规。从常规的学生到校、卫生、午休、纪律到课堂的参与、学习状态、作业等都要根据班规制定本组的组规。

3.组内每日反思会。由每小组组长组织，反思每天小组成员表现，有表扬、有批评、有鼓励。

4.由班主任指导，班级策划，由正副组长共同组织形式多样的小组活动。如开组会、座谈、游戏等，融合组员之间的关系，增强小组凝聚力，促进组内同学的相互了解和团结协作，形成团结向上、勤于钻研、积极进取的组风。

5.组建小组管理机构。在班主任指导下，各小组安排自己的副组长（负责常规、卫生、纪律等）、值日组长，给每个组员进行分工，形成小组合力，而不是单独地一个人在战斗！

八、小组建设后可能存在的问题及解决措施

1.实行小组合作学习后，可能会出现以下四个方面的问题：

①学生合作不主动；

②合作交流不深入；

③合作参与不均衡；

④成员分工不到位。

2.解决措施：

①组员合理分工。

要求每个学习小组内的组员都要有明确的分工，做到每人一岗，每月一

轮换。具体职责是：小组长负责进行学习分工；检查督促小组学习；维持小组纪律；组织讨论、交流收发作业及其他组内活动。

学科负责人协助组长工作，重点处理相对应学科教学中与教师的沟通工作。

②让小组讨论有序进行。

在进行小组内讨论时，要求学生严格按以下三个步骤进行：

第一步：每小组先指定一位学生做中心发言人。

第二步：小组内轮流发言，其他同学认真听，中间不能打断别人，并准备补充或质疑。

第三步：自由发言，小组长总结归纳，组员做好记录。

九、小组评价

所有学科教师和学生全部参与，采用学生自评和教师评价相结合的方式，充分利用好《大津口中学课堂小组评价表》，做到每周、每月、每学期及时总结、公布、表彰。

注：以上规定解释权归大津口中学课改部所有。

大津口中学课改部
2018 年 11 月

4. 大津口中学学生课堂评价及其他有关学习奖惩积分管理办法

一、基础分

各学科评价基础分为 100 分。

二、加减分制

以单位 1 分为基准，加分项目由学科老师自主确定，课堂评价统一标准，加减分项目上不封顶，下不封底。

三、学生课堂学习评价

该分值主要由上课教师、学生评议，参照以下标准结合评价表执行。

1. 自主预习和学习：主动、认真、投入地完成预习和学习提纲要求的内容，并保持组内的安静，小组成员不加减分；不完成自主预习和学习者减 1 分，小组集体成员超过 3 人者，每人每次减 1 分。

2. 合作交流讨论：组内分工明确，讨论积极主动、热烈有序，发言面广，有礼有节，达到解决问题或产生新问题的目的，小组成员不加减分；不讨论或讨论与学习内容无关的小组成员每人减 1 分。

3. 展示：参与积极、主动发言，不予加减分，而展示中应付、无效果则该组成员每人减 1 分。小组展示中表现突出者加 1 分。

4. 组内各成员尊重他人发言，善于倾听，在倾听中思考，在倾听后评价他人发言，及时补充自己的想法，表现突出者加 1 分，打闹起哄者减 1 分。

5. 全班展示中表现突出者加 1 分。

6. 组内学习风气浓厚，成员间互相帮助，主动为学习有困难的组员解惑答疑，共同进步。每周评选的优秀小组，给予该组成员各加 1 分的奖励。

7.组长认真组织安排组内学习活动，组内成员服从组长的安排，听从组长的指挥，不服从指挥者减1分。

8.坐姿不端正、上课不认真听讲，实行口头警告，警告无效者每人每次减1分。

大津口中学学生课堂评价表（每节课）
_____组__月__日　星期___　第__节　_____科　评价人：_____

	积极学习自主思考			积极讨论合作探究			积极指导帮助他人			积极展示补充质疑			平均	师评	总分
	自评2分	互评3分	组长评5分	自评2分	互评3分	组长评5分	自评2分	互评3分	组长评5分	自评2分	互评3分	组长评5分			
仁者															
义者															
礼者															
智者															

大津口中学学生课堂评价积分登记表（每天）
日期：_____　周_____　组名：_____　（加分记"+"，减分记"−"）

标号	姓名	第一节	第二节	第三节	第四节	第五节	第六节	第七节	第八节	总分
仁者										
义者										
礼者										
智者										
教师签字										

每节课后记分组长记录本小组成员分数，填写"小组学习课堂评价积分登记表"，并由任课教师签字确认。记分班长在每周五下午汇总，报班主任签字，填写到本班电脑"班级积分统计表"系统内，电脑积分系统将每位学生每周的成绩自然生成，每周一班会前在班内张贴公示，并上传给教改部。

四、其他学习方面表现评价

（一）课堂纪律习惯（该分值主要由上课教师打分）

1.不能做到提前候课者，迟到每人次减1分。

2.旷课每人次扣2分，并记录在案，累计达一定节数，根据学校处分条例处理。

3.请假制度，不请假者每人次减1分，事后不补交由家长签名的请假条者每人次扣 1 分。

4. 在校时间内，未经任课教师同意，随意出入课堂，每人次减 1 分。

（二）作业

1. 课堂作业（包括达标测试）基础性题目达标不加分，如果达不到，小组成员各减 1 分，在拓展型题目中 1 号、2 号同学达标率 ≥ 90% 分值的加 1 分，3 号、4 号同学 ≥ 60% 分值的加 1 分。

2. 及时上交作业，各科收交情况由各小组长进行整理记录，未交者每人次减 1 分。

3. 作业不得抄袭，抄袭作弊者每人次减 1 分。

（三）考试

1. 测验、考试以诚实为首要准则，不得作弊。发现作弊者取消本次测试加分资格，同时作弊扣 3 分 / 人次。

2. 各学科考试成绩，在学生与班主任、任课教师协调好以后，制定每次考试的目标，超出目标即为学生的直接加分依据，低于目标即为减分依据，也就是目标积分上下加减，计算出得分计入学生积分。每次目标的制定，以上次分数为基准，呈现提高和下降幅度。

五、具体奖惩制度

1. 学生课堂评价实施捆绑式团队评价，侧重于对团队和组长的评价。组织优秀组长、优秀小组评选，在每周班会上总结表彰。每月积分前两名小组被评为"五星级习惯养成示范组"，积分第三、第四名小组被评为"三星级习惯养成示范组"，积分第五、第六、第七名小组被评为"一星级习惯养成示范组"，五星优秀小组要在学校层面如升国旗仪式会及其他全校性集会上进行表彰，同时组内成员积分每人次相应加 10 分、8 分、5 分，学校将"五星级习惯养成示范组"成员拍照张贴，并给予不同层次的物质奖励。

2. 学生总积分实施动态管理，分上中下三个层次，每周一总结，凡是每月有 2 次处于积分下游者给予警告提醒，凡是每月有 3 次及以上处于积分下游者给予诫勉谈话教育；结合学校推行的"星卡激励工程"，对于每月有 1 次、2 次、3 次、4 次处于积分上游的学生给予对应学习卡 3—6 张的奖励，对于每月有 3 次、4 次处于积分中游的学生给予对应学习卡 1—2 张的奖励。

六、其他有关要求

1.要求各位教师认真对待每一次考试，规范出题，严肃监考、评卷、统计纪律，确保各项考试公平、公正、客观。试题难易程度适当，针对不同层次学生，让每名同学都有完成目标成绩的希望和可能。

2.要求各班主任、科任教师要及时关注与目标积分差距较大的学生，加强跟踪辅导，注重思想教育和帮扶。

3.要求各班主任每周汇总好学生累计积分情况，每周五下午放学之前将本周班级学生积分情况上报年级包级部领导，包级部领导结合学生积分情况，依据本规定对相关学生做出相关处理决定。

以上规定解释权归大津口中学课堂改革部所有。

大津口中学课改部

5. 大津口中学课改年级常态课检查评价表

教师＿＿＿＿ 科目＿＿＿＿ 时间＿＿＿＿ 第＿＿节

环节	要 求		达标	得分
导3分	学习目标明确、恰当、具体，体现三维目标，体现学生学为主（2分）		0~2	
	导入自然，与所学内容契合，能够激发学生学习兴趣（1分）		0~1	
学20分	按照学习要求，落实学生学习，尤其是自主学习探究	独学：针对学习目标搜寻信息，并形成自己的初步观点（15分）	0~15	
		能够求助或者与对子分享，完善自己的观点或者帮扶对子（5分）	0~5	
作20分	体现小组合作的流程：求助、帮助、合作、质疑、探究（5分）		0~5	
	体现共性问题的合作及评价（5分）		0~5	
	体现学习任务分层（5分）		0~5	
	体现教师穿插批阅、点拨（5分）		0~5	
展15分	展示形式多样：小组内展示、班级展示等（5分）		0~5	
	听展聚焦：展讲者声亮姿美，听讲者认真倾听、识记教师注意培养习惯。（5分）		0~5	
	展讲注重知识、思维、方法（5分）		0~5	
点15分	点拨、归纳到位，有深度，点拨时机巧妙，连续讲解不超过10分钟（5分）		0~5	
	在课堂上有质疑、追问等（5分）		0~5	
	学生倾听后，自我反思，及时补救（5分）		0~5	
测7分	检测题按考试要求操作，要做到精选、适量、分层、限时5分		0~5	
	检测后要及时反馈，或点拨或辅导（2分）		0~2	
评15分	参与度：学生参与率达100%（5分）		0~5	
	达标率：及格率达80%，优秀率达30%（5分）		0~5	
	测评、自评、互评、他评，同时德育教育，实施全员育人（5分）		0~5	
其他5分	导学案设计科学合理、有操作性（3分）		0~3	
	使用多媒体辅助教学，并与学案一致（2分）		0~2	
课堂观察结论（点评及改进方式）			总分	

6. 大津口中学观评课表

讲课人_____观课人_____班级___　___月__日 星期__ 第__节

观课维度	观课角度	观察点	检查记录
学生学习	参与广度	1. 能自主、能合作 2. 能提出困惑 3. 能展示	
	参与深度	4. 能主动提出有价值的质疑 5. 能回答且有创新 6. 师生、生生思维碰撞	
	学习效度	7. 能展示得体、流畅、清晰；能自主学习、经历学习过程；能有互学、交流的学习过程 8. 有基础，有拓展练习 9. 检测成绩达到 100-75-50	
	情感价值体现度	10. 学生个性得以展现 11. 赋予课堂积极的生活意义，形成正确的人生观和价值观 12. 师生都享受成长感	
教师	目标达成度	13. 学习目标是教师根据课程标准和学生情况整合而成的 14. 关注后进生的学习目标 15. 学习目标由学习活动推动完成，采用恰当的学习方法实现课程标准转化	
	导学巧妙度	16. 老师的导语巧妙引导课堂各个环节，知识树能体现本节课的内容 17. 课堂生成的问题处理得体 18. 教师精讲少讲、答疑解惑、指导、点拨追问及时准确	
	教学有效度	19. 能完成学案目标 20. 教师提供有效的自学和交流学习方式，创设感悟知识生成的情景，使学生经历学习过程；关注学情，给学生消化、悟、整理知识时间 21. 教师设置的问题有层次、深度和考点。	
课堂文化层面	评价激趣度	22. 语言评价贴切、体态评价得体 23. 师生评价真实、生生评价及时 24. 评价有标识	
	课堂氛围学习度	25. 教师体态得体、语言有感染力，学生每个环节落实，形成以学习为中心的有序课堂氛围，实现教围绕着学 26. 共享利用学生错误，只教学生不会的 27. 师生、生生之间有互评互赏，实现和谐课堂，实现生命课堂	
	综合能力发展度	28. 培养学生动手实践能力，锻炼口才展示能力，提高合作交流能力 29. 训练创新思维能力 30. 促进学生全面发展，提高学生综合素质	
总评			
无效教学行为			
课堂观察结论（点评及改进方式）			

7.《大津口中学语文六年级语文下册〈学弈〉导学案》

主备：张新

集体备课：语文组

备课日期：2021.3.18

使用日期：

学生：

班级：

课前积累：

> 目不能两视而明，耳不能两听而聪。
>
> ——[战国]荀子

一、学习目标：

1.通读课文，疏通文意，了解故事内容，积累文言词句。

2.正确流利有感情地朗读课文，领悟文中道理。

3.自我培养专心致志的习惯。

二、重难点

重点：文言文词句翻译。

难点：课外文言文答题方法。

三、学习课时：一课时。

四、学习过程

（一）导

当代著名雕刻家刘一鸣说过："一心一意万事成，三心二意失良机"，这节课我们就一起走进孟子笔下的两个小孩学棋的故事。

（二）学（15分钟）

自学一：

1.作者介绍：（1分钟）孟子：战国时期思想家、政治家、教育家，名轲，字子舆。战国人，是孔子以后的儒学大师，被尊称为"亚圣"，后世将他与孔子合称为"孔孟"。 肯定人性本来是善的，都具有仁、义、礼、智等天赋道德意识。提出了"富贵不能淫，贫贱不能移，威武不能屈"等论点，著作有《孟子》，是儒家经典之一，四书之一（《论语》《孟子》《大学》《中庸》）。

2.感受音韵之美：（4分钟）：听课文录音——自由朗读，注意节奏、音律。

对学、群学：

1.对子互读课文。（仁、义对礼、智，倾听礼、智者，纠错，先完成的三个小组各加1分）

2.齐读。

自学二：

翻译，根据课下注释和工具书，自主疏通文意，在书上做好上下批注和旁批。

解决不了的问题做好标记，在下面合作中解决。（10分钟）

（三）作（10分钟）

1.合作解决上面"学"环节中遇到的问题。

2.理解文本之美。

（1）两人学下棋的态度有什么不同？这属于什么写作手法？

（2）本文告诉我们什么道理？

（四）展（5分钟）

展示"学"和"作"的内容。

（五）点（5分钟）

1.点拨学生疑难。

2.本文总结。

3.学习文言文方法。

（六）测（10分钟）

礼、智者选择三个大题，仁、义者全做。

1.解释下列加点的字词。

（1）通国之善弈者也（ ）（ ）（ ）

（2）使弈秋诲二人弈（ ）（ ）

（3）思援弓缴而射之（ ）（ ）

（4）非然也（ ）

2.下列语句停顿错误的是（　　）

A.通国 / 之善弈者也　　　　B.一人 / 虽听之

C.思援 / 弓缴 / 而之　　　　D.虽 / 与之俱学

3.翻译句子

（1）惟弈秋之为听。

（2）虽与之俱学，弗若之矣。

（3）为是其智若与？曰：非然也。

4.这个故事中，两个学生对待学习态度的不同，前一个＿＿＿＿＿＿＿，后一个＿＿＿＿＿＿＿，我懂得了学习做事应该＿＿＿＿＿＿＿。（填成语）

5.请你列举至少三个与专心有关的成语：＿＿＿＿＿＿＿＿＿＿＿。

8.《鲁教版六年级》（上）
U8 Do you have a soccer ball? 课时 1 导学案

备课人：刘冉

集体备课：英语组

备课日期：

使用日期：

班级：

姓名：

课前积累：

Life exists in exercise.

（生命在于运动。）

一、学习目标

1. 熟练掌握本课时单词 have, tennis, ball, soccer, volleyball, basketball, ping-pong, bat

2. 熟练掌握和运用本课时句型

Do you have…? Yes, I do./ No, I don't.

Does he/she have…? Yes, he/she does./No, he/she doesn't.

3. 能够简单地询问某人是否拥有某物。

4. 理解运动的意义，热爱运动。

二、学习重点: 表示球类的重点词汇和带有实义动词 have 的一般疑问句。

三、学习难点: 带有实义动词 have 的一般疑问句。

四、学习课时: 第 1 课时

五、学习过程

（一）Lead in 导：A guessing game 猜谜游戏导入（1 分钟）

（二）Study 学：（20 分钟）

【Study individually 独学】

一）Words（单词）

1.Read after the teacher. 跟读老师，学习单词。

2.Read after one or two students. 跟随学生，拼读单词。

3.Read, memorize and write down the words 大声朗读并记忆单词，写出下列单词。

1）篮球 _____   2）足球 _____   3）排球 _____

4）网球 _____   5）棒球 _____   6）乒乓球 _____

7）棒球棍 _____   8）网球拍 _____   9）乒乓球拍 _____

二）Sentences（句子）

1.Listen and repeat. 听录音，小声跟读，注意语音语调。

2.Make conversations. 根据表格及提示，自己大声朗读对话。

——Do you have a ping-pong ball?（你有一个乒乓球吗？）

——Yes, I do.（是的，我有。）/No, I don't.（don't= do not）（不，我没有。）

3.Practice conversations.根据表格及提示，自己大声朗读对话，注意人称的变化。

　　——Does he/she have a basketball?（他／她有一个篮球吗？）

　　——Yes, he/she does.（是的，他／她有。）/

No, he/she doesn't.（doesn't=does not）（不，他／她没有。）

【Study in pairs 对学】　对子组互帮互助，核对、检查自学内容。

（三）Study in groups 作（8分钟）

1.小组讨论解决"学"中遇到的困惑，并思考 do 与 does 的区别。

2.小组合作完成如下对话，准备展示。

A：Do you have a ...?　　　B：Yes, I do. /No, I don't.

C：Does he/she have a ...?　D：Yes, he/she does./ No, he/she doesn't.

（四）Show 展（8分钟）：展示"学、作"内容（单词、句子及对话）。

要求：

1.小组合作，互帮互助。

2.展示站姿优雅，面向全体同学 。

3.声音洪亮，吐字清晰 。

（五）Summary 点（4分钟）　重点点拨助动词 do 与 does 的用法。

第一人称		第二人称		第三人称					
单数	复数	单数	复数	单数					复数
	we	you							

（六）Exercises 测（4分钟）（仁者、义者全部完成，礼者、智者完成1—3题后挑战第4题。）

1.— _____ you have a volleyball?　　— No, I _____.

A. Do；don't   B. Do；doesn't

C. Does；doesn't   D. Does；don't

2. — _____ Anna _____ a ping-pong bat?　— Yes, she _____.

A. Do；have；do   B. Does；have；does

C. Do；have；has   D. Does；have；has

3. – 你有一个乒乓球吗?　　– 是的，我有。

4. – 他有一个乒乓球拍吗?　　– 不，他没有。

安全教育：教学楼内文明言行，肃静，有序，单列靠右走。

9.《探索勾股定理》导学案

一、学习目标：

1.学会用拼图的方法验证勾股定理，培养学生的创新能力和运用勾股定理解决一些实际问题的能力。

2.在拼图过程中，鼓励学生大胆联想，培养学生数形结合的意识。

3.勾股定理是我国古代数学家的一大贡献，借助本节知识的学习对学生进行文化自信教育。

二、学习重难点：

重点：勾股定理的证明及其应用。　难点：勾股定理的证明。

三、学习课时：1课时。

四、学习过程

导：（3分钟）

1.视频导入

学：（10分钟）

任务：用拼图的方法验证勾股定理

1.（1）如图，用4个全等的直角三角形（图1），拼成一个大的正方形（图2）。

用两种方法计算图2中，中间小正方形的面积。

方法一：$S_{小正方形}$ = _____。

方法二：$S_{小正方形}$ = _____。

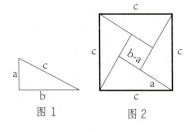

图1　　　图2

（2）将计算小正方形面积的两种方法构成等式，并化简，你有什么发现？

2.（1）如图，用4个全等的直角三角形（图1），拼成一个大的正方形（图2）。

用两种方法计算图2中，中间小正方形

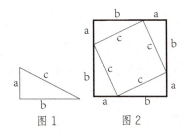

图1　　　图2

的面积。

方法一：$S_{小正方形}$ = ＿＿＿＿＿＿＿＿。

方法二：$S_{小正方形}$ = ＿＿＿＿＿＿＿＿。

（2）将计算小正方形面积的两种方法构成等式，并化简，你有什么发现？

3.(1)如图，用2个全等的直角三角形(图1)，拼成一个直角梯形(图2)。

用两种方法计算图2中，中间三角形的

面积。

方法一：$S_{中间三角形}$ = ＿＿＿＿＿＿＿＿。

方法二：$S_{中间三角形}$ = ＿＿＿＿＿＿＿＿。

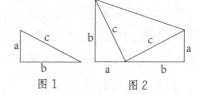

图1　　　　图2

（3）将计算中间三角形面积的两种方法构成等式，并化简，你有什么发现？

作：（12分钟）

1.观察图1、图2，判断图中三角形的三边长是否满足 $a^2+b^2=c^2$，若不满足说出 a^2+b^2 与 c^2 的大小关系。

	A的面积	B的面积	C面积
图（1）			
a^2+b^2 与 c^2 的大小关系			
图（2）			
a^2+b^2 与 c^2 的大小关系			

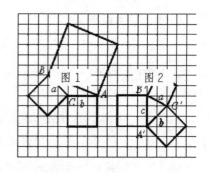

2.如图，电线杆AB的高为8米，从电线杆BA的顶端A处拉一根钢丝网，将另一端固定在底面上的点C，测得BC的长为6米，钢丝绳AC的长度是多少？

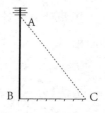

2.我方侦察兵小王在距离东西向公路400m处侦查，发现一辆敌方汽车在公路上疾驶。他赶紧拿出红外测距仪，测得汽车与他相距400m。10s后，汽车与他相距500m。你能帮小王计算敌方汽车的速度吗？

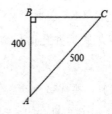

展：（5分钟）学中的题目，作中的题目。

点：（5分钟）

1.通过本节课的学习，你能体会用拼图法验证勾股定理的内涵吗？

2.你能通过 a^2+b^2 与 c^2 的关系判断三角形的形状吗？

3.你还有什么困惑？

测：（10分钟）（仁者、义者全部完成，礼者、智者必须完成1—2题后挑战第3题）

1.在 Rt△ABC 中，∠C=90°

（1）已知 a=12，b=16，则 c=_____。

（2）已知 b=40，c=41，则 a=_____。

2.如图，工人师傅砌墙安门时，常用木条 EF 固定长方形门框 ABCD，使其不变形，若 CE=120cm，CF=50cm，那么选取的木条 EF 的长度至少为_____。

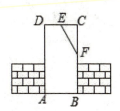

3.如图，在 Rt△ABC 中，∠BAC=90°，AB=8，AC=6，DE 是 AB 边的垂直平分线，垂足为 D，交 BC 于点 E，连接 AE，求△ACE 的周长。

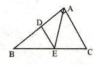

安全教育：教学楼内文明言行，肃静，有序，单列靠右走！

部分课堂图片:

小组形式

"导"　　　　　　　　　　"学"

"作"

"对学"

"点"

"展"

第七章　未来可期

　　张文质先生在《教育是慢的艺术》中提出"好的教育肯定是慢的，俗话说慢工出细活。"日本的佐藤学认为"教育往往要在缓慢的过程中才能沉淀一些有用的东西"。我对于这样的观点是持赞同态度的。因此，我在推动学校各项教育改革探索的过程中并不刻意追求一蹴而就，而是在遵循国家的教育方针、人的成长规律、教育规律的前提下，有序推进。我们边推进边调整，边推进边扩大；有时我们会停下来反思一段时间，看效果如何；还会请专家帮着诊断一下，看方向是否正确。因为教育是育人，不能够急功近利。李镇西说过："教育从来没有捷径，来不得半点浮躁。"

　　我们学校在确定了"培养具有现代素养农村中学生"这一育人目标后，而后推动"两大驱动力""三大工程""四大教育""五育并举""六步教学法"的探索实施，这一系列教育探索与改革并不是一呼啦全部上马、全部展开，而是根据现实条件，确定轻重缓急，逐次推开。

　　正如本书开篇时所分析的大津口中学学生学习基础、教师教研水平、升学率都是较低的，十几年前大津口中学能考上普通高中的毕竟是少数，仅占毕业生的 10% 左右。学校改革初期直接抓成绩，再怎么抓短时间内都有可能见效甚微。大多数学生初中毕业后也不愿意读职业院校而是直接选择踏入社会了。升学率低可以慢慢提升，但毕业生身上健全的人格、感恩的心、勤奋上进的精神等正能量素养是不能缺失的，所以，学校改革初期我们没有直接急功近利去抓升学率。

第一节　学校首先从培养"人"做起

　　学校最先启动的是学校三大工程之"书香校园工程"和学校四大教育之"文明教育"。有文化才能教化，毛主席曾说过"文明其精神"，要想让农村的孩子有素养、有文化、有眼界，最好的方式便是读书。书香校园工程增加了学生的文化积淀、知识修养，让农村的学生脱胎换骨；文明教育让每一个学生变得彬彬有礼，温文尔雅，自尊自强。书香校园工程和文明教育让我们农村学生在走出大山走向城市时，也能彰显出现代的文明与素养。

　　其次启动的是学校四大教育之"感恩教育"。感恩，是一种生活态度，也是一种美好品德。我一直认为，学生文化课成绩好坏不是最主要的，最主要的要教会学生做一个懂得感恩的人，懂得知恩图报，懂得尊老爱幼，有一颗回馈父母、教师、国家的心。恰恰有部分高智商的"学霸"被国家精心培养成才后，却为了一己之利远离祖国、高就他乡。"乌鸦尚知反哺，羊羔也知跪乳"，教学生学会感恩，学会做人，这也是我们教育立德树人的主要内容。

　　因为懂得感恩，方能有所行动。"感恩教育"也是一种潜在的励志教育。在感恩教育的基础上，我们又顺势启动了四大教育之"励志教育"，是想让学生不屈从于出生及成长环境的相对闭塞与落后，通过励志教育系列活动激发学生内在成长的动力，让学生磨砺自我，志存高远，奋发有为，成长为积极向上的人！

第二节　丰富完善育人机制和举措

为了激励学生各方面健康、向上成长，我在对激励策略长期研究的基础上，又推进实施了三大工程之"星卡激励工程"，目的是进一步健全和完善学生多方面评价机制，促进学生"德智体美劳""五育并举"全面发展，促进学生勇攀高峰，不断进取。

在书香校园工程、文明教育、感恩教育、励志教育、星卡激励工程这些教育探索思路清晰、推进顺畅、初现成效之后，为了打开山区学生的眼界，突破山区闭塞困扰的因素，培养学生综合的现代素养，于是我们针对如何不闭塞做文章，启动了"课程选修工程""开放教育"。课程选修工程开拓了学生们的视野，提高了学生的综合能力；开放教育让孩子们放眼山外，融入世界，感受祖国脉搏，洞察世界风云。

2013 年开始探索实践，到 2017 年"三大工程""四大教育"的体系框架已基本完成，并始终在推进过程中不断完善、不断更新。在这期间，一直同步持续推进"两大驱动力"即"家校共建和教师专业化成长"的建设，因为学校系列改革离不开家长的理解和支持，更离不开教师的严格落实，家长、教师的不断成长是学校改革必要的前提保障条件，教育需要合力。

2018 年起探索高效课堂"六步教学法"，学校将改革探索的重点聚焦课堂，通过研究课堂，提升教育教学质量。为什么我们要在"三大工程""四大教育"之后才启动课堂改革？

因为学习的主人是学生，教师教学水平会对学生成绩造成一定影响，但如果学生都能积极主动、勤奋刻苦、努力拼搏地去学习，相信学生成绩也不会太差。因此，在围绕学生学习而启动的课堂改革——"六步教学法"前，我们先行启动对学生非智力因素即"三大工程"、"四大教育"以及"五育并举"中相关内容的教育探索。关于非智力因素，上海师范大学燕国材教授的《应重视非智力因素的培养》一文中谈到"非智力因素是指不直接参与认知过程的心理因素，包括需要、兴趣、动机、情感、意志、性格等方面，对学习活动起着启动、导向、维持和强化的个性心理作用，主要是培养学生的意志力，道德修养，克服困难的勇气和能力及自信、自立、自强的良好心理素质等。这些非智力因素，在人的成长过程中，有着不可忽视的作用。一个智力水平较高的人，如果他的非智力因素没有得到很好的发展，往往不会有太大的成就。相反，一个智力水平一般的人，如果他的非智力因素得到很好的发展，就可能取得事业上的成功，做出较大的贡献。在教育过程中，非智力因素的培养和智力因素的培养同等重要，教育既要'解惑'更要'传道'，注重的应是学生的综合素质的培养，而不仅仅是智力水平。"燕教授的观点及非智力因素理论引起了我国教育学和心理学界的重视，我们学校的一系列教育探索也深受其影响。"三大工程""四大教育"等一系列看似与文化课学习无直接关系的非智力因素教育活动，却在不知不觉中为学生课堂学习改革、探索"六步教学法"，奠定了坚实的基础，创设了良好的条件，如书香校园工程、开放教育、课程选修工程增加了学生的知识积淀、扩大了学生的眼界、培养了学生综合素养，感恩教育、励志教育、星卡激励工程激励学生为了感恩回馈而自立自强、励志奋发、勇于拼搏。另外，"两大驱动力"之"教师专业化成长"也让我校教师的科研水平、业务能力大幅提升。课堂改革的条件基本具备了，我便开始带领教师进军课堂，探索推进课堂"六步教学法"。"六步教学法"既是我校全面育人的课堂体现，又是学校办学理念的具体落实的行动之一。

2019年起，我校全面推进"五育并举"。"五育并举"既是对"三大工程""四大教育""六步教学法"的整合，又是补充与完善，更是全面贯彻党和国家对新时代教育的要求。学校大力推进"五育并举"，促进学生全面发展，综合提升，让学生成为新时代能担当、能创新的一代新人。

时至今天，我校推进的"一二三四五六"综合教育探索，已形成较为完善的体系，各项教育探索之间相互渗透、相互促进、相互融合，所有的指向最终都聚焦在育人目标上，推进效果良好，教学质量展现出了较强的发展潜力与后劲，办学特色得到凸显。

因为我们遵循的是党的教育理念、方针和正确的教育探索，始终坚定不移地攻坚克难，大胆地实践，也因此引来很多意想不到的外援和机遇：驻地部队来给我们军训，现代农场给我们提供实践基地，市科技馆跟我们共建，泰山学院实习与写生基地与我校签约，泰安日报社小记者站在山区首次设立，山东省乡村少年宫在我校落户，省级、市级农村"强镇筑基"项目让大津口中学在硬件、软件上正实现化蛹成蝶蜕变……

　　行走在教育探索的路上，我有一个体会：很多事情只要去做，做着做着，路子就宽了；做着做着，资源就来了。心里只要装着学生，心里只要装着公心与善念，装着正道，就会得道多助！

第三节　改革探索呈现的效果

我校对学校育人系列举措进行了全面的成效调查分析，通过对社会各界的多方面了解，反馈的效果较好。

成就了学生。家长们说孩子越来越文明且有礼貌、上进，孝顺、有修养了；学生参加中考的升学率不断提升，年年有突破，逐渐名列乡镇前列；而考入高中的学生，也能够越来越适应高中生活，与城区学生交流顺畅、相处越来越融洽，学生的综合竞争力不断增强，高中三年后有98%的学生升入大学；那些初中毕业没上高中而踏入社会的学生也能自信地面对生活，勇于挑战，笑对人生。今天的大津口中学不仅正逐渐成为山东省泰安市基础教育的改革典型，并逐渐成为服务于山区经济文化发展的人才基地。

成就了教师。在这期间，学校专职教师共计40人，教师大学本科学历人数达100%，研究生学历有4人占全校教师10%；教师承担的课题省级课题4项，市级课题6项，区级课题8项；教师发表文章187篇，获奖论文96篇，参编教育著作17部；参赛优质课、创新课等评选，荣获奖项：国家级4人次，省级5人次，市级22人次；省级骨干、教学能手1人，市级骨干、教学能手、学科带头人15人，区级骨干、教学能手18人；省农村特级教师1人，省农村青年名师1人，泰安市名师2人。一大批致力于山乡教育的教师在成长，他们在对山区教育的研究、探索和奉献中砥砺前行、坚毅攀登，成就学生，实现自我。

成就了学校。"桃李不言，下自成蹊。"2013年起，学校的改革实践让我们这小小的大津口中学先后获得"全国尝试教学实践研究基地"、山东省"教育系统先进集体"、山东省"安全工作先进单位"、山东省"创建五好基层关工委先进集体"、山东省"语言文字规范化示范校"、山东省"绿色学校"等10项省级以上荣誉，荣获"泰安市素质教育工作先进单位""泰安市教书育人先进单位""泰安市文明单位""泰安市思想道德建设十佳学校""泰安市家庭教育工作先进单位"等15项殊荣，区级、乡级荣誉若干，《中国教育报》《泰安日报》《泰山晚报》多次专版报道了我校育人模式改革创新的事迹，山东省电视台、泰安市电视台于2017年、2019年教师节期间就我校改革创新作了专访并连续播出。在山东省政府组织的教育满意度督查抽查中，群众对大津口中学教育满意度评价达99%。原山东省副省长到我校视察工作时，对我校教育改革给予高度肯定，欣然为我校题词"山乡的希望"，以示勉励！

我们学校位于泰山背后挑山工的故乡，大多数学生的祖辈都做过泰山挑山工，"脚踏实地，勇于登攀"是泰山挑山工精神的核心，我们希望通过我们的教育实践与探索，学生能够秉承他们祖辈的精神，登高必自；我们希望通过学校教育的实践与探索，能够让处于闭塞大山深处的莘莘学子，"登泰山而小天下"，让他们能够成为视野开阔、胸襟远大、具有现代素养的农村中学生！

正如学生在我们校歌中唱道："我们从大山中走来，志存高远，迎着朝阳走向未来……"仰望泰山，方能登高望远。泰山深处的大津口中学将继续深化教育的探索，带领着具有现代素养的山区学生，自信地从闭塞的山区走向美好的未来。我们相信山区学生、山区教育、祖国的明天，未来可期！

后 记

"十年树木，百年树人"，教育的成果不是一朝一夕所能够显现出来。教育是一个缓慢而又优雅的过程，绝不能操之过急，更不能揠苗助长，亦不能急功近利！

这么多年来，应试问题仍然是困扰教育发展的重要问题。我所熟悉的基础教育领域广大教育工作者强化升学率、盲目片面的追求学习成绩的现象依然普遍存。学生的负担过重仍然是我们面临的重大现实问题。如何让教育不急功近利，如何从根本上去破解？

我认为最重要的是转变理念，让每一位教育者做到"眼中有人"，不是眼中只有分数。新时代呼唤我们要培养德智体美劳全面发展的建设者和接班人，我们的一切出发点源于尊重人，最终的目标是要成就人。每一位教育者，只有将教育的目光放远，"眼中有人"，为学生的未来做好人生的铺垫，才能让教育回归正途。

崔卫平老师说过一段话，"你所站立的那个地方，正是你的中国。你怎么样，中国便怎么样。你是什么，中国便是什么。你有光明，中国便不黑暗。"对教育工作者来讲就应当是"你所站立的地方，是美丽的校园。你怎么教育这些孩子，我们的未来便怎么样。"

十几年来，我带领我的同事们在山区大津口中学里所做的一切教育探索，核心就是做"眼中有人的教育"，关注的是对生命个体的尊重，为山区学生的未来奠定良好的基础，为山区学生的未来插上理想的翅膀。我们通过一系列的尝试，积极响应国家的政策，真正落实"双减"，让学生的书包"飘起来"，让学生的笑脸"扬起来"，认真开展"五育并举"，重视德智体美劳全面发展，在课程育人、文化育人、活动育人、实践育人、管理育人、协同育人等多方面进行有效的实践探索，激发了师生共同探索认知的热情，解放了学生的时间让其翱翔自由时空，让学生们体验感受了多彩的生活，践行了对学生天性、人性和个性的尊重。"春风化雨，润物无声"，在潜移默化中去引导、去培养学生推己及人的共情兼爱、人民至上的情怀和兼具人类命运共同体的远大理想。

"眼中有人"教育才能摒弃浮躁，尊重人的成长规律，将目光放长，方能行稳而致远。

回顾我在山区教育方面的探索之路，如攀登泰山：蹒跚而上，曲曲盘旋，峰回路转，云开雾散……好在有一群志同道合的教育团队勠力同心、携手共进。在德育教育系列、研学拓展等方面郭建华同志做了大量有益的探索；在课堂模式改革、课堂评价、课程选修等方面张新同志身先士卒做出了较大的贡献；大津口中学的管理团队，全程参与，分工负责，给予了全力的支持；全体教职员工围绕着系列探索，勇于创新、大胆实践，推动了学校教育探索预期效果的实现。在此，对所有参与并给予支持的人一并表示衷心的感谢。

张鹏霄

2023 年 9 月

参考文献

[1] 蔡国兴. 教师专业化成长促进学校可持续发展 [J].DOI:10.14149/j.cnki.ct.2017.08.018：42-43

[2] 张鸥. 论教师专业成长的五大策略 [J]. 教育科学论坛，2019.09：49-51

[3] 孙慧. 促进教师专业成长提升学校发展内涵 [J]. 小学教学参考，2021.03:88-89

[4] 鲍争志. 工担共育共赢：家校共建的有效途径 [J]. 教育观察，2018年6月第7卷第12期：63-64

[5] 乔玉文. 家校共建携手共育 [J]. 学理论，1002-2589（2012）27-0206-02

[6] 胡安锋. 家校携手共育未来 [J]. 教书育人·校长参考，2018.08:62-63

[7] 赵伶军. 农村中小学家校合作共建中问题与对策 [J]. 教育实践与研究，2017第3期:27-29

[8] 吴晓春. 多措并举促进教师专业成长 [J]. 科学咨询，2020年第02期（总第670期）：27

[9] 张启胜. 构建高效课堂促进教师专业成长 [J]. 教书育人（中旬刊）2021年第03期：40

[10] 蔡国兴. 教师专业化成长促进学校可持续发展 [J]. 中国培训DOI:10.14149/j.cnki.ct.2017.08.018：42-43

[11] 卢嘉昕. 基于"可持续教育"的书香校园建设 [J]. 广东教育·综合2019年第11期：33

[12] 熊洁芳. 加强书香校园建设，促进学校内涵式发展 [A]. 广东教育学会2019-2020年度学术成果集 [C]：2020年

[13] 郑六珠. 浅谈推进书香校园建设的实践与思考 [J]. 考试周刊·教育教学研究

[14] 林波 . 初中选修课 (校本) 课程尝试与反思 [J]. 长江大学学报 (社会科学版)2009 年 08 月第 32 卷第 4 期：304–305

[15] 林 冬 梅 . " 星 卡 " 激 励 性 评 价 推 进 [J].DOI:10.16728/j.cnki.kxdz.2010.10.021:101

[16] 刘伟 . 农村初中学生文明礼让和行为习惯现状调研报告 [J]. 案例教学 2018.NO01:81

[17] 王俊 . 励志教育在初中德育教育中的应用研究［J］. 西部素质教育，2015（15）：74

[18] 欧阳资仁 . 以励志教育培养时代新人［J］. 语言文字报，2022 年 3 月 9 日第 008 版

[19] 谭建平 . 励志教育理念在教育实践活动中的渗透［J］. 科学咨询：教育科研 2017 年第 9 期

[20] 李军 . 立德树人视域下少年儿童感恩教育初探［J］. 少先队研究

[21] 张一红 . 青少年感恩教育缺失问题及对策研究［J］. 黑河学刊，2021 年 5 月第 3 期 84–86

[22] 魏锦潮 . 聚焦 " 融乐 " 教育推进五育并举［J］. 语言文字报 2022 年 10 月 26 日第 007 版

[23] 昝胜利 . 特色活动齐飞扬五育并举育栋梁［J］. 超星 · 期刊

[24] 钟玲芳 . 五育融合，深入推进学校高质量发展［J］. 教育家

[25] 袁春燕 . " 双减 " 背景下 " 五育并举 " 多元校本课程开发探究［J］. 中学教学参考 202.07：70–72